Arbeitsgemeinschaft Missionarische Dienste (Hg.)
SPUR8 – Entdeckungen im Land des Glaubens

Arbeitsgemeinschaft Missionarische Dienste (Hg.)

SPUR8

Entdeckungen im Land des Glaubens

Dieses Buch wurde auf FSC®-zertifiziertem Papier gedruckt.
FSC (Forest Stewardship Council®) ist eine nichtstaatliche,
gemeinnützige Organisation, die sich für eine ökologische und
sozialverantwortliche Nutzung der Wälder unserer Erde einsetzt.

Bibliografische Information der Deutschen Nationalbibliothek

Die Deutsche Nationalbibliothek verzeichnet diese Publikation in der Deutschen
Nationalbibliografie; detaillierte bibliografische Daten sind im Internet über
http://dnb.d-nb.de abrufbar.

2. Auflage 2013
© 2010 Neukirchener Verlagsgesellschaft mbH, Neukirchen-Vluyn
Alle Rechte vorbehalten
Umschlaggestaltung: MEV/jungepartner.de unter Verwendung eines Fotos © MEV
Lektorat: Linda Scheuermann, Eppelheim / Simon Schild, Berlin
DTP: Breklumer Print-Service, Breklum
Verwendete Schriften: Sabon, Frutiger
Gesamtherstellung: CPI – Ebner & Spiegel, Ulm
Printed in Germany
ISBN 978-3-7615-5814-0

www.neukirchener-verlage.de

Inhalt

Vorwort

Das vorliegende Handbuch informiert umfassend über das Gemeindeseminar „SPUR8 – Entdeckungen im Land des Glaubens". Es beschreibt die Chancen von Glaubenskursen, führt insbesondere in die Stärken und Besonderheiten von SPUR8 ein und stellt alle Materialien und Informationen zur Verfügung, um begründet entscheiden zu können, ob SPUR8 in der gegenwärtigen Gemeindesituation Sinn macht bzw. das Seminar durchführen zu können.

Das Handbuch richtet sich an alle, die Interesse an missionarischer Gemeindeentwicklung und Verkündigung haben und SPUR8 kennenlernen und einsetzen möchten. Zielgruppe sind insbesondere Gemeinden als Veranstalter, Entscheidungsträger, ehrenamtliche und bezahlte Mitarbeiterinnen und Mitarbeiter sowie die, die als Referentinnen und Referenten Gemeinden in der Vorbereitung, Durchführung und bei der Weiterarbeit begleiten und die Vorträge von SPUR8 halten.

„SPUR8 – Entdeckungen im Land des Glaubens: ein Gemeindeseminar" ist eine von Grund auf bearbeitete Neuauflage des „Gemeindeseminars zu Grundfragen des Glaubens: ‚Christ werden – Christ bleiben'". „Christ werden – Christ bleiben", entwickelt von Dr. Burghard Krause und seit 20 Jahren durch die Arbeitsgemeinschaft Missionarische Dienste betreut, hat in Deutschland aber auch international eine Segensspur gezogen und nicht zuletzt die Arbeit mit Glaubenskursen in der Ev. Kirche in Deutschland vorangebracht.
Die Neubearbeitung, nach kleineren und größeren Zwischenschritten, wurde erforderlich, um das Gemeindeseminar den veränderten ästhetischen und inhaltlichen Anforderungen anzupassen, also insbesondere beim Bildmaterial und der grafischen Gestaltung auf der Höhe der Zeit zu sein, aber auch die Themen und Fragestellungen der Menschen heute zu berücksichtigen. Nicht zuletzt ist das Projekt der EKD „ERWACHSEN GLAUBEN. Missionarische Bildungsangebote als Kernaufgabe der Gemeinde" Motor für das Update gewesen. Eine Projektgruppe hat fast drei Jahre an einer gründlichen Revision des Gesamtprojekts gearbeitet. Inhalte und Struktur der sieben Abende wurden verändert, in Zusammenarbeit mit der Werbeagentur jungepartner in Witten entstand eine neue Bildsprache für die PowerPoints und die Teilnehmerhefte.
Eine weitere wichtige Veränderung ist die Freigabe des Vertriebsweges der Materialien, das heißt der Erwerb und der Einsatz sind nicht mehr an den Besuch eines Multiplikatorenseminars gebunden. Vor diesem Hintergrund ist die Herausgabe eines Handbuches besonders wichtig und wertvoll! Jeder soll und muss in der Lage sein, sich umfassend über SPUR8 zu informieren, insbesondere bieten Handbuch und CD alle Materialien wie PowerPoints, Referententexte, Grundlageninformatio-

nen, Hilfen zur konzeptionellen Einbindung in die Gemeindearbeit sowie Impulse
zur Weiterarbeit usw.

Nicht zuletzt wurde der Name verändert, aus „Gemeindeseminar zu Grundfragen
des Glaubens: ‚Christ werden – Christ bleiben'" wird „SPUR8 – Entdeckungen im
Land des Glaubens: ein Gemeindeseminar". Der Name SPUR8 wurde gewählt, weil
das Seminar durch seine acht Stationen Menschen auf die SPUR bringen will, Entdeckungen im Land des Glaubens zu machen und weil wir mit Teilnehmerinnen
und Teilnehmern zusammen dem Leben und dem Glauben nachspüren wollen, weil
wir dazu einladen, Jesu Spur nachzufolgen. Wir möchten, dass Menschen etwas
von der Liebe Gottes zu spüren bekommen und, mit 1.Petrus 2,21 formuliert, sie
sich einladen lassen, seinen Spuren nachzufolgen.

Schließlich ist es sinnvoll, einem neuen Produkt auch einen neuen Namen zu geben,
um das Neue zu benennen und interessant zu machen.

Ein Handbuch, nicht aus einer Hand, aber mit sieben verschiedenen Verfassern
atmet auch die Handschrift der unterschiedlichen Autoren. Wir haben bewusst
keine Angleichungen vorgenommen, weder bei den Referententexten zu den sieben
Vortragsstationen noch bei den anderen Kapiteln des Handbuches. Dementsprechend wurden auch nicht unterschiedliche Stile im Blick auf eine gendergerechte
Sprache nivelliert. Vor diesem Hintergrund kommt es zu Überschneidungen und
Doppelungen, die wir auch deshalb nicht eliminiert haben, weil jedes Kapitel für
sich steht.

Ein besonderer Dank gilt den Mitgliedern der Projektgruppe (Oliver Albrecht, Johannes Eißler, Philipp Elhaus, Kuno Klinkenborg, Hermann Kotthaus, Friedrich Rößner
und Volker Roschke), die gleichzeitig die Autoren dieses Buches sind, Frau Linda
Scheuermann als Lektorin, der Firma jungepartner in Witten für eine ausgesprochen
erfreuliche Zusammenarbeit, Dr. Burghard Krause für die konstruktive Begleitung
des Projektes, für das Grundkonzept, auf dem SPUR8 aufbaut sowie weitere Grundlagentexte. Darüber hinaus danken wir allen, die mit ihrer Praxiserfahrung, Texten,
Korrekturvorschlägen und nicht zuletzt durch unterschiedlichste Weisen der Ermuti-
gung zum Gelingen des Projektes beigetragen haben!

Wir freuen uns, dass es in Zusammenarbeit mit Neukirchener Aussaat möglich
wurde, allen Interessierten dieses Komplettpaket zu SPUR8 anbieten zu können.

Wir hoffen, dass das vorliegende Handbuch hilft, den Auftrag von Kirche, die Botschaft von der freien Gnade Gottes auszurichten an alles Volk (Barmen VI) zu ver-
wirklichen.

Berlin im Juli 2010
Volker Roschke

1.   Startpunkt – SPUR8 in aller Kürze

Die Reiselust der Deutschen scheint ungebrochen. Das gewohnte Umfeld verlassen, Neues erleben, den Alltag hinter sich lassen. Reisen scheint für viele Menschen höchst attraktiv zu sein. Dabei ist Reisen nicht nur interessant, es verändert auch, bildet, macht Spaß und erweitert den Horizont.

Sollte das bei einer Reise im Land des Glaubens anders sein? „SPUR8 – Entdeckungen im Land des Glaubens", heißt dieser Glaubenskurs. Er lädt ein zu einer Reise zu mir selbst, zu anderen und zu Gott. Eine Reise die verändert, die bildet und den Horizont erweitert und hoffentlich Spaß macht.

Acht Stationen, acht Spuren hält der Kurs bereit. Unterschiedlich intensive Entdeckungen im Land des Glaubens. Vom Gottesbild über den Lebenssinn bis zur Frage nach der Sünde; von Glaubenshindernissen über Jesus bis zum Anfang des Glaubens; vom Christ bleiben bis zu einem Gottesdienst. Damit wird die Reiselust geweckt. Damit kann auch an positive und negative Vorerfahrungen angeknüpft werden. Wenn es gut geht, finden Menschen auf dieser Reise zum Glauben, lassen sich inspirieren von der Schönheit dieses Landes, werden erfasst von dem Wunsch, in diesem Land dauerhaft zu leben.

Die Reisestationen im Einzelnen:

1. Gott – wie diese Reise mein Bild verändern kann
2. Sinn – wie ich ihm auf die Spur komme
3. Glaube – wie ich trotz Hindernissen weiterkomme
4. Sünde – was es damit auf sich hat
5. Jesus – wo sich Himmel und Erde berühren
6. Christ werden – wie Gott mit mir anfängt
7. Christ bleiben – wie Gottes Geist uns trägt
8. Gottesdienst – wir feiern das Fest des Lebens

Mit vielen Bildern hilft der Kurs, die unterschiedlichsten Facetten dieses Landes kennenzulernen. Alltagserfahrungen werden genauso aufgenommen wie Vorurteile. In all dem behalten die Teilnehmenden ihre Freiheit: Neues wird erklärt und nahe gebracht, aber nicht übergestülpt. Informationen zum christlichen Glauben werden angeboten und vertieft. Dabei gibt es jedoch keinen „Aneignungsautomatismus". Reisende entscheiden selbst, was sie wo und in welcher Weise mitnehmen möchten. Zur Unterstützung und als Erinnerungshilfe erhalten die Teilnehmenden am Ende einer Einheit die Reiseerinnerungen in Form eines Heftes. Bilder und wesentliche Aussagen können so mit nach Hause genommen werden.

Bis auf den Gottesdienst am Ende des Kurses bleibt dabei die Grundstruktur der Einheiten gleich:

- Ein thematisch einführendes Referat mit vielen Bildern,
- vertiefende und aneignende Gespräche in der Kleingruppe,
- ein weiterführender Impuls bzw. zweiter Referatsteil.

Spirituelle Elemente werden sparsam eingesetzt. Sie kommen jedoch verstärkt im Gottesdienst am Kursende zum Zuge und bieten dort die Gelegenheit, auf das Gehörte in angemessener Weise zu reagieren. Die „Inszenierung einer Antwort" (J.M. Sautter) mit unterschiedlichen Angeboten hat hier ihren Platz.

SPUR8 beschreibt das tiefe Misstrauen des Menschen gegenüber Gott und fragt danach, wie dieses Misstrauen überwunden werden kann. „Aus diesem Ansatz resultiert eine *,therapeutische Soteriologie'*, die den Gekreuzigten als ,vertrauensbildende Maßnahme' verkündigt. [...] Darum wird auf das juristische Verrechnungsdenken einer Kreuzesauslegung in der Tradition des Anselm von Canterbury bewusst verzichtet. Das Kreuz wird als Ort beschrieben, an dem *Gott selbst ins Leiden* einzieht und sich im *Schmerz seiner Liebe* unserem Misstrauen aussetzt, um es gerade so zu überwinden."[1]

So entfalten sich die Themen auch weniger an Bekenntnisaussagen, wie sie häufig als Zusammenfassung von Glaubensaussagen (*fides quae creditur*) formuliert werden, sondern mehr in Bezug auf den Glaubensakt (*fides qua creditur*) mit dem Schwerpunkt auf dem Vertrauen.

Vordergründig erweckt der Kurs vielleicht den Eindruck einer klar strukturierten Vortragsreihe. Manche Information über die Sehenswürdigkeiten im Land des Glaubens muss einfach sein. Doch seine eigentliche Attraktivität entwickelt der Kurs in den Gesprächen: beim Imbiss am Bistrotisch, in der Gesprächsgruppe sowie in der verbalen und nonverbalen Auseinandersetzung mit den Bildern. Sie sind kein „Anhängsel" sondern ein wichtiger Erfahrungsraum im Land des Glaubens.

Das erfordert eine gastfreundliche und vertrauenerweckende Atmosphäre bei der Durchführung des Kurses. Eine Kultur der Freiheit sowie der Sensibilität für Nähe und Distanz der Teilnehmenden. Eine Kultur der Weggemeinschaft auf Zeit und der seelsorgerlichen Verantwortung.

Wo dies – wenigstens ansatzweise – gelebt wird, wird diese Entdeckungsreise im Land des Glaubens das leisten, was Reisen ausmacht: es verändert, bildet, erweitert den Horizont und macht Spaß!

---

[1] Burghard Krause, Auszug aus dem Schneckenhaus, Neukirchen-Vluyn ²1998, S. 40 – kursiv im Original.

2.   Grundlegung – SPUR8 vorgestellt

2.1   Allgemeines zu Glaubenskursen

Vom Erbe zum Angebot

In den letzten 20 Jahren haben sich gesellschaftliche Umbrüche zunehmend auf die Kirche ausgewirkt und unterschiedliche Spuren hinterlassen[1]. Der christliche Glaube ist angesichts der Vielfalt von Lebensoptionen und religiösen Überzeugungen nur eine Möglichkeit unter anderen. Kirche ist in Konkurrenz geraten. Die Bindekraft der kirchlichen Institution nimmt ab. Individualisierung und Pluralisierung führen zu einer Verschiebung von kulturgestützten zu personalgestützten Formen des Christentums. Glaube wird immer weniger von Generation zu Generation im Rahmen geschlossener konfessioneller Milieus weitergegeben, sondern ist zunehmend Sache der eigenen Wahl und der biografischen Aneignung. Die Muster der Kirchenzugehörigkeit wandeln sich. Die Regie im Verhalten zu Kirche und Gemeinde liegt längst bei den einzelnen Menschen und wird nur durch weiche soziale Faktoren begleitet.

Die Wiedervereinigung hat die westlichen Bundesländer mit Konfessionslosigkeit und einer Minderheitssituation konfrontiert, die sich langfristig als gemeinsame kirchliche Zukunft am Horizont abzeichnet.

Der wachsenden Unkenntnis gegenüber Glaubenswissen und dem praktischen Atheismus in der Gesellschaft steht eine neue Sehnsucht nach Spiritualität gegenüber, die manchmal an Kirchentüren klopft, aber oft auch an ihnen vorbeigeht. Die Ereignisse des 11. September 2001 haben die Sensibilität für das Zusammenleben mit Menschen aus anderen Kulturen und Religionen geschärft und lassen Christen neu nach den Grundlagen des eigenen Glaubens fragen, um gesprächsfähig zu werden.

Distanz und neue Annäherungen

Die Folgen für die christlichen Kirchen sind zwiespältig. Glaubenswissen schwindet. Distanz und Ignoranz wachsen. Viele Menschen verbinden mit Kirche und Glaube für ihr eigenes Leben weder Orientierung noch Bedeutung für den Alltag.

---

[1]   Vgl. exemplarisch Karl Gabriel: Im Spannungsfeld von Entkirchlichung, individualisierter Religiosität und neuer Sichtbarkeit der Religion. Der gesellschaftliche Ort der Kirchen in der Gegenwartskultur, in: Martin Reppenhagen, Michael Herbst: Kirche in der Postmoderne, BEG 6, Neukirchen-Vluyn 2008, S. 112-135.

Sie leben nach eigener Wahrnehmung in einem nachchristlichen Zeitalter. Der christliche Glaube ist von gestern. Ab und zu ein Besuch im Museum namens Kirche ist interessant, aber trägt für die Gegenwart nichts aus. Für andere gehört Kirche und Glaube zum stillen Horizont ihrer Alltagswelt. Sie nehmen besondere Angebote wie Taufe in Anspruch und besuchen bestimmte Gottesdienste wie an Weihnachten oder zur Einschulung ihrer Kinder. Vom Evangelium als verwandelnder Kraft und dem Reich Gottes als Vision einer menschenwürdigen, gerechten Welt haben sie aber oftmals weder eine Erfahrung noch einen Begriff. Eine dritte Gruppe engagiert sich aus unterschiedlichen Motiven in Ortsgemeinden und anderen kirchlichen Handlungsfeldern. Doch inhaltliche Auseinandersetzungen zu Fragen des persönlichen Glaubens und ein offenes Gespräch über Zweifel und Veränderungen in der eigenen Glaubensgeschichte finden selten einen Raum.

Über die wachsende Distanz zu Kirche und Gemeinde kann geklagt werden. Aber Distanz bietet auch die Chance für neue Annäherungsmöglichkeiten. Wo der christliche Glaube an Selbstverständlichkeit verliert, wird er wieder frag-würdig. „Christ – und was macht man da so?" heißt es in einem Cartoon. Es gibt ein neues Interesse am Glauben, das danach fragt, was der Glaube praktisch für die eigene Lebensgestaltung bedeuten kann.

Glaubenskurse als Wiederentdeckung eines missionarischen Erwachsenen-katechumenats

Glaubenskurse sind ein bewährtes Instrument, um diesen Fragen zu begegnen und einen Rahmen zu gestalten, in dem Menschen ihre Antworten finden können. Sie bieten innerhalb eines überschaubaren Zeitrahmens eine kompakte Einführung in Inhalte und Formen des christlichen Glaubens und regen zur eigenen Auseinandersetzung an. Sie möchten Zugänge zum Glauben öffnen, indem sie Beziehungen knüpfen, Wertschätzung vermitteln und Vorurteile abbauen. Sie nehmen Einwände und kritische Anfragen auf, benennen Gründe und erzählen Geschichten, in denen Gottes Spuren im Leben sichtbar werden. Sie fordern zur eigenen Stellungnahme heraus und weisen auf konkrete Schritte und Rituale zur persönlichen Vertiefung hin. Glaubenskurse sind eingebettet in soziale Formen und Interaktionen. Gemeinde präsentiert sich als Lebensraum des Glaubens, Gastfreundschaft wird als Ambiente des Evangeliums erfahrbar. Und schließlich: Glaubenskurse möchten die vielen menschlichen Geschichten in die eine große Geschichte Gottes verwickeln, die in Jesus Christus ihren Höhepunkt gefunden hat. Damit öffnen sie Erwachsenen von ihrem jeweils eigenen biografischen Ort aus Wege im Land des Glaubens. Missionarisch ausgerichtete Glaubenskurse beerben das evangelistische Anliegen einer glaubenweckenden Verkündigung und kombinieren es mit Einsichten und Methoden der Erwachsenenbildung. „Der Weg zum Glauben muss ebenso als Bildungsaufgabe verstanden werden wie das Wachsen und Bleiben im Glauben. Die verschiedenen Ansätze müssen heute zusammenwirken in einer Erneuerung des Katechumenats als einer zentralen Aufgabe gemeindlicher Bildungsverantwortung".[2]

Geistreiche Vielfalt

Es gibt sehr unterschiedliche Glaubenskurse. Dies hängt zum einen mit dem jeweiligen theologischen Ansatz zusammen, der sich entsprechend in Methodik und Didaktik niederschlägt. Auf diese Weise spiegeln Glaubenskurse in ihrer Vielfalt das vielstimmige Reden Gottes, das unterschiedliche menschliche Antworten hervorruft. Gottes Gnade ist so bunt wie seine Menschen. SPUR8 bietet nur eine Facette aus diesem Farbenspiel.[3]

Zum anderen sind Glaubenskurse auf unterschiedliche Zielgruppen bezogen. Auch dies hat Konsequenzen für Inhalte und Formen. Die Kommunikationsforschung macht deutlich, wie unterschiedlich wir unsere Umwelt wahrnehmen[4]. Während die einen sich primär als Augenmenschen auf Abstand halten – „erst mal gucken" – möchten die anderen ihre Umgebung im wahrsten Sinne des Wortes begreifen und sinnlich erschließen. Milieutheorien zeigen, dass wir je nach „Lebensstilgruppe", zu der wir gehören, auf unterschiedliche Formen und Inhalte ansprechen.[5]

Kann man Glaube lernen?

SPUR8 ist ein Glaubenskurs – wird hier nicht zu viel versprochen? Glaube ist nach Einsicht der reformatorischen Theologie immer ein unverfügbares Geschenk Gottes, ein – theologisch gesprochen – Werk des Heiligen Geistes. Glaube lässt sich nicht weitergeben wie ein Paket, das von einer Hand in die andere wandert. Die Wahrheit des Glaubens kann nicht befohlen oder bewiesen werden, sie erschließt sich über die Zustimmung des Herzens. Denn Glaube erschöpft sich nach evangelischem Verständnis nicht in der Zugehörigkeit zu einer Religionsgemeinschaft, der Zustimmung zu kirchlichen Lehren, der Teilnahme an Gottesdiensten oder einer bestimmten Lebenspraxis im Alltag. Glaube ist im Kern persönliche Gewissheit, von Gottes Zuwendung

---

[2] Wolfgang Huber: Kirche in der Zeitenwende, Gütersloh 1999, S. 295.

[3] Einen Überblick über 50 unterschiedliche Kurse bietet der Glaubenskursfinder, der vom bayrischen Amt für Gemeindedienst herausgegeben wird, vgl. www.glaubenskursfinder.de. Eine gute Erstorientierung findet man auf der Homepage der AMD unter www.glaubenskurse.de. Zur theologischen Vertiefung vgl. die Arbeiten von Götz Häuser: Einfach vom Glauben reden, Neukirchen-Vluyn 2004 und Jens Martin Sautter: Spiritualität lernen. Glaubenskurse als Einführung in die Gestalt christlichen Glaubens, BEG 2, Neukirchen-Vluyn ³2008.

[4] Dieter Baecker: Form und Formen der Kommunikation, Frankfurt 2007.

[5] Vgl. Claudia Schulz, Eberhard Hauschildt u. Eike Kohler: Milieus praktisch. Analyse und Planungshilfen für Kirche und Gemeinde, Göttingen 2008 und das Milieuhandbuch religiöse und kirchliche Organisationen in den Sinus-Milieus 2005, München o.J.

in Jesus Christus umfangen, getragen und zu neuem Verhalten gegenüber sich selbst
und der Mitwelt befreit zu sein. Glaube ist dynamisches Beziehungsgeschehen, lebendiges Gespräch zwischen Schöpfer und Geschöpf, das die ganze Welt umspannt[6]. Er
ist immer mit persönlichen Entdeckungen verbunden, die jedoch nicht im luftleeren
Raum stattfinden. Sie sind in der evangelischen Tradition verbunden mit bestimmten
Medien wie Bibel und Taufe sowie Abendmahl, mit Formen wie Verkündigung,
Liturgie, Musik und mit Erfahrungen von Gemeinschaft, diakonischer Zuwendung
und unterschiedlichen Räumen. Bei der Gestaltung dieser Formen und Räume ist
menschliches Handeln gefragt. Hier können wir sehr viel dazu beitragen, um Rahmenbedingungen zu schaffen, in denen Gott zu uns Menschen kommen kann – wann
und wo er dies will.
Glauben kann man nicht lernen – aber Glaube lebt auch in und von Lernprozessen.
Glaube als von Gott eröffnete und geschenkte Beziehung bleibt unverfügbar und ist
nicht zu vermitteln. Aber die Ausdrucksformen des Glaubens, das Glaubenswissen,
das dem Glauben entspringende rituelle und soziale Verhalten und die dem Glauben gemäßen Werteinstellungen sind im Rahmen von Bildungsprozessen lernbar.
Auf diese Weise kann das Lernen der Ausdrucksformen des Glaubens zu einem
„Landeplatz für den Heiligen Geist werden", auf dem Gott selbst ankommt. Sowe-
nig wir Glauben bewirken können, so wenig können wir uns darauf zurückziehen,
dass das kirchliche Handeln für den Glauben der Menschen gleichgültig ist. Die
Kirche muss in dieser Hinsicht tun, was sie tun kann – und Gott bzw. dem Geist
das überlassen, was seines ist.

Lernfelder des Glaubens

Vier Lernfelder lassen sich bei Glaubenskursen unterscheiden: Lehre, Gemeinschaft, Alltag und Liturgie.[7] Erwachsene sollen mit den Kernaussagen des christlichen Glaubens so vertraut werden, dass sie in persönlicher Auseinandersetzung zu
einer eigenen Position finden. Diese Auseinandersetzung geschieht im Miteinander
einer Gruppe, in Wahrnehmung und Gespräch, im gemeinsamen Essen und Feiern.
Glaubenskurse bieten die Erfahrung von Weggemeinschaften auf Zeit. Gemeinde
bei Gelegenheit präsentiert sich als gastfreier Raum. Hier findet wechselseitiges Lernen statt. Doch der Lebensraum des Glaubens ist nicht auf christliche Gemeinschaft
begrenzt. Glaube will in den Alltag eingebettet werden. Er nimmt Gestalt an im
Umgang mit sich selbst, in den Beziehungen zu Partnern und Kindern, im Beruf und
im gesellschaftlichen Engagement. Und schließlich drückt sich Glaube als Beziehung zu Gott in Formen des geistlichen Lebens aus, die hier mit dem Begriff der

---

[6]   Vgl. Martin Seils: Glaube, HAST 13, Gütersloh 1996.
[7]   Vgl. Jens Martin Sautter: Spiritualität lernen. Glaubenskurse als Einführung in die Gestalt
      christlichen Glaubens, BEG 2, Neukirchen-Vluyn ³2008.

Liturgie bezeichnet werden: Bibellesen und Meditieren, Beten, Singen, Segnen – um nur einige Formen aus dem Schatz evangelischer Spiritualität zu nennen. Das Lernen dieser Ausdrucksformen wird vor allem experimentellen Charakter haben und bedarf behutsamer Einführung. Doch kommt gerade hier der Erfahrungsaspekt des Glaubens zum Zuge. So wie man Schwimmen nicht lernen kann, ohne dabei nass zu werden, lässt sich die Lebensrelevanz des Glaubens nicht ohne seine geistlichen und praktischen Formen erfahren. Sowohl die Religionswissenschaft als auch die Religionspädagogik erinnern uns daran, dass sich Glauben nicht nur von innen nach außen, sondern über probeweise Teilnahme an Formen und Ritualen auch von außen nach innen bilden kann.[8]

Glaubenskurse nehmen in unterschiedlicher Weise die vier Lernfelder auf und gewichten sie. „SPUR8 – Entdeckungen im Land des Glaubens" hat seinen Schwerpunkt im Bereich der Lehre und in der Gemeinschaft in Form von Gesprächen und Begegnungen. Das Seminar führt in die Grundthemen des christlichen Glaubens ein und orientiert sich dabei stark an Fragen der Lebenswelt der Teilnehmenden. Erst im Abschlussgottesdienst werden neben der inhaltlichen Auseinandersetzung auch andere, ästhetische Zugänge geöffnet, die stärker mit sinnlichen Erfahrungen verbunden sind.

Glaubenskurse inszenieren durch die Kombination der unterschiedlichen Lernfelder Atmosphären des Glaubens, in der die Lebenskraft des Evangeliums wahrnehmbar wird. Hier findet die Körpersprache des Leibes Christi ihren Ausdruck. Bei SPUR8 gehen vielen Teilnehmenden das freundliche Ambiente, die einladende Atmosphäre, Vorträge und Gesprächsgruppen und vor allem der Gottesdienst sehr nahe. Informationen über den Glauben finden den Weg über Augen und Ohren in die Tiefe der Herzen.

Glaube zeigt Gesicht

Glaube wächst im Miterleben. Darum sind jenseits der unterschiedlichen Kurskonzeptionen die Personen entscheidend, die die Durchführung eines Glaubenskurses verantworten. Sie geben dem Glauben Gesicht und Stimme und verbinden dabei Leidenschaft für die Sache mit Toleranz für andere Ansichten und Meinungen.[9] Dies gilt besonders für die Kursleiterinnen und Kursleiter, aber auch für die Mitarbeitenden in den entsprechenden Teams.

---

[8]   Vgl. für die Religionswissenschaft die Bedeutung von Ritualen Henning Wrogemann: Den Glanz widerspiegeln. Vom Sinn der christlichen Mission, ihren Kraftquellen und Ausdrucksformen, Frankfurt a.M. 2009, S. 221-240. Der Ansatz der performativen Religionspädagogik betont die Bedeutung der Innenperspektive, vgl. Silke Leonhard/Thomas Klie (Hg.): Schauplatz Religion. Grundzüge einer performativen Religionspädagogik, Leipzig 2003.

[9]   Vgl. zu dieser skizzierten Haltung Albrecht Grözinger, Toleranz und Leidenschaft. Über das Predigen in einer pluralistischen Gesellschaft, Gütersloh 2004, bes. die Ausführungen zur anmutenden Predigt, S. 215-244.

Die Einladung zum Glauben ist vorrangig ein Beziehungsgeschehen, das Interesse voraussetzt, Überzeugung teilt und so den und die Andere zur eigenen Überzeugung anregt und freigibt in den Raum des Geistes, in dem wir ohne Angst verschieden sein können.

2.2   Geschichte von SPUR8

Burghard Krause

SPUR8 ist die Überarbeitung des bekannten Gemeindeseminars zu Grundfragen des Glaubens: „Christ werden – Christ bleiben". Es wurde Ende der achtziger Jahre des letzten Jahrhunderts vom heutigen Osnabrücker Landessuperintendenten Dr. Burghard Krause in Zusammenarbeit mit Mitarbeitenden des Ev.-Luth. Missionswerkes in Niedersachsen (ELM) in Hermannsburg und der Missionarischen Dienste der Ev.-Luth. Landeskirche Hannovers entwickelt. Inspiriert von ersten Glaubenskursen aus dem Raum der charismatischen Erneuerungsbewegungen in der evangelischen und katholischen Kirche entwickelte er ein Kurskonzept, das glaubenweckende Verkündigung mit reformatorischer Theologie und volkskirchlichem Kontext verband. Der Titel der EKD-Synode in Bad Wildungen 1988 „Christ werden – Christ bleiben"[10] gab dem Projekt den programmatischen Namen. Als Reaktion auf den Traditionsabbruch und die Erosion des kirchlichen Lebens nicht nur an den Rändern der Kirchengemeinde wird der Glaube mit visualisierten Vortragsimpulsen, Gesprächsgruppen und einem Gottesdienst mit „Umkehrliturgie" anhand verschiedener ritueller Stationen neu ins Spiel gebracht. Ein Zitat des Züricher Neutestamentlers Hans Weder aus dem Hauptvortrag der damaligen EKD-Synode kennzeichnet das Anliegen des Kurses: „Wenn wir uns also auf die Situation des verlorenen, zurückersehnten Glaubens einstellen wollen, müssen wir Abschied nehmen von den bekannten Strategien. Wir tun gut daran, keine Beweise für den Glauben vorzutragen, keine Nachweise, dass der Glaube für unser Leben unentbehrlich sei, keine Aufforderung, sich endlich für den Glauben zu entscheiden. Wir halten besser nach Dingen Ausschau, die uns zum Glauben bringen."[11]
Dieses Anliegen führte zu einer modernen Form der Glaubensvermittlung in Gemeinden, die die frontalen Formen der glaubenweckenden Verkündigung ergänzte um die Elemente der Visualisierung über illustrierende Bilder, des Gesprächs in Kleingruppen und unterschiedlicher Beteiligungsformen bzw. ritueller

---

[10]   Kirchenamt der EKD (Hg.): Glauben heute. Christ werden – Christ bleiben, Gütersloh 1988.
[11]   A.a.O., S. 53.

Vertiefungsmöglichkeiten im Gottesdienst. Acht Kriterien kennzeichnete die erste Kursversion, die sich in den unterschiedlichen Redaktionsstufen des Seminars bis hin zu SPUR8 wiederfinden lassen:

- Konzeptionell durchdacht
- Zeitgemäß und anspruchsvoll
- Bibelorientiert und lebensbezogen
- Gemeinde- und praxisbezogen
- Sensibel und teilnehmerorientiert
- Theologisch fundiert
- Verheißungsorientiert
- Konzipiert für volks- bzw. landeskirchliche Rahmenbedingungen

Das Glaubensseminar war eingebunden in den Ansatz einer verheißungsorientierten Gemeindeentwicklung, die Burghard Krause unter dem Titel „Auszug aus dem

Schneckenhaus" erstmalig 1996 veröffentlichte.[12] Statt sich von den Mängeln der
kirchlichen Defizite fixieren zu lassen, setzt sein Entwurf bei der Inspirationskraft
biblischer Verheißungen an. Die Dimensionen von erfahrener und geglaubter Kirche wird auf diese Weise in eine kreative Spannung gebracht, die neue Hoffnungs-
perspektiven und Handlungsmöglichkeiten für die missionarische Entwicklung von
Gemeinden eröffnet.
Burghard Krause konzentrierte sich später auf eine literarische Fassung des Kurses,
die er im Jahr 2000 unter dem Titel „Reise ins Land des Glaubens" veröffentlichte. Sie liegt mittlerweile in 4. Auflage vor.[13]

Christ werden – Christ bleiben

Bereits Anfang der 90er Jahre diente die Arbeitsgemeinschaft Missionarische
Dienste (AMD) als Multiplikationsplattform des Kurses in die anderen Landeskirchen hinein. In erstaunlicher Schnelligkeit verbreitete sich „Christ werden –
Christ bleiben" in zahlreiche Gliedkirchen der EKD und etablierte sich dort als
ein Regelangebot der missionarischen Ämter und Dienste. Ab 1990 übernahm die
AMD die Verbreitung und redaktionelle Verantwortung im Rahmen der EKD,
während das ELM in Hermannsburg über seine weltökumenischen Kontakte für
eine internationale Verbreitung des Kurses sorgte. Innerhalb weniger Jahre entstand eine Version für Jugendliche von Hermann Brünjes[14], eine russische Ausgabe für die Arbeit mit Spätaussiedlern sowie Fassungen in Portugiesisch, Spanisch,
Englisch, Französisch und Afrikaans. Über 450 Haupt- und auch Ehrenamtliche
in der EKD ließen sich auf Multiplikationstagungen für die Kursleitung schulen
und führten den Kurs in unterschiedlichen Modellen in Ortsgemeinden durch.
Seit 1990 fand der Kurs in über 1400 Gemeinden statt und gehört damit zu den
am weitesten verbreiteten und erfolgreichsten Glaubenskursen in den Landeskirchen. Einen besonderen Schwerpunkt bildet dabei der niedersächsische Raum
sowie das Rheinland und Westfalen. Mit Öffnung der neuen Bundesländer wird
der Kurs auch zunehmend in den östlichen Gliedkirchen durchgeführt, wenngleich der jeweilige Kontext hier besonderer Berücksichtigung bedarf. Das Seminar wurde bis 2001 viermal redaktionell von der AMD überarbeitet. Die mit
SPUR8 vorliegende fünfte Auflage präsentiert den Kurs mit völlig neuem grafi-
schem Gesicht und leichten inhaltlichen Varianten.
„Christ werden – Christ bleiben" entfaltete eine reiche und vielfältige Wirkungsge-

---

[12]   Burghard Krause: Auszug aus dem Schneckenhaus. Praxis-Impulse für eine verheißungsorien-
       tierte Gemeindeentwicklung, Neukirchen ²1998.
[13]   Burghard Krause: Reise ins Land des Glaubens. Christ werden – Christ bleiben, Neukirchen-
       Vluyn ⁴2008.
[14]   Hermann Brünjes: Glaube. Kompaktkurs in Sachen Christsein für Jugendliche und junge
       Erwachsene ab 17 Jahren, Neukirchen-Vluyn ³2006.

schichte, die sich nicht nur in vielen unterschiedlichen Glaubensbiografien[15], sondern auch in nachhaltigen Veränderungen in Gemeinden niederschlug. Neue Gruppen und Kreise entstanden, Gottesdienste wurden belebt, Horizonte zu den bisher von der Gemeinde nicht Erreichten geöffnet. So veränderte „Christ werden – Christ bleiben" bei regelmäßiger Durchführung die Kultur einer Kirchengemeinde: Gastfreundschaft wurde eingeübt, Mission als Haltung entdeckt, Vielfalt von Gaben wahrgenommen und eingesetzt, Kontakte über die Binnengrenzen von Gemeinde hinaus geknüpft. Dabei erwies sich „Christ werden – Christ bleiben" neben anderen Glaubenskursen auch als ein Wachstumsfaktor für Gemeinden.[16]

2.3. Profil – Stärken und Grenzen von SPUR8

Theologische Hintergründe

Der theologische Hintergrund von SPUR8 nimmt eine biblisch-reformatorische Einsicht auf und verbindet sie mit einer darauf bezogenen Haltung. Dass sich Menschen dem in Christus nahe gekommenen Gott anvertrauen, liegt im Wirken Gottes selbst begründet und ist menschlicher Machbarkeit entzogen. „Der tat der Herr das Herz auf" (Apostelgeschichte 16,14) heißt es von der ersten europäischen Christin, der Purpurhändlerin Lydia. SPUR8 bleibt also hinsichtlich seines intendierten Zieles, biografische Glaubensprozesse anzustoßen, immer ergebnisoffen. Aber wo Gottes Wirken den Grund für unseren Glauben bildet, kann mit guten Gründen damit gerechnet werden, dass er dies auch weiterhin bei uns und anderen tun möchte. „Gott ist die Liebe" formuliert der 1. Johannesbrief in Kapitel 4,17 und konzentriert damit das biblische Zeugnis von Gott auf einen Begriff. Liebe will nicht bei sich selbst bleiben. Sie geht über sich hinaus und sehnt sich danach, bei einem konkreten Gegenüber anzukommen. Die christliche Theologie hat in der Rede von der Dreieinigkeit Gottes diese Dynamik des christlichen Gottesverständnisses ausgedrückt. Gott ist als Vater, Sohn und Heiliger Geist die lebendige Beziehung der Liebe, die sich nicht selbst genügt. Die Bewegung dieser Liebe strömt wie eine Quelle aus dem eigenen Ursprung heraus, um die Welt als Schöpfung zu erhalten, zu

---

[15] Vgl. zur Bedeutung von Glaubenskursen für biografische Prozesse und Konversionserfahrungen die Studie Johannes Zimmermann / Anna-Konstanze Schröder (Hg.): Wie finden Erwachsene zum Glauben? Einführung und Ergebnisse der Greifswalder Studie, BEG Praxis, Neukirchen-Vluyn 2010, S. 75 ff. und S. 81.

[16] Von den 32 Gemeinden, die in der Studie „Wachsen gegen den Trend" vorgestellt werden, arbeiten 16 mit unterschiedlichen Glaubenskursen, 7 davon ausdrücklich mit „Christ werden – Christ bleiben", vgl. Wilfried Härle u.a (Hg.): Wachsen gegen den Trend. Analysen von Gemeinden, mit denen es aufwärts geht, Leipzig 2008.

erneuern und zu vollenden.[17] Damit wird das Wirken Gottes nicht verfügbar, aber in seiner Intention eindeutig benennbar: Gottes Liebe will Kreise ziehen. Dem entspricht eine erwartungsvolle Haltung, die ihn und seine Liebe immer wieder neu bei uns ankommen lässt. SPUR8 ist daher verheißungsorientiert angelegt. Das Grundmotiv des Seminars besteht darin, sich von Gottes Bewegung zu den Menschen mitnehmen zu lassen. In dieser Bewegung treffen sich Selbstbewusstsein und Demut. Zum einen ist es unsere Würde, als Mitarbeiter und Mitarbeiterinnen Gottes sein Evangelium weiterzutragen. „So sind wir nun Botschafter an Christi statt, denn Gott ermahnt durch uns; so bitten wir an Christi statt: Lasst euch versöhnen mit Gott" (2. Korinther 5,20). Zum anderen können wir nicht darüber verfügen, ob und wie dieses Evangelium bei anderen ankommt. Als Botschafter an Christi statt verfügen wir über keine andere Autorität als die der Bitte. Denn Liebe kann nicht zwingen, sie möchte erhört werden. Der Grundton der Botschaft von der Liebe Gottes ist „Frohbotschaft" und keine „Drohbotschaft", auch und gerade weil diese Liebe mit Hingabe verbunden ist. Dies schließt laute und angstmachende Rhetorik aus. Wo ich mit Gottes Wirken rechne, brauche ich nicht mit eigenen Mitteln nachzuhelfen – sondern darf mich ihm vertrauensvoll öffnen. Dies beginnt im persönlichen und gemeinsamen Gebet und setzt sich in Motivation und Zuwendung zu Mitarbeitenden und Gästen des Seminars fort. Wer sich von den Verheißungen Gottes tragen lässt, darf gelassen handeln und muss sich selbst nicht zu schwer nehmen. Er kann sich und andere freigeben und muss keinen „frommen Druck" machen.

> Das Evangelium möchte uns zu Freundinnen und Freunden Gottes machen. Seine **Adressaten** geraten daher **als Erwählte**, nicht als Gegner in den Blick, die es zu überzeugen gälte. Dies schließt gute Argumente für den Glauben nicht aus. Diese sollen aber Respekt und Wertschätzung gegenüber der konkreten Person nicht aus den Augen verlieren, zumal sich Glaube nicht über die Logik des Verstandes, sondern die Zustimmung des Herzens erschließt. Dass dabei der Verstand nicht ausgeblendet werden muss, sondern über verschiedene Fährten bis in die Nähe des Herzens gelangt, macht eine theologische Stärke des Seminars aus.

SPUR8 zeichnet sich durch einen **seelsorgerlichen Akzent** aus. Die Referate und die Gruppengespräche nehmen Lebensfragen der Teilnehmenden auf und stellen Deutungsmuster zur Verfügung. Glaubensblockaden werden in solidarischer Nähe und mit Verständnis angesprochen. Der Hinweis auf das Werben der Liebe Gottes um

---

[17] Dieser theologische Ansatz liegt dem Missio-Dei-Konzept zugrunde, das die internationale missionstheologische Debatte der letzten 50 Jahre bestimmt hat. Vgl.: Missio Dei heute. Zur Aktualität eines missionstheologischen Schlüsselbegriffes, hg. v. EMW, Hamburg 2003. Diesen Ansatz nimmt auch die Erklärung der Gemeinschaft Evangelischer Kirchen in Europa (GEKE) in ihrer Erklärung „Evangelisch evangelisieren" auf, vgl. Evangelisch evangelisieren – Perspektiven für Kirchen in Europa, hg. im Auftrag des Rates der GEKE von Michael Bünker und Martin Friedrich, Wien 2007.

seine Menschen findet seinen Ausdruck in einer empathischen Grundhaltung der Kursleitenden und des Mitarbeitendenteams. Kritische Einwände werden nicht verdächtigt, Skepsis, Zweifel und negative Erfahrungen behutsam aufgenommen. Auf Polemik wird verzichtet. Unterschiedliche Passagen in den Referaten weisen auf die Ambivalenz von Gottesbildern und wissen um die Gefahren einer gesetzlich bestimmten Frömmigkeit.

Seinen theologischen Schwerpunkt hat SPUR8 in der **Rechtfertigungslehre**. Der Sündenbegriff wird von seinem moralisierenden Missverständnis befreit und als Misstrauen gegenüber Gott gefasst.[18] Dieses Misstrauen kann nur durch neues Vertrauen überwunden werden, das wiederum im Versöhnungshandeln Gottes gründet. Dieses wird analog zu den Evangelien in erzählerischer Form entfaltet. Anhand von Gleichnissen und Jesusgeschichten wird deutlich, wie Gott uns in seiner Liebe zuvorkommt, sodass wir nachkommen können. Dabei wird die Unterscheidung von Gesetz und Evangelium aufgenommen. Menschliche Bemühungen, sich den Himmel zu erarbeiten, scheitern am heruntergekommenen Gott. Mit Jesus Christus erreicht uns Gott nun hier „unten", in der Tiefe menschlichen Lebens. „Christus, seine Krippe und sein Kreuz, ist die Leiter, die uns zu Gott bringt."[19] In der Entfaltung der Bedeutung des Kreuzes ersetzt SPUR8 die juridischen Begriffe aus der Anselmschen Tradition durch personale Rede und stellt heraus, dass Gott Subjekt der Versöhnung ist. Nicht Gott wird durch Jesus Christus versöhnt, sondern Gott versöhnt durch Jesus Christus die Welt mit sich selbst (2. Korinther 5,19). Gott braucht keine Opfer, sondern macht sich aus Liebe die Sache des verlorenen Menschen zu eigen.[20] Die Liebe Gottes wird zum zentralen Motiv, in dem sich die unterschiedlichen Facetten der Bedeutung des Todes Jesu im Neuen Testament bündeln. Der Opfergedanke wird ausgehend von seinem kultischen Kontext mit dem Sündenbockmechanismus und der Gewaltfrage verbunden[21] sowie auf die (Heils-)Dramatik zwischen Liebe und Tod bezogen. In Christus kann Gott seine Liebe zum Menschen angesichts erfahrener Ablehnung nur durchhalten, in dem er sich hingibt. Im Kreuz Jesu als tiefstem Erweis seiner Liebe überwindet Gott das Misstrauen des Menschen.

Die Bedeutung der Rechtfertigungslehre setzt sich in der Betonung der **Taufe als Grunddatum christlicher Existenz** fort. In der Taufe kommt Gottes voraussetzungslose Erwählung in Jesus Christus, die allen Menschen gilt, bei mir persönlich an. Dies gilt in gleicher Weise für die Kinder- wie für die Erwachsenentaufe. Taufe und

---

18   Vgl. Wilfried Härle: Dogmatik, Berlin – New York ²2000, S. 473.

19   D. Martin Luthers Epistel-Auslegung, hg. v. Eduard Ellwein, 1. Bd. Der Römerbrief, Göttingen 1963, S. 190.

20   „Gott wird nicht durch den Tod Jesu zu einem versöhnten, liebenden Gott, sondern die ‚Sendung' bzw. die ‚Hingabe' seines Sohnes (und d.h. die Selbsthingabe Gottes) ist schon das Werk und Wirken der göttlichen Liebe." Wilfried Härle, a.a.O., S. 329. vgl. ebd. S. 328-335.

21   Vgl. zu dieser Verbindung von Opfer und Überwindung der Gewalt im Kreuz Christi Rene Girard: Ich sah den Satan vom Himmel fallen wie einen Blitz. Eine kritische Apologie des Christentums, München 2002.

Glaube stehen dabei in einer Wechselbeziehung mit deutlichem Gefälle. Glaube gründet im Anfang Gottes mit mir, wie er sich in der Taufe ausdrückt und vollzieht. Im Glauben erschließt sich mir die Taufe als bleibender Grund der Gewissheit, dass ich in Höhen und Tiefen, Rissen und Brüchen zu Gott gehöre. Hier knüpft der Kurs an Einsichten von Martin Luther an:

> „Der Glaube macht nicht die Taufe, sondern empfängt sie. Aber ohne Glaube ist die Taufe zu nichts nütze."[22]

Die Taufe ist der Ort, an dem ich immer wieder auf Gottes Anfang mit mir zurückkommen kann. SPUR8 lässt sich als Glaubensbildung von der Taufe her und auf die Taufe hin verstehen. Folgerichtig tauchen Tauferinnerung und Einladung zur Taufe im Abschlussgottesdienst als mögliche Angebote wieder auf.

Auch wenn die Referate in SPUR8 in erster Linie den und die Einzelne/n vor Augen haben, spielt die Gemeinschaft eine tragende Rolle. Durch Wertschätzung in der Begegnung, das Raumambiente, Aufmerksamkeit und Zuwendung wird **Gemeinde als ein Lebensraum des Glaubens** erfahrbar. Die Gruppe entwickelt sich zu einer Lerngemeinschaft der Verschiedenen, in der Lebens- und Glaubenserfahrungen miteinander geteilt werden. Kirche stellt sich als Erzählgemeinschaft des Glaubens dar, in der sich Gottesgeschichte und menschliche Geschichten ineinander verweben. Eine exemplarische Form von Gemeinde wird auf diese Weise zur Trägerin von Evangelisation. Auch wenn die Sozialität des Glaubens erst in der letzten Einheit thematisiert wird, bildet sie von Anfang an die Grundlage des Seminars, die im **Gottesdienst** als besonderer **Ort der Kommunikation des Evangeliums** ihren Höhepunkt findet.

SPUR8 konzentriert sich auf die grundlegenden Themen des Glaubens (Gott, Sinn, Glaube, Sünde, Christus, Taufe, Heiliger Geist), die dem roten Faden des Apostolischen Glaubensbekenntnisses folgen. Diese Konzentration hat ihren Preis. Die klassischen Formen des geistlichen Lebens tauchen erst in der letzten Einheit auf. Auch die Frage der ethischen Lebensführung wird dort nur kurz gestreift. Hier ist der Kurs ebenso ergänzungsbedürftig wie ergänzungsfähig.

Visualisierte Vorträge und Gesprächsgruppen

„SPUR8 – Entdeckungen im Land des Glaubens" besteht aus acht Einheiten, die in Gestalt eines Weges aufeinander aufbauen. Die Struktur der Abende ist gleichbleibend: Eröffnung: Begrüßung, Ansagen, evtl. Musik und Gesang als Rahmen am Beginn und Ende sowie oft ein Imbiss zu Beginn.

---

[22] Übertragung der Verf., vgl. Martin Luther, Der große Katechismus. Die Taufe, BSLK 701, S. 41 f. und 697, S. 41 ff.

- Begrüßung
- Erster Referatsteil zum Thema
- Gruppengespräche an Tischen
- Zweiter Referatsteil zum Thema
- Verabschiedung

Die Form der Referate ist narrativ, nicht appellativ. Es wird anhand der Präsentationsbilder[23] lebendig erzählt und mit persönlichen Beispielen untermalt. Humorvolle und tiefsinnige Passagen wechseln sich ab. Deutungsmuster werden zur Verfügung gestellt, damit sich die Teilnehmenden mit ihren eigenen Lebenserfahrungen einzeichnen und wieder entdecken können. Diese Form der Präsentation folgt sowohl kommunikativer wie theologischer Einsicht. Wo christliche Wahrheit sich in einer Person als Weg, Wahrheit und Leben präsentiert, sind Geschichten die angemessene Form, von dieser Wahrheit zu sprechen. Zugleich erschließen sich begriffliche Zusammenhänge wesentlich besser, wenn sie mit Anschauungen und emotionalen Ankern verbunden sind.

Die Gesprächsgruppen vertiefen das Gehörte und bieten Raum für persönliche Auseinandersetzung, Erfahrungen, Anfragen und Einwände. Sie sind wie ein Scharnier zwischen den Türen der beiden Referatsteile. Teilnehmende erleben sich hier aktiv, haben etwas beizutragen und kommen eigenen Glaubensfäden im Leben auf die Spur. Angestoßen durch die inhaltlichen Impulse formt sich eigene Glaubenssprache und Auskunftsfähigkeit im Glauben. Voraussetzung dafür ist eine angstfreie Atmosphäre. Daher sollte Vertraulichkeit vereinbart werden. Wichtig ist auch die eigene Freiheit, sich am Gespräch zu beteiligen – oder auch nicht. Niemand muss, jeder darf etwas sagen.

Die Referatsteile bieten die Gedanken im Zweiklang von Bild und Wort. Elementarisierte Inhalte und illustrierende Bilder bringen den Teilnehmenden die Grundthemen des Glaubens als Fundamente für die Seele nahe, die sich in der Sprache der Seele (Bilder) einprägen können. Die Verbindung mit Sinneseindrücken über Ohr und Auge und den damit verbundenen Emotionen führt dazu, dass sich die Teilnehmenden intensiver an die Inhalte erinnern können. Dazu tragen auch die Teilnehmerhefte bei, die als Reisetagebuch für die Nacharbeit neben den Bildern auch immer die entsprechenden zentralen Gedankengänge enthalten. Sie machen neben den umfangreichen Kursmaterialien mit PowerPoint-Vorlagen, den Referatstexten sowie zahlreichen Hinweisen zur Vorbereitung und Durchführung eine besondere Stärke von SPUR8 aus.

---

[23] Vgl. die sieben PowerPoint-Präsentationen auf der beigefügten CD-ROM.

Abschlussgottesdienst[24]

Der Höhepunkt von SPUR8 ist der Abschlussgottesdienst. Was die Teilnehmenden angesprochen hat und was sie innerlich bewegt, prägt seine Atmosphäre. Die persönliche Betroffenheit verdichtet sich im gottesdienstlichen Geschehen, geht vom Herz in Mund, Ohr und Körper über und lässt die Zeit vergessen.

Der Gottesdienst greift unterschiedliche Inhalte der Abende auf (Antwort-Gebet, Bedeutung der Taufe, Glaubenshindernisse und Sünde) und verbindet sie mit rituellen Angeboten wie Beichte, Klage und Antwort-Gebet, Tauferneuerung mit Wasserkreuz am Taufbecken und persönlicher Segnung, Früchtebaum mit formuliertem Ertrag des Seminars und Abendmahl. Manchmal finden auch Taufen von Erwachsenen statt. Mit diesen besonderen Formen in der Mischung von Ritual, Symbol und geprägter Sprache werden Möglichkeiten geschaffen, in der die Teilnehmenden einerseits persönliche Betroffenheit und gewachsene Einsicht ausdrücken können, andererseits einen sinnlichen Anker haben, an dem inneres Erleben und gedankliche Erinnerung haften kann. Denn Glauben bildet sich nicht nur von innen nach außen, sondern formt sich auch von außen nach innen. Diese „Inszenierungen einer Antwort"[25] können daher als bewusste Schritte auf den Glauben zu, in den Glauben hinein bzw. auf dem Glaubensweg erlebt und gedeutet werden. Wie weit dieser Schritt jeweils reicht, ob er sich mit einer Lebenswende oder einem Schritt in die schon eingeschlagene Glaubensrichtung verbindet, bleibt der Außenbeobachtung entzogen, kann jedoch sichtbar werden. Glaube zielt auf die Berührung durch Jesus Christus. Mit einem leicht variierten Zitat von Mechthild von Magdeburg gesagt: „Gott hat an allen Dingen genug. Nur allein die Berührung der Herzen wird ihm nie genug." Dieser Berührung werden Ausdrucksformen zur Verfügung gestellt.

Wichtig ist es, auf die Vielfalt der Möglichkeiten hinzuweisen, sodass die Teilnehmenden selber in Freiheit entscheiden können, welches Angebot sie in welcher Form wahrnehmen möchten. Anfänge im Glauben im Sinne einer klassischen Bekehrungserfahrung werden auf diese Weise ebenso möglich wie Erfahrungen der Vergewisserung, die Teilnehmende im Rückblick als „Frischzellenkur im Glauben" bezeichneten.

Das Seminar im Seminar

Eine zentrale Bedeutung bei Konzeption und Durchführung von SPUR8 ist das Mitarbeiterteam, in Anlehnung an Markus 2 in den Kursmaterialien auch manchmal Trägerkreis genannt. Mehrere Abende bereiten das Team auf die unterschiedlichen

---

[24] Vgl. unten Kapitel 7.2.
[25] Zum Begriff vgl. Jens Martin Sautter: Spiritualität lernen. Glaubenskurse als Einführung in die Gestalt christlichen Glaubens, BEG 2, Neukirchen-Vluyn ³2008, S. 107ff.

Aufgaben bei den Einladungen und der Werbung, im Dekorationsteam, der Moderation, der Gesprächsgruppenbegleitung und der Mitwirkung beim Abschlussgottesdienst vor. Das Team ist ein herausragender Erfahrungsort für die ergänzende Vielfalt von Gaben. Sprachfähigkeit im Glauben wird geschult und praktisch erprobt, ein intensives Miteinander von Haupt- und Ehrenamtlichen geübt, eigene Kompetenzen in unterschiedlichen Bereichen erweitert. Die Mitarbeitenden haben über ihr Kontaktnetz entscheidenden Einfluss auf die Zusammensetzung der Teilnehmenden – denn persönlich eingeladen wird bevorzugt im Freundes- und Bekanntenkreis. Impulse zur Nacharbeit werden nicht selten von Mitarbeitenden getragen. Befristetes Engagement im Glaubenskursprojekt macht Lust auf mehr und führt zu kontinuierlicher Mitarbeit. En passant entwickelt sich die Arbeit im Team zu einer intensiven und nachhaltigen Mitarbeiterfortbildung einschließlich praktischer Übungen und Feedback. Ebenso wichtig ist aber die symbolische Bedeutung des Teams. An ihm wird deutlich, dass Glaubensvermittlung keine Sache pastoraler Alleinunterhalter und hochbegabter Rednerinnen und Redner ist, sondern gemeinsam als Gemeinde getragen und mit Leben gefüllt wird. Gemeinde als Leib Christi in ergänzender Vielfalt der Glieder wird anschaulich. Die geistliche Dimension von Gemeinde – „Christus als Gemeinde existierend" (Dietrich Bonhoeffer) – bekommt eine leibliche Ausdrucksform.

2.4.   Kontext

Von seinen Wurzeln her ist SPUR8 im westdeutschen Kontext entstanden und konnte sehr gut an religiöse Sozialisation im volkskirchlichen Bereich anknüpfen. Er spricht negative Erfahrungen mit Kirche und „Gottes Bodenpersonal" offen an, deckt Missverständnisse wie z.B. beim Sündenbegriff auf und stellt geläufigen Gottesbildern, die sich aus negativen kirchlichen Vorerfahrungen speisen, das befreiende Gottesbild des Evangeliums entgegen, wie es besonders in Lukas 15 zum Ausdruck kommt. Von vielen Teilnehmenden wurde das Seminar daher mit Neuentdeckungen und Vergewisserung für die eigene Glaubensgeschichte verbunden. In der Minderheit verbanden sich damit auch Erfahrungen einer Lebenswende.
Mittlerweile liegen auch viele positive Erfahrungen im ostdeutschen Kontext vor. Hier gilt besonders zu berücksichtigen, dass der „nachchristliche" Charakter der östlichen Bundesländer bedacht wird, wo „Menschen vergessen haben, dass sie Gott vergessen haben" (Wolf Krötke). Vorwissen kann noch weniger vorausgesetzt werden. Für die Sprache bedeutet dies, „Frommulierungen" zu vermeiden und biblische Texte ausführlich vorzustellen, wo von ihnen im Seminar die Rede ist oder darauf zu verzichten. Manche Einwände gegen den christlichen Glauben werden vor dem Hintergrund des historischen Materialismus präsenter sein und schärfer ausgesprochen werden. Dies wurde in einer Variationsmöglichkeit in Einheit 2

bereits berücksichtigt. Dort haben wir die moderne Atheismusdebatte aufgegriffen. Die Kursgruppen in den östlichen Ländern im ländlichen Kontext sind oft kleiner. Dies führt in der Regel zu höheren Gesprächsanteilen, auf die sich die Kursleitenden im Blick auf ihre Referatsteile flexibel einstellen sollten.

Das Seminar hat sich sowohl in ländlichen als auch in städtischen Kontexten bewährt. Im ländlichen Raum spielt die Betonung der Vertraulichkeit in den Gesprächsgruppen eine größere Rolle, damit persönliche Äußerungen nicht zum Dorfgespräch werden. Die Anlaufzeit für offene Äußerungen der Teilnehmenden ist entsprechend länger. Wo man sich seit Jahren kennt, ist behutsamer Umgang angesagt. Denn ein Dorf vergisst nie. In der Stadt mit ihrer Anonymität, in der Neigungsgruppen und Netzwerke tendenziell eine viel größere Rolle spielen, ist dieses Problem so nicht gegeben. Aber hier wird man im Bereich Werbung und Öffentlichkeitsarbeit mehr Phantasie und Kraft investieren müssen, um auf das Kursangebot aufmerksam zu machen. Das unterschiedliche Sozialverhalten kann sich auch in der Nacharbeit spiegeln.

In der Stadt ist die Vielfalt der Glaubensgeschichten und die Breite religiöser Erfahrungen, die Menschen mitbringen, generell höher. Denn der Städter muss in noch viel höherem Maße aus unterschiedlichen Angeboten wählen. Seine konstruktiven Leistungen am eigenen Lebensentwurf sind entsprechend hoch. Dies gilt auch für die eigene Religiosität, die sich mit ihren unterschiedlichen Versatzstücken stärker als Patchworkreligiosität präsentiert. Daran gilt es empathisch anzuknüpfen.

Besonderheiten des lokalen Kontextes wie z.B. die Lage des Veranstaltungsortes sollten vom jeweiligen Vorbereitungskreis aufmerksam bedacht und in die Durchführung von SPUR8 einbezogen werden.

2.5   Zielgruppen und Milieus

SPUR8 ist ein Angebot für Erwachsene mit unterschiedlichen kirchlichen und nichtkirchlichen Hintergründen. Die Inhalte der Referate knüpfen an Lebenserfahrungen an, die Menschen ab Mitte 20 in der einen oder anderen Form gemacht haben oder nachvollziehen können. Sie setzen eine Bereitschaft voraus, sich mit der eigenen Lebensgestaltung aktiv auseinanderzusetzen und zwischen unterschiedlichen Optionen zu wählen. Sie greifen Brüche und Risse in der Lebensgeschichte auf und wissen um die Zerbrechlichkeit unserer Entwürfe.

Mit dem Bild der „Entdeckungen im Land des Glaubens" gesprochen, lassen sich **drei Zielgruppen** unterscheiden:

1. Menschen, die schon lange im Land des Glaubens unterwegs sind und sich kirchlich in unterschiedlicher Form engagieren und verbunden fühlen. Da Gewohnheit bekanntlich abstumpfen lässt, bietet das Seminar

Ihnen die Gelegenheit, sich im vertrauten Terrain neu zu vergewissern, dass sie im Land des Glaubens Heimat finden. „Nur wer das Selbstverständliche befragt, lernt das Staunen" (Albert Einstein).

2. Menschen, die Erfahrungen aus dem Land des Glaubens mitbringen, es aber bei wohlwollender Halbdistanz nur gelegentlich betreten. Ihnen bietet das Seminar die Möglichkeit, neue Entdeckungen zu machen und das Land des Glaubens ganz anders kennenzulernen.

3 Menschen, die das Land des Glaubens nur vom Hörensagen aus der Ferne kennen. Sie können mit dem Seminar erste Erkundungen in ungewohntem Gelände machen und erproben, ob es sich für sie als ständiger Aufenthaltsort eignet.

Das Seminar richtet sich damit an Menschen innerhalb und außerhalb der Kirche, die die Bedeutung des Glaubens für ihr Leben klären möchten,

- die zwar getauft sind, aber die eine persönliche Beziehung zu den Glaubens- und Lebensvollzügen der Gemeinde verloren bzw. nie gefunden haben,
- die einer einladenden Gemeinde begegnen und neugierig auf den Glauben werden,
- die Ideologien mit Skepsis und Kirche mit Misstrauen begegnen, aber daran interessiert sind, über religiöse Fragen nachzudenken,
- in denen eine Sehnsucht nach Gott wach geblieben ist.

Also Menschen, die es innerhalb und außerhalb unser Kirchen in großer Zahl gibt und die offen sind für ein ehrliches, nicht vereinnahmendes Angebot.
„Wer alles will, kann nichts werden" (Arthur Schopenhauer). SPUR8 kann und will nicht alle Menschen in ihren unterschiedlichen Lebenswelten und Wertvorstellungen ansprechen und ihnen gerecht werden. Ein kirchliches Seminarangebot in einem Gemeinderaum wird bestimmte Menschen anziehen und andere abstoßen bzw. nicht ansprechen können. Im Rahmen der gängigen Milieu-Cluster[26] hat das Seminar bei den Sinus©-Milieus[27] primär die bürgerliche Mitte vor Augen sowie Teile der Etablierten, der Postmaterialisten und der Konservativen. Diese Milieus zeichnen sich alle durch ein mittleres bis hohes Bildungsniveau aus, wenngleich Religiosität, Kirchenbindung und Erwartung an Kirche sehr unterschiedlich ausgeprägt sind. Aber Angehörige dieser Milieus sind mit einer Bildungsveranstaltung in Seminarform vertraut. Ihre familiären und beruflichen Lebenswelten bieten unterschiedliche Anknüpfungspunkte an die Inhalte der Referate. Sie kennen und schät-

---

[26] Vgl. Anmerkung 5.
[27] Zum Thema vgl. z.B. Claudia Schulz/Eberhard Hauschildt/Eike Kohler: Milieus praktisch. Analyse- und Planungshilfen für Kirche und Gemeinde, Göttingen 2008, oder AMD/Gemeindekolleg VELKD (Hg.): Gemeindeentwicklungstraining. Praxisbuch, Göttingen 2008, auch: www.milieus-kirche.de bzw. www.ekd.de/swi/.

zen das Gespräch als kommunikative Grundform. Sie können sich reflexiv mit Inhalten und Formen des Glaubens auseinandersetzen und die Bedeutung komplexerer Aussagen nachvollziehen, ohne sie teilen zu müssen. Wir brauchen diese Anknüpfungsmöglichkeiten zu den bisherigen Erfahrungen, zur Lebenswelt, damit wir Impulse aufnehmen und verarbeiten können. Erst dann haben die neuen Impulse auch eine Chance, verändernd zu wirken und zu neuen Erfahrungen zu führen. Nicht auszuschließen ist, dass sich auch Experimentalisten von SPUR8 angesprochen fühlen, wenn Flyer und Veranstaltungsort sprich Lokation entsprechend gestaltet werden. Milieus mit geringerem Bildungsstandard wie Traditionsverwurzelte, Hedonisten und Konsummaterialisten werden die Hürde einer mehrteiligen Bildungsveranstaltung in einem kirchlichen Raum kaum überwinden wollen. Hier sind lebensweltliche Anlässe der bessere Ort, um Glauben ins Gespräch zu bringen. Auch moderne Performer wird man mit einem Glaubenskurs in kirchlicher Seminarform nur in seltenen Fällen erreichen. Im Rahmen der Milieu-Einteilung bei Hauschildt[28] u.a. liegt der entsprechende Zielgruppenfokus auf den Geselligen, den Hochkulturellen, den Mobilen, den Kritischen und den Konservativen.

Ein entscheidender Faktor bei der Frage, wen man tatsächlich erreicht, ist die Zusammensetzung des Mitarbeiterteams bzw. Trägerkreises. Da die effektivste Form der Werbung nach wie vor die Flüsterpropaganda ist, stammen die Teilnehmenden in der Mehrzahl aus dem Kontaktnetz der Mitarbeiter und Mitarbeiterinnen. Dies bedeutet zum einen natürlich die Eingrenzung auf die entsprechenden Milieus der Mitarbeitenden, zum anderen aber auch die Möglichkeit, andere Milieus als die oben benannten zu erreichen, wenn diese überproportional im Trägerkreis vertreten sind.[29] Die Kontakte des Teams haben daher eine entscheidende Funktion für die Zusammensetzung der Teilnehmerinnen und Teilnehmer.

Das „Milieuprofil" von SPUR8 spiegelt sich auch in den eingesetzten Bildern in der Präsentation und den Teilnehmendenheften wider. Sie stammen von einer Agentur und weisen einen hohen Grad an Professionalität auf. Sie können Assoziationen an Werbeprospekte wecken und knüpfen in ihrer Bildsprache manchmal an Vorstellungen der „heilen familiären Welt" der bürgerlichen Mitte an. Das kann die Lebenswelt einer entsprechenden Zielgruppe genau treffen – der Vorgängerkurs „Christ werden – Christ bleiben" findet seine größte Resonanz in diesem Milieu. Aber es kann Zugänge auch erschweren und Widerstände hervorrufen. Hier liegt es in der Verantwortung der Kursleitenden, in die Präsentation eigene Bilder einzubauen, um einem möglichen „Kitschfaktor" zu entgehen und den Kurs in seiner Bildsprache auch für andere Milieus zugänglicher zu machen.

---

28 Claudia Schulz / Eberhard Hauschildt / Eike Köhler, a.a.O.
29 Zur Frage nach der Ansprechbarkeit unterschiedlicher Milieus in Zusammenhang mit Eingrenzung und Ausgrenzung bei kirchlichen Veranstaltungen vgl. die Milieu-Studie des Sozialwissenschaftlichen Instituts der EKD: Hier ist nicht Jude noch Grieche, hier ist nicht Sklave noch Freier. Erkundungen der Affinität sozialer Milieus zu Kirche und Religion in der Ev.-luth. Landeskirche Hannovers, hg. v. Petra-Angela Ahrens, Gerhard Wegner, Hannover 2008.

2.6   Kommunikationsformen

Die dominante Kommunikationsform von SPUR8 ist der sprachliche Vortrag anhand der illustrierenden Bilder und das Gespräch in den Kleingruppen. Damit ist ein langsamer Annäherungsweg verbunden, der Distanzmöglichkeiten wahrt. Die Teilnehmenden können zunächst „erst mal gucken"; auch das Gespräch bietet die Möglichkeit, selbst über eine Beteiligung zu entscheiden. Der zeitliche Überhang der Referatsteile gegenüber den Gesprächsgruppen lässt sich mit Einsichten aus der Rezeptionsästhetik relativieren. Diese nimmt Abstand von der Vorstellung, dass eine vorher feststehende Aussage einfach übermittelt werden kann. Die Bedeutung des Textes entsteht erst im Prozess seiner Aneignung (Rezeption). Nicht nur der Leser, auch Zuhörer und Zuhörerin entscheiden aktiv über die Bedeutung des Gehörten.
Der Abschlussgottesdienst bietet über Bild und Sprache hinaus noch weitere sinnliche Zugänge zur Zeichenwelt des Glaubens. Kirchenraum und Gemeindegesang, Abendmahl und Tauferinnerung, Antwort-Gebet und persönliche Segnung lassen das Evangelium mit Leib und Seele erfahren. Im Rückblick betonen Teilnehmende immer wieder, dass ihnen Gesprächsgruppen und der Abschlussgottesdienst am besten gefallen haben. Ein deutlicher Hinweis, dass die aktiven Beteiligungsformen besonders geschätzt werden.

2.7   Inhaltsübersicht

1. Gott – wie diese Reise mein Bild verändern kann

Die erste Einheit führt das Bild der Reise durch das Land des Glaubens ein. Motive werden benannt, der Stil erläutert, Vorurteile angesprochen, die Rolle des Referenten geklärt. Die Reise ermutigt zum Perspektivwechsel und bietet neben Informationen über zentrale Inhalte des christlichen Glaubens auch Schritte zur persönlichen Erfahrung.
Mit Abraham wird ein „Vater" des Glaubens vorgestellt, der sich vom Wort der Verheißung zum Abenteuer des Glaubens verlocken ließ. Dabei hat sich auch sein Bild von Gott verändert. Der zweite Teil der Einheit greift die Thematik der Gottesbilder auf und kontrastiert gängige Bilder von Gott mit biblischen Aussagen. Die Berufungsgeschichte des Mose zeigt die Dialektik der Gottesbilder: Ohne Bilder können wir uns keine Vorstellung von Gott machen – aber wir können ihn niemals auf ein Bild festlegen. Gott sprengt unsere Vorstellungen, er zeigt und verhüllt sich zugleich. In Jesus Christus setzt er sich selbst ins Bild. Christen lassen sich einladen, auf Jesus zu sehen, wenn sie Gott zu Gesicht bekommen wollen.

2. Sinn – wie ich ihm auf die Spur komme

Die zweite Einheit entfaltet die verschiedenen Facetten der Frage: „Welchen Sinn hat mein Leben?" (Wozu bin ich da? Wohin gehe ich? Woher komme ich?) Sie illustriert und diskutiert verschiedene Möglichkeiten, mit der Sinnfrage umzugehen: Verzicht auf eine Antwort, Identifizierung des Lebenssinns mit einer Lebensstation oder einem Teilziel der Biografie, verschieben der Sinnfrage von einer Lebensstation zur anderen, Füllung der Sinn-Frustration durch schnellen Ersatz (Konsum) oder Erhöhung des Lebenstempos. Dann wird eine „Fährte" gelegt: Ich finde mich, indem ich mich (an etwas oder jemanden) verliere. Sinnerfülltes Leben ist die Folge einer Hingabe. Wir Menschen sind auf Hingabe angelegt. Unser Herz will sich verlieren. Woran es sich aber verliert, das wird unser „Gott". Glauben heißt: sein Herz an den lebendigen Gott verlieren und sich bei ihm wiederfinden.

3. Glaube – wie ich trotz Hindernissen weiterkomme

Die dritte Einheit behandelt zunächst intellektuelle Einwände gegen den Glauben: Ist Gott beweisbar? Kann es ihn geben angesichts leidvoller Welterfahrung? Ist Gott vielleicht nur Wunschtraum und Projektion? Schließen sich Vernunft und Glaube aus?

Dann werden existentielle Glaubensbarrieren angesprochen: innere Verletzungen. Sie erfüllen unser Innenleben mit Bitterkeit, Groll und Misstrauen, blockieren die Hingabefähigkeit unseres Herzens und erschweren damit eine Vertrauensbeziehung zu Gott. Der zweite Teil zeigt seelsorgerlich praktische Schritte zum Umgang mit inneren Verletzungen auf, bietet Hilfen zu ihrer Bearbeitung an und lässt Gott als den kenntlich werden, der heilen will, was in uns zerbrochen ist.

4. Sünde – was es damit auf sich hat

Die vierte Einheit führt anhand des Bildes einer Mauer den Begriff der Sünde ein. Wir „mauern" gegen Gott. Der erste Teil erarbeitet sehr sorgfältig eine „Ent-Moralisierung" des Sündenbegriffs. Er zeigt auf, dass Sünde eine Beziehungsstörung zwischen Gott und Mensch meint, die eine Zielverfehlung unseres Lebens zur Folge hat und in einem tiefen Misstrauen Gott gegenüber wurzelt. Wie kann Misstrauen in neues Vertrauen verwandelt werden? Um diese Frage geht es im zweiten Teil, einer Auslegung von Lukas 15. Der Schwerpunkt der erzählenden Auslegung liegt auf dem Vater, der seinen Söhnen in Sehnsucht mit offenen Armen entgegenläuft (jüngerer Sohn) und behutsam nachgeht (älterer Sohn): Gott findet uns – nicht wir ihn. Dieses „Entgegenkommen Gottes" befreit uns zu angstfreier Ehrlichkeit Gott gegenüber (Beichte) und heilt unser krankes Gottesbild und damit unser tiefsitzendes Misstrauen Gott gegenüber aus. Neues Vertrauen wächst.

5. Jesus – wo sich Himmel und Erde berühren

Die fünfte Einheit geht vom Gleichniserzähler Jesus über zur Darstellung Jesu als dem Gleichnis Gottes. Zwei Evangeliengeschichten machen deutlich: Während wir uns in unserer Sehnsucht nach dem Himmel nach oben strecken, kommt mit Jesus

Gottes Himmel auf die Erde hinab. Er ist der zu uns „herunterkommende Gott". Er schenkt uns den Himmel und befreit uns damit von allen himmelstürmenden religiösen Bemühungen, mit denen wir uns Gottes Güte selber verdienen wollen. Der Abend führt ins (reformatorische) Zentrum des Glaubens: Den Himmel gibt es gratis. Weil Jesus den Himmel verschenkt und so die Ordnung der Mächtigen durcheinanderbringt und den religiösen Geschäftemachern das Geschäft verdirbt, muss er sterben. Aber im Sterben Jesu hält Gott zugleich seine Liebe zu uns durch. Jesus stirbt für uns – nicht für Gott. Er erträgt im Schmerz seiner Liebe unser Misstrauen (= unsere Sünde), um es gerade durch seine Wunden zu heilen. Der zweite Teil thematisiert sehr praktisch und in seelsorgerlichem Zuspruch die Rechtfertigungsbotschaft. Er entfaltet ansatzweise die „Dankbarkeits-Frömmigkeit" der Nachfolge, die der „geschenkte Himmel" freisetzt.

6. Christ werden – wie Gott mit mir anfängt

Die Grundfrage der sechsten Einheit lautet: Wer ist ein Christ? Zunächst werden unterschiedliche Missverständnisse des Christseins thematisiert: das privatistische, das kirchliche, das ideologische, das moralische Missverständnis. Es wird gezeigt, dass Christsein nicht bei uns anfängt. Nicht unsere Entscheidung für uns begründet das Christsein: Gott kommt uns zuvor – wir dürfen nachkommen. Das Zeichen der Taufe veranschaulicht: Gott hat uns in Christus zu seinen Söhnen und Töchtern und zu Erben seines Reiches erwählt. Die Taufe stellt uns vor die Frage, ob wir diese Wahl Gottes annehmen wollen. Die Einheit entfaltet, wie man auf Gottes JA (Taufe) sein kleines Amen (Glaube) sprechen und Jesus Christus das eigene „Lebenshaus" öffnen kann. Sie illustriert, was sich in den einzelnen Zimmern unseres Lebenshauses verändern kann, wenn wir Gott in unserem Leben Raum geben. Damit leitet die Einheit zu ersten Grundschritten des Glaubens an.

7. Christ bleiben – wie Gottes Geist uns trägt

Die siebte Einheit geht der Frage nach: Wie kann man Christ bleiben? Zunächst wird Gottes Geist als die Kraftquelle beschrieben, aus der sich das Wachstum des Glaubens speist. An Johannes 15 (Weinstock und Reben) wird gezeigt, dass „Christ bleiben" ein „Bei-Christus-Bleiben", eine Verbundenheit mit ihm als dem Energiespender des Glaubens bedeutet. Das aber geht nicht ohne Teilhabe an den Lebensvollzügen der Gemeinde, in der Christi Gegenwart erfahren werden kann. Dies wird deutlich anhand der vier Gs als Grundpfeiler einer christlichen Spiritualität: Gebet, Gemeinschaft, Gottes Wort, Gutes tun. Christ bleibe ich im lebendigen Gespräch mit Gott, im geteilten Leben in der Gemeinschaft des Glaubens, im Schöpfen aus der Bibel als Quelle für Glauben und Handeln und in einem Lebensstil, der anderen die Güte Gottes nahebringt. Der zweite Teil dient einer sorgfältigen Vorbereitung des Abschlussgottesdienstes.

8. Wir feiern das Fest des Lebens – Gottesdienst

Der Gottesdienst in der Kirche ist als Abschlussgottesdienst der „Reisegruppe" konzipiert und insofern kein normaler Sonntagsgottesdienst. Er nimmt unterschiedliche Inhalte der einzelnen Einheiten auf und verbindet sie mit Ritualen und inszenierten Aktionen. Die Teilnehmenden können ein kurzes Feedback auf eine ausgeschnittene Frucht schreiben, einen Entlastungsbrief abgeben, ein Antwort-Gebet sprechen und sich segnen lassen. Tauferinnerung bzw. Taufe und Abendmahl komplettieren die Gestaltungsvorschläge. Die Predigt stellt Christus und seine Zuwendung als Grund und Halt des Glaubens heraus, der sich deshalb Zweifel leisten darf. Die Teilnehmenden haben die Möglichkeit, unterschiedliche Schritte im Glauben zu tun und Gottes Menschenfreundlichkeit mit Leib und Seele zu erfahren. Da (auch) Gottes Liebe durch den Magen geht, findet der Gottesdienst mit einem festlichen Abend und Bring-and-share-Buffet im Gemeindehaus seine Fortsetzung.

3. Einbindung – SPUR8 und „ERWACHSEN GLAUBEN"

Als Nachfolgekurs zum Gemeindeseminar zu Grundfragen des Glaubens „Christ werden – Christ bleiben" ist SPUR8 ein eigenständiges Angebot für die missionarische Arbeit in den Gemeinden, das auf eine mehr als 20-jährige Geschichte zurückblicken kann. SPUR8 wird aber zu einem Zeitpunkt veröffentlicht, zu dem gleichzeitig ein kirchliches Reformprojekt Fahrt aufnimmt: ERWACHSEN GLAUBEN. Deshalb beschreibt Andreas Schlamm[1], Projektkoordinator, diese Initiative der AMD und der EKD. Dies geschieht auch in der Erwartung, dass ERWACHSEN GLAUBEN und SPUR8 sich gegenseitig fördern.

Kurse zum Glauben: Bald in vielen Gemeinden und an anderen Lernorten des Glaubens

Eine Initiative der Arbeitsgemeinschaft Missionarische Dienste (AMD) aufgreifend, hat der Rat der EKD im Juli 2008 einen weitreichenden Beschluss gefasst: Grundkurse des Glaubens sollen zu einem Regelangebot evangelischer Gemeindearbeit, aber auch an anderen kirchlichen Lernorten werden. Ihr Stellenwert soll einmal so selbstverständlich sein wie Konfirmandenunterricht.

Diesem Ziel ist das von AMD und EKD seit 2009 gemeinsam getragene Reformprojekt „ERWACHSEN GLAUBEN – Missionarische Bildungsangebote als Kernaufgabe der Gemeinde" verpflichtet. Die EKD wertschätzt die in den vergangenen Jahren stets gewachsene Bedeutung solcher Kurse und sieht in einem deutlich verbesserten Angebot von Glaubenskursen eine zentrale Zukunftsaufgabe. Sie unterstützt die Landeskirchen dabei, den Wandel von einem gelegentlichen zu einem verlässlichen Angebot zu vollziehen – hin zu einer „permanenten Infrastruktur für Quereinsteiger", wie es der Potsdamer Superintendent Dr. Joachim Zehner formuliert.

Die Finanzierung ist zunächst bis Ende 2011 gesichert. Die Halbzeitbilanz fällt sehr

---

[1] Der Autor ist Dipl.-Religionspädagoge und seit 2002 bei der Arbeitsgemeinschaft Missionarische Dienste tätig; zunächst als Referent für Evangelisation und Missionarische Projekte. 2009 hat er die Leitung des Projektbüros ERWACHSEN GLAUBEN, das in der AMD-Geschäftsstelle in Berlin angesiedelt ist, übernommen.

positiv aus, denn in nur 18 Monaten gelang es, zahlreiche kirchliche Handlungsfelder in das Projekt ERWACHSEN GLAUBEN zu integrieren. Anfängliche Befürchtungen vor einem Alleingang der AMD erfüllten sich nicht, und so wird das Anliegen inzwischen von vielen mitgetragen und mitgestaltet.

Schon 1998 sah Wolfgang Huber[2] in einem Ineinandergreifen von Mission und Bildung einen Schlüssel, wie die Entstehung des Glaubens und sein Wachstum begünstigt werden könnten. In den darauf folgenden Jahren sind einst als sehr fest gefügt geltende theologische Positionen zunehmend in Bewegung geraten. ERWACHSEN GLAUBEN knüpft daran an und bietet einen Rahmen, in dem eine Verständigung der verschiedenen Ansätze jetzt tatsächlich auf breiter Ebene möglich wird. Der Einberufung einer handlungsfeldübergreifenden Steuerungsgruppe auf EKD-Ebene folgte die Bildung von runden Tischen oder sogenannte Spurgruppen in zahlreichen Landeskirchen. Inzwischen sind daraus häufig offiziell von der Kirchenleitung berufene Steuerungsgruppen geworden, an denen Akteure verschiedener Prägung beteiligt sind, z.B. Missionarische Dienste und Erwachsenenbildung, Diakonie und Familienbildung, Wiedereintrittsstellen oder Citykirchenarbeit. Auch sind oft die Presse- und Öffentlichkeitsarbeit und die Aus- und Fortbildungseinrichtungen dabei. Auf diese Weise wurden wechselseitige Lernprozesse gefördert, die sich in vielen Landeskirchen inzwischen sehr positiv auswirken: Die Wahrnehmung der unterschiedlichen kirchlichen „Lager" wird differenzierter. Die Unterschiedlichkeit der Ansätze wird nicht mehr als bedrohlich angesehen, sondern zunehmend als Bereicherung oder notwendige Ergänzung betrachtet. Gleichzeitig werden gemeinsame Schnittmengen entdeckt. Wir haben also Grund zur Zuversicht, dass die begonnene Zusammenarbeit einen nachhaltigen Charakter haben wird – auch wenn die Projektfinanzierung über 2011 hinaus nicht fortgeführt werden sollte.

Glaubenskurse sind in weiten Teilen unserer Kirche mit Klischees behaftet. ERWACHSEN GLAUBEN kann wichtige Beiträge zur Akzeptanz dieses Instruments liefern. Wir sind sicher, dass die auf dieser Plattform begonnenen Diskurse die Glaubenskurs-Landschaft in den kommenden Jahren verändern werden: Bewährte Konzepte aus dem missionarischen Spektrum werden sich weiterentwickeln, wenn die Herausgeber sich ermutigt fühlen, sich z.B. mit Bildungsstandards auseinanderzusetzen. Umgekehrt spüren manche in der Erwachsenenbildung, dass einige ihrer Kurskonzepte nicht mehr ganz in die Zeit passen, weil sich die missionarischen Rahmenbedingungen sehr stark verändert haben und nach neuen Lösungen verlangen.
Daneben werden neue Konzepte entstehen, die behutsam beide Ansätze miteinander zu verbinden versuchen. Als Prototyp dieser neuen Generation von Kursen gilt „Kaum zu glauben", ein vierteiliger Kurs zum Credo, der gemeinsam von den Mis-

---

[2] Wolfgang Huber: Kirche in der Zeitenwende. Gesellschaftlicher Wandel und Erneuerung der Kirche, Gütersloh 1998, S. 295.

sionarischen Diensten der Ev.-luth. Landeskirche Hannover und der Ev. Erwachsenenbildung in Niedersachsen entwickelt wurde und seit 2009 erhältlich ist. Auch
steht die Evangelische Kirche insgesamt noch vor der Herausforderung, ihr Bil-
dungsangebot zu Grundlagen des Glaubens milieusensibler auszudifferenzieren.
Die Ratlosigkeit, wie z.B. Konsum-Materialisten mit Kerninhalten des Evangeliums
vertraut werden, ist bislang groß. An dieser Stelle gibt es noch erheblichen For-
schungs- und Handlungsbedarf.

Dem Rat der EKD lag daran, die innerkirchliche Wahrnehmung von Glaubenskursen zu verbessern und ihre vielfältigen positiven Effekte sowohl auf die individuellen Glaubensbiografien als auch auf die Gemeinde als wesentlichen Lebens- und
Lernort des Glaubens würdigend darzustellen. Anfang 2011 wird ein Handbuch
zum Projekt ERWACHSEN GLAUBEN in einer hohen Auflage erscheinen, das
Pfarrerinnen und Pfarrern, Angehörigen anderer kirchlicher Berufsgruppen und
engagierten Ehrenamtlichen das Know-how zur Durchführung solcher Kurse vermittelt. Dabei wird weniger argumentativ vorgegangen, sondern es sollen vielmehr
gute Erfahrungen reflektiert und weitergegeben werden. Das Handbuch enthält
einen Grundlagenteil, der die Aspekte Theologie und Didaktik, Mission und Bildung entfaltet. Ein stärker praktisch orientiertes Kapitel zeigt auf, wie Kurse zum
Glauben konzeptionell an verschiedenen Lernorten eingebunden werden können,
und was im Vorfeld eines Glaubenskurses wichtig ist zu bedenken. Darüber hinaus
enthält das Handbuch Beschreibungen der zehn SINUS-Milieus® mit Bezug zur
Glaubenskursarbeit. Ein weiteres Kapitel stellt voraussichtlich neun Kursmodelle
vor, die Gemeinden und Einrichtungen besonders ans Herz gelegt werden. Die
Exposés der einzelnen Konzepte enthalten u.a. Angaben zu Theologie, Didaktik
und Milieuforschung. Unter dem Dach von ERWACHSEN GLAUBEN wird also
eine Pluralität von Konzepten verschiedener Prägung mit unterschiedlichem inhaltlichen Profil oder methodisch-didaktischem Arrangement empfohlen, u.a. SPUR8.
In den kommenden Jahren wird das Kursportfolio noch erweitert.

Die EKD hat in großem Umfang Mittel bereitgestellt, um das Handbuch mindestens jeder Kirchengemeinde in Deutschland zur Verfügung stellen zu können.
Außerdem ist es im Buchhandel erhältlich. Gleichzeitig haben zahlreiche Landeskirchen begonnen, den Ausbau des Kursangebots systematisch voranzutreiben. Dazu
gehört zunächst einmal eine Erfassung, an welchen Orten einer Landeskirche schon
gute Erfahrungen mit Glaubenskursen gesammelt worden sind. In einem zweiten
Schritt sollen ausgewählte Gemeinden zu „Ausbildungs-Stützpunkten" werden, an
denen unerfahrene Gemeinden lernen können, wie die Durchführung von Glaubenskursen in der Praxis funktioniert. Da die Ausgangsbedingungen regional sehr
unterschiedlich sind, entwickelt jede Landeskirche eigene Strategien zur Unterstützung der Gemeinden und Einrichtungen mit dem Ziel, das Kursangebot Schritt für
Schritt auszubauen. Dieser Prozess beginnt jetzt und wird sich über mehrere Jahre
erstrecken.

EKD und Landeskirchen möchten stärker von der viel beschworenen „Rückkehr der Religion" profitieren und sich in der Öffentlichkeit aktiver und erkennbarer als Gesprächspartner anbieten. Deshalb verbindet sich mit dem Projekt ERWACHSEN GLAUBEN auch ein Kommunikationskonzept. Zunächst wurde eine EKD-weit einheitliche Dachmarke „Kurse zum Glauben" entwickelt. Die Dachmarke bietet vorrangig zwei Vorteile: 1) Sie lässt eine Pluralität verschiedener Kurskonzepte zu; 2) Es wird ein konkretes Produkt beworben, nämlich ein Kurs – ein Format, mit dem viele Menschen etwas anfangen können, auch wenn sie nichts mit der Kirche zu tun haben.

Für die Werbung steht den Gemeinden und Einrichtungen ab Sommer 2011 eine Serie von voraussichtlich acht Motiven zur Verfügung, z.B. in Form von Plakaten in allen möglichen Größen, Postkarten, Visitenkarten oder Kirchturmbannern; selbst ein Kinoclip. Diese haben die Funktion, auf die Internetseite www.kurse-zum-glauben.de hinzuweisen, die in Zukunft das zentrale Glaubenskurs-Portal aller evangelischen Landeskirchen sein wird. Gemeinden und Einrichtungen, die Passanten auf ihr Angebot aufmerksam machen und die oft begrenzte Reichweite ihrer lokalen Öffentlichkeitsarbeit erweitern wollen, tragen dort einfach ihr Kursangebot ein. Interessierte können sich auf der Seite über die Inhalte, das Profil oder den Ablauf eines Kurses informieren und mittels Umkreissuche herausfinden, welche Kurse sie in der Nähe ihres Wohnorts wahrnehmen können.

Weitere positive Effekte stellen sich ein, wenn möglichst viele Gemeinden und Einrichtungen in einer Region ihre Kursaktivitäten aufeinander abstimmen. Zum einen verteilen sich dann manche Lasten wie z.B. die Qualifizierung von Ehrenamtlichen, die im Kurs mitarbeiten, auf viele Schultern. Zum anderen ist eine gemeinsame Aktion vieler Gemeinden und Einrichtungen umso interessanter für die Presse, die dann erfahrungsgemäß sehr gern bereit ist, ausführlich darüber zu berichten. Und der Clou: Viele Landeskirchen schaffen jetzt die Voraussetzungen, um die Durchschlagskraft der Werbung auf regionaler Ebene noch zu erhöhen. Regionen, in denen mehrere Anbieter ihre Aktion gemeinsam bewerben wollen, können zusätzlich Mittel von der Landeskirche zur Finanzierung einer Werbekampagne erhalten. Dann würde der Glaube mit Fug und Recht „zum Stadtgespräch".

Im Unterschied zu vielen anderen Kampagnen ist diese Kampagne nicht eine, die etwa von oben verordnet wird, sodass sich Gemeinden unter Druck gesetzt fühlen müssten, sondern sie kommt dort unterstützend zum Einsatz, wo an mehreren kirchlichen Lernorten mit „Kursen zum Glauben" temporäre Erlebnisräume des Glaubens entstehen. Auch ist die Kampagne nicht an einen einmaligen Aktionszeitraum gebunden, sondern kann über mehrere Jahre hinweg immer wieder zum Einsatz kommen. Auf diese Weise soll auch in der Bevölkerung ein Bewusstsein geschaffen werden, dass „Kurse zum Glauben" ein Regelangebot evangelischer Gemeindearbeit darstellen. Weitere Informationen dazu sind im zugehörigen Handbuch zu finden, das seit Februar 2011 erhältlich ist, oder können auf www.kurse-zum-glauben.org abgerufen werden.

Je mehr das Kursangebot in Zukunft zunimmt, desto größer wird auch der Bedarf an Qualifizierung der Kursleiterinnen und Kursleiter. Die landeskirchlichen Aus- und Fortbildungseinrichtungen stellen sich in den kommenden Jahren stärker darauf ein. Dabei werden auch die Kompetenzen der Kursherausgeber stärker einbezogen.

4. Motivation – SPUR8 macht Sinn

Sie lesen im Folgenden unter der Überschrift „Motivation – SPUR8 macht Sinn" einige Gründe, warum und für wen sich die Durchführung von SPUR8 lohnt. Die Grundlegung (Kapitel 2 dieses Buches) und die Nebenwirkungen (Kapitel 5) sollten unbedingt dazu gelesen werden. Die Grundlegung erläutert die theologischen Hintergründe, das Kapitel zu den Nebenwirkungen das, worauf in der Gemeindeentwicklung geachtet werden sollte.

Jetzt aber zu der Motivation. Ganz kurz und knapp: „SPUR8 – Entdeckungen im Land des Glaubens" in der Gemeinde oder gemeinsam mit mehreren Gemeinden durchzuführen macht Spaß und Sinn. Wenn Sie die beiden Begriffe lieber umtauschen, ist das natürlich erlaubt. Und wenn Ihnen das Wort Spaß nicht gefällt, weil es nicht fromm genug erscheint, setzen Sie einfach „Freude" ein. Wichtig ist nur beides. Neben der Arbeit, die mit einem solchen Projekt verbunden ist, ist es auch einfach ein gutes Gefühl, mit anderen in einem einladenden Setting anregende Referate zu hören und über den Glauben und das Leben ins Gespräch zu kommen. Die Referate sind anregend, kurzweilig und gehaltvoll. Die Gesprächsgruppen werden von Abend zu Abend intensiver. Oftmals sind es im Nachhinein für viele Teilnehmerinnen und Teilnehmer gerade die Gesprächsgruppen und nicht der gute Referent/die gute Referentin, die die Abende ausgemacht haben. Hier leuchtet auch schon der Sinn einer Durchführung von SPUR8 auf: Menschen beschäftigen sich intensiv mit dem christlichen Glauben und entdecken im Hören und Reden, was es mit dem Glauben auf sich hat, wie man Zugänge zum Glauben findet und im Glauben ein Zuhause erleben kann. Ganz nebenbei, aber nicht nebensächlich, verändert sich auch die Gemeinde.

Dieses soll in vier Richtungen noch etwas weiter entfaltet werden: SPUR8 lohnt sich für die Gemeinde, für die, die daran teilnehmen, für die, die dabei mitarbeiten und für die Referentinnen und Referenten.

4.1 Der Gewinn für die Gemeinde

„SPUR8 – Entdeckungen im Land des Glaubens" ist ein wichtiger Impuls für die Gemeinde selbst.

Der Verkündigungsauftrag

Es gehört zum Grundauftrag von Gemeinde, die „Botschaft von der freien Gnade Gottes auszurichten an alles Volk", wie es Barmen VI betont. „Gehet hin und machet zu Jüngern alle Völker: Taufet sie auf den Namen des Vaters, des Sohnes und des Heiligen Geistes und lehret sie halten alles, was ich euch befohlen habe!", formuliert es der auferstandene Christus im Matthäusevangelium. Das Evangelium ausrichten, indem Menschen in die Nachfolge eingeladen und gelehrt werden. Beides verbindet sich in guter Weise in SPUR8. Menschen werden ins Bild gesetzt über die zentralen Inhalte des christlichen Glaubens. Gleichzeitig werden sie ohne Druck und Manipulation in einer offenen Gesprächsatmosphäre eingeladen, ihr persönliches Amen zu dem großen Ja Gottes zu sprechen. Durch die Verbindung eines gemeinsamen Weges über acht Abende und einer einladenden Atmosphäre mit erlebter Gastfreundschaft nimmt die Gemeinde dabei wesentliche Elemente des Wirkens Jesu auf:

- die Menschen abholen
- sie begleiten
- mit ihnen essen
- mit ihnen im Gespräch sein und
- sie lehren.

Als Beispiele seien hier nur die Begegnungsgeschichten mit der Frau am Jakobsbrunnen (Johannes 4), Zachäus (Lukas 19) und den Emmaus-Jüngern (Lukas 24) genannt.

Kirche als Erzählgemeinschaft

Sehr schön deutlich wird in der Durchführung von SPUR8, wie die Kirche Gemeinschaft lebt, die von dem menschenfreundlichen Gott erzählt. Die Referate verfolgen einen narrativen Stil, aber besonders in den Gesprächsgruppen geschieht im Austausch der je eigenen Erkenntnisse, Erlebnisse und Erfahrungen mit dem eigenen Glauben, mit den eigenen Zweifeln und Brüchen ebenso wie mit dem lebendigen Gott ein Zusammenwirken der kleinen Erzählungen. Es ist schön zu erleben, wie gerade darin der Heilige Geist zum Zuge kommt, wie Gott sich einwebt in den Austausch und erfahrbar wird in der Gemeinschaft. „Wo zwei oder drei in meinem Namen versammelt sind, da bin ich mitten unter ihnen", sagt Jesus. Hier kann man das erleben.

Impuls für die Gemeindeentwicklung

„SPUR8 – Entdeckungen im Land des Glaubens" ist dabei ein motivierender starker Impuls für die Gemeindeentwicklung.

Partizipatorisches Arbeiten
Ein Sprichwort heißt: „Sage mir und ich werde es vergessen. Zeige mir und ich werde mich erinnern. Beteilige mich und ich werde mich verwandeln." SPUR8 übt ein in partizipatorische Arbeit. Nicht einer führt ein Seminar durch, sondern viele planen gemeinsam und sind an je ihren Orten wichtig. Verantwortung wird geteilt, Aufgaben selbstständig übernommen. Hauptamtliche sind nur ein Teil im Ganzen des Kurses. Eine Gruppe ist für den Imbiss zuständig, eine Gruppe für die Raumgestaltung. Weitere Aufgabenbereiche sind: Technik, Moderation, Gesprächsgruppen und evtl. Referate. Auch die Referate können aufgeteilt werden. Es gibt Gemeinden, in denen ist der Pfarrer zwar auch dabei, aber alle Referate werden von Ehrenamtlichen übernommen. Gemeinde erzählt vom Glauben.

Projektorientiertes Arbeiten
Einen großen Motivationsschub für die Gemeindeentwicklung gibt auch die Durchführung dieses Projektes an sich. Man merkt zwar, dass es auch Arbeit ist, aber es gelingt und ist nicht endlos. Ein klarer Anfang, ein klares Ende. Mit zeitlicher Begrenzung, dem bewährten Konzept und klarer Aufgabeneinteilung lassen sich Ehrenamtliche gut ansprechen und zur Mitwirkung gewinnen. So bietet SPUR8 ein gutes Modell, wie Gemeindearbeit auch funktionieren kann.
Außerdem sind durch die Projektstruktur die Kosten kalkulierbar. Da freut sich der Finanzkirchmeister. Und SPUR8 „funktioniert" – das hat die langjährige Erfahrung mit „Christ werden – Christ bleiben" in weit über 1400 Gemeinden gezeigt. Mit SPUR8 lässt sich die Gemeinde auf ein Abenteuer ein, das eine motivierende Kraft für die ganze Gemeinde entwickeln kann.

Folgewirkung
Als letzten Punkt für die Gemeindeentwicklung sollen noch kurz die motivierenden Folgewirkungen genannt werden. Genaueres dazu folgt ja noch unter 8.: „Ende – SPUR8 abschließen". Es ist schon erstaunlich, dass SPUR8 zwar ein klares Ende mit dem Gottesdienst hat, aber damit für viele Teilnehmerinnen und Teilnehmer der Gesprächsbedarf und das Gesprächsinteresse noch lange nicht zu Ende ist. „Jetzt kann es doch nicht aufhören", hören wir oft nach Ende eines Kurses. Die Erfahrungen in den Gesprächsgruppen und das intensive Erleben des Abschlussgottesdienstes setzen eine Dynamik in Gang, die nach vorn weist. Es entsteht Neues. Und vor allem: Es kommen tatsächlich neue Menschen zur Gemeinde hinzu. Vielleicht waren sie schon lange Mitglieder der Kirche, aber nun tauchen sie auf einmal hier und dort auf.

4.2   Der Ertrag für Teilnehmende

„SPUR8 – Entdeckungen im Land des Glaubens" ist nicht nur ein wichtiger Impuls für die Gemeinde als Gemeinde, sondern auch für die Menschen, die sich zur Teilnahme einladen lassen.

In Anlehnung an die Ergebnisse der Untersuchung „Wie finden Erwachsene zum Glauben?"[1] möchten wir **mit der „Greifswalder Konversionstypologie" drei Gruppen von Teilnehmenden unterscheiden:**

1. Menschen, die schon immer „dabei" waren und als aktive Gemeindeglieder leben, entdecken auf einmal ganz neu die Freiheitsdimension des christlichen Glaubens. Ihr Glaube kann neu aufblühen. Sie erleben eine Vergewisserung ihres Glaubens.
2. Menschen, die zwar eine gewisse religiöse Sozialisation mitbringen, aber mit der Kirche höchstens noch locker verbunden sind, vielleicht auch aus biografischen Gründen für längere Zeit auf Distanz zur Kirche gegangen sind, entdecken neu die Schönheit des Evangeliums und entwickeln ein persönliches Interesse am Glauben und an der Gemeinde.
3. Menschen, die keinerlei christliche Sozialisation mitbringen, erfahren die Grundlagen des christlichen Glaubens und haben die Möglichkeit, eine Lebenswende zu vollziehen – ohne dass sie das müssten.

In jedem Fall erlebt die überwiegende Mehrheit der Teilnehmenden den Kurs als bereichernd für ihr Leben. Das ist vor allem auch darin spürbar, dass die Teilnehmerzahl über die sieben Seminarabende in der Regel nicht abnimmt (auch wenn natürlich der ein oder andere nicht an allen Abenden teilnehmen kann) und sich die Anzahl der Besucher des Gottesdienstes am Ende des Seminars auf demselben Niveau bewegt wie an den Seminarabenden selbst.

Das Wissen um die Inhalte des christlichen Glaubens wird ebenso erweitert bzw. vertieft wie das Seminar als existentielle Entdeckungsreise erlebt. Besonders intensiv wirken dabei die Einstiegshilfen zum Glauben, die in dem Schreiben eines Briefes an Gott, einem Gebet und dem Angebot der persönlichen Segnung bestehen. Gerade die „Inszenierung" der eigenen Antwort auf das Angebot Gottes, die im Gottesdienst stattfindet, ist ein Höhepunkt des Kurses und ein wichtiger motivierender Schritt im Glauben. Nicht selten erfahren Teilnehmerinnen und Teilnehmer dies als ihre eigentliche „Konfirmation".

---

[1] Johannes Zimmermann/Anna-Konstanze Schröder (Hg.): Wie finden Erwachsene zum Glauben? Einführung und Ergebnisse der Greifswalder Studie, Neukirchen-Vluyn 2010.

4.3   Die Früchte für Mitarbeitende

„SPUR8 – Entdeckungen im Land des Glaubens" ist nicht nur ein wichtiger Impuls für die Gemeinde selbst und für die Menschen, die sich zur Teilnahme einladen lassen, sondern auch für alle, die dabei mitarbeiten.

Vier Punkte sind es hier vor allem, die einen motivierenden Schub geben:

- Die Mitarbeiterinnen und Mitarbeiter erleben, wie sie ein Projekt erfolgreich managen. Selbst wenn mit einem auswärtigen Referenten gearbeitet wird, ist dieser nur für die Referate zuständig. Alles andere wird vor Ort gemanagt. Und es gelingt. Das macht Mut für weitere Projekte.
- Alle, die mitarbeiten, werden ermutigt zu partizipatorischer Arbeit. Es gehört zu SPUR8 dazu, dass Aufgaben delegiert – und damit auch in die Verantwortung verschiedener Menschen oder Teams gelegt werden. Ohne Trägerkreis, in dem als Team gearbeitet wird, kann SPUR8 nicht durchgeführt werden, denn gerade davon lebt dieser Kurs.
- In dieser gemeinsamen Arbeit werden nicht selten neue Gaben und Fähigkeiten entdeckt. Da probiert jemand die Gesprächsführung in einer kleinen Gesprächsgruppe aus – und merkt auf einmal, dass es ihm besser gelingt als gedacht. Jemand anderes dekoriert für einen Abend die Tische oder bereitet das Essen oder die Snacks vor und erlebt, wie gut es allen gefällt und schmeckt. Moderation, Referate, Einladungsgestaltung – der Kurs gibt viele Möglichkeiten, einfach einmal etwas Neues auszuprobieren, und das möglichst im Team. Durch die gegenseitige Unterstützung kommt Neues zum Vorschein.
- Mitarbeiterinnen und Mitarbeiter haben im Rahmen des Kurses Gelegenheit, ihren Glauben mit allen Brüchen, Zweifeln, Gewissheiten und Erkenntnissen ins Gespräch und damit zur Sprache zu bringen. Durch das anregende Gespräch wird ihre eigene Sprachfähigkeit im Glauben erweitert und die persönliche Glaubensgewissheit gestärkt.

4.4   Die Bereicherung für Referentinnen und Referenten

Nicht zuletzt macht „SPUR8 – Entdeckungen im Land des Glaubens" für die Referentinnen und Referenten Sinn und Spaß. Hier kann man in einem guten Rahmen das tun, was man liebt: von Gottes grenzenloser Liebe erzählen. Die langjährige Erfahrung, die in dem Projekt steckt, und die guten Materialien für Durchführung und Vorbereitung geben eine hervorragende Grundlage, um der eigenen Leidenschaft der Verkündigung nachzugeben.

Vorbereitung

SPUR8 vorzubereiten macht Arbeit. Aber es ist eine lohnende Arbeit. Denn es geht darum, die eigene Leidenschaft der Verkündigung zum Zuge kommen zu lassen. Es liegen zwar ausgearbeitete Vorträge vor, aber es sind Vorträge anderer leidenschaftlicher Verkündiger. In diese Vorlage die eigene Note, den eigenen Glauben, die eigene Gewissheit und Gebrochenheit des Glaubens einzufügen, ist eine erfüllende und den eigenen Glauben stärkende Arbeit. Die Inhalte des Kurses müssen durch den Referenten selbst hindurchgehen, was er sagt, muss sich mit seinem Glauben und Erleben decken. Diese Erarbeitung stärkt und vergewissert den eigenen Glauben.

Durchführung

Verkündigung im Team ist eine großartige Sache. Zu sehen, wie der Vortragsteil nicht alles tragen muss, sondern nur ein Teil ist neben den Gesprächen in den Gruppen, den Begegnungen am Rand, dem Singen und vor allem der gelebten Gastfreundschaft, befreit die Referierenden und bewahrt vor Überhöhung des eigenen Anteils.
Es macht Spaß, mit dem guten Material zu arbeiten. Hefte für die Teilnehmerinnen und Teilnehmer, die man aufgrund der Gestaltung gerne verteilt, Präsentationen, die die Menschen ansprechen, Vorträge, die spüren lassen, dass man ein Thema auch heute noch länger als in drei Minuten entfalten kann, ohne dass die Zuhörer einschlafen, lassen etwas davon erleben, dass Verkündigung des Evangeliums spannend ist. In dem Kursgeschehen ist manchmal das Gefühl da, Gottes Geist auf frischer Tat zu ertappen.
Und wenn dann im Gottesdienst erlebt wird, wie die Inhalte der Kursabende nicht nur den Kopf, sondern auch das Herz vieler Teilnehmerinnen und Teilnehmer bewegt haben, dann bewegt spätestens auch das das eigene Herz. Zu sehen, wie viele Menschen einen Brief an Gott geschrieben haben, sich zu dem gemeinsam gesprochenen Gebet einladen lassen und eine persönliche Segnung erfahren wollen, ist für die, die für die Referate zuständig waren, ein großer, motivierender Lohn.

Nachher

Und dann: Zu erleben, für wie viele Teilnehmerinnen und Teilnehmer der Wunsch, nach dem Seminar noch weiter an den Themen zu arbeiten, so groß ist, dass sie sich einladen lassen zu Kleingruppen oder Folgeveranstaltungen, ist wohltuend. Die Wirkung des Kurses ist unmittelbar zu spüren, die Arbeit trägt sichtbar Früchte.
Es gibt viele Gründe, warum sich „SPUR8-Entdeckungen im Land des Glaubens" für die Gemeinde und in der Gemeinde lohnt. Natürlich hat das ganze auch „Nebenwirkungen", die bedacht werden müssen. Darum geht es in dem nächsten Abschnitt.

5.   Nebenwirkungen – SPUR8 hat Folgen

„Zu Risiken und Nebenwirkungen lesen Sie die Packungsbeilage und fragen Sie Ihren Arzt oder Apotheker." Nur zu oft haben wir diesen Satz – in gehöriger Sprechgeschwindigkeit vorgetragen – in Werbespots im Fernsehen gehört. Die Werbemacher entledigen sich der Auflage einer EG-Richtlinie. Das Online-Lexikon Wikipedia führt zum Stichwort „Packungsbeilage"[1] folgenden Text auf:

> Eine **Packungsbeilage** ist Fertigarzneimitteln beigelegt und enthält die für den Verbraucher wichtigen Informationen, hauptsächlich den Zweck und die korrekte Anwendung des Arzneimittels. Gleichbedeutend verwendete Bezeichnungen sind: **Gebrauchsinformation**, Beipackzettel, Patienteninformation, umgangssprachlich auch „**Waschzettel**".
> Dieser sogenannte „Waschzettel" enthält Angaben zum Arzneimittel selbst, den Anwendungsgebieten, Vorsichtsmaßnahmen für die Verwendung und Warnhinweise, Beschreibung der Nebenwirkungen usw.

SPUR8 in der vorliegenden Form, also mit einem ausformulierten Referententext, hervorragenden Illustrationen (PowerPoints), fertigen Teilnehmerheften usw., erweckt leicht den Anschein, dass die Materialien nur darauf warten, eingesetzt zu werden: Handzettel zur Einladung drucken, Referenten einladen, Raum gestalten – fertig! Natürlich ist das eine Karikatur. Niemand wird eine Einladung zu Entdeckungen im Land des Glaubens aussprechen wollen ohne sorgfältige Vorbereitung.

Deshalb ist ein eigenes Kapitel im Handbuch zu Nebenwirkungen sinnvoll, damit SPUR8 seine ganze Wirkkraft entfalten kann. Der „Beipackzettel" als Kapitel 5 will informieren über die „Anwendungsgebiete", wann diese „Arznei" für eine Gemeinde heilsam und heilvoll sein kann und nicht zuletzt, welche Chancen, Risiken und Nebenwirkungen die Durchführung von SPUR8 hat.

Als „Gebrauchsinformation" geht es in Kapitel 5 um SPUR8 als Element von Gemeindeentwicklung, wie die Einbindung von SPUR8 in einen konzeptionellen Rahmen gelingen kann, welcher Vorlauf und welcher Nachlauf wichtig sind, damit das Gemeindeseminar seine volle Kraft und Wirkung entfaltet.

---

[1]   Artikel „Packungsbeilage", WIKIPEDIA. Die freie Enzyklopädie, www.de.wikipedia.org/wiki/Packungsbeilage - aufgesucht am 21. Mai 2010.

5.1   Der Ort in der Gemeindeentwicklung

5.1.1   Der Ansatz: Die Gemeinde als Trägerin von Evangelisation

Eigenständiger Glaube als Ziel von SPUR8

Ziel der Durchführung von SPUR8 in einer Gemeinde ist es, Menschen zu einem eigenständigen Glauben an Jesus Christus einzuladen und hinzuführen. Dazu gehören:

- Informationen über den Glauben an Jesus Christus,
- die Bearbeitung von Glaubensblockaden und -hemmnissen,
- die Förderung eines geklärten und eigenständigen Glaubens („Ich weiß, woran ich glaube"),
- und immer auch die Beheimatung in der Gemeinde.

In diesem Sinne zählt SPUR8 zu den sogenannten evangelistischen Angeboten der Kirche. Das Gemeindeseminar SPUR8 bietet Gemeinden ein theologisch und methodisch sorgfältig konzipiertes Angebot, um dem Auftrag von Kirche nachkommen zu können. Die EKD-Synode 1999 in Leipzig hat diesen Auftrag so formuliert: „Von dieser Synode geht das Signal aus: Die evangelische Kirche setzt das Glaubensthema und den missionarischen Auftrag an die erste Stelle..."[2]

In Anlehnung an die Nomenklatur der sogenannten **Greifswalder Konversionstypologie**[3] will SPUR8 als Gemeindeseminar zu Grundfragen des Glaubens bewirken:

- **Vergewisserung:** Kirchennahe erleben eine Vergewisserung im Glauben.
- **Entdeckung:** „Treue Kirchenferne" entdecken den Glauben aus der Distanz.
- **Lebenswende:** Konfessionslose und Menschen ohne kirchliche Sozialisation finden Wege zum Glauben.

Evangelisation als genuiner Auftrag der Kirche Jesu Christi

Alle Gemeindearbeit hat zu tun mit Gottes Sehnsucht nach seinen Geschöpfen. „Als Jesus das Volk sah, jammerte es ihn, denn sie waren verschmachtet und verstreut wie die Schafe, die keinen Hirten haben" (Matthäus 9,35–38).

---

[2]   Kirchenamt der EKD (Hg.): Reden von Gott in der Welt. Der missionarische Auftrag der Kirche an der Schwelle zum 3. Jahrtausend, Frankfurt 2000, S. 41.

[3]   Johannes Zimmermann / Anna – Konstanze Schröder (Hg.): Wie finden Erwachsene zum Glauben? Einführung und Ergebnisse der Greifswalder Studie, Neukirchen-Vluyn 2010, S. 29f.

Evangelisation als Einladung zu persönlichem Glauben, zu Nachfolge und Dienst zählt zu den genuinen Aufgaben der Kirche als Ausformung des breit aufgestellten missionarischen Auftrages von Kirche.

Die Gemeinde ist Trägerin von Evangelisation! Es ist ihr Auftrag, das Mandat der Einladung zum Glauben wahrzunehmen. „Wie mich mein Vater gesandt hat, so sende ich euch" (Johannes 20,21). Der Ruf in die Nachfolge und die Einladung im Raum von Gemeinde eine geistliche und soziale Beheimatung zu finden, zählen zu den notae ecclesiae, zu den grundlegenden Kennzeichen von Kirche.

Mission im Sinne von Evangelisation ist Identität von Gemeinde. Kirche betreibt nicht Mission, sie ist Mission!

Mission geschieht nicht um der Kirche willen.

> „Die Kirche ist hineingenommen in die Mission Gottes. Wir haben den Auftrag, Menschen die Augen zu öffnen für die Wahrheit und die Schönheit der christlichen Botschaft. Wir wollen sie dafür gewinnen, dass sie sich in Freiheit an Jesus Christus binden und sich zur Kirche als Gemeinschaft der Glaubenden halten."[4]

Das Stichwort „Mission" meint den breit aufgestellten Auftrag der Kirche Jesu Christi in dieser Welt. „Mission beschreibt (...) alles, was die Gemeinde tun soll aufgrund ihrer Sendung in die Welt."[5] Mission als umfassender Auftrag der Kirche (missio dei) realisiert sich in unterschiedlichsten Weisen von Zeugnis und Dienst in Form von Seelsorge, Begleitung an Lebensübergängen, Einsatz für gerechte Strukturen, Heilung und seelsorgerische Begleitung Kranker, Speisung, die Verkündigung des Evangeliums und vieles mehr.

Zur Mission gehört auch die Evangelisation. Es ist notwendig, hier begrifflich sorgfältig zu unterscheiden. Auch wenn Mission der Oberbegriff für die Sendung der Kirche in die Welt ist, so ist Evangelisation als spezifischer Grundauftrag der Mission darin noch einmal zu unterscheiden und zu profilieren: Mission als Teilhabe an Gottes Willen zur Erlösung der Welt erfährt ihre Zuspitzung in der Verkündigung des Heils in Jesus Christus, in der Einladung zu eigenständigem Glauben und Nachfolge und der Integration in die Gemeinschaft der Glaubenden.[6]

---

[4]   Kirchenamt der EKD (Hg.): Reden von Gott in der Welt. Der missionarische Auftrag der Kirche an der Schwelle zum 3. Jahrtausend, Frankfurt 2000, S. 38.

[5]   John Stott: Die biblische Grundlage der Evangelisation. In: Alle Welt soll sein Wort hören. Lausanne-Dokumente, Bd. I., Stuttgart 1974, S. 65.

[6]   Zum Ganzen vgl. Michael Herbst / Ulrich Laepple (Hg.): Das missionarische Mandat der Diakonie. Impulse Johann Hinrich Wicherns für eine evangelisch profilierte Diakonie im 21. Jahrhundert, Neukirchen-Vluyn 2009, S. 11ff.

Evangelisation ist Auftrag der ganzen Gemeinde

Evangelisation ist ureigener Auftrag der Kirche Jesu Christi. Dieser Auftrag gilt nicht Einzelnen, er gilt allen Christen und der Gemeinde als Ganzer. Zu den Stärken des Gemeindeseminars SPUR8 gehört, dass diese Grundorientierung Bestandteil der Konzeption ist. SPUR8 lebt vom Engagement der Mitarbeiterinnen und Mitarbeiter, insbesondere der ehrenamtlichen. SPUR8 setzt eine Gemeinde voraus und zielt auf eine Gemeinde ab, die auch durch die „mitpredigenden Faktoren" wie Gestaltung von Räumen, Gemeindekultur, Offenheit für Menschen etc. einladend ist – auch für der Gemeinde Fernstehende.

> Evangelisation bedarf der einladenden Lebensgestalt der Gemeinde, die als „Körpersprache des Leibes Christi" die verbale Evangeliumsvermittlung veranschaulicht und bekräftigt.[7]

Der Initiativkreis Kontextuelle Evangelisation hat dies in einer „Theologischen Plattform" so formuliert:
„Evangelisation geschieht *durch* die Ortsgemeinde. Denn die lokale Gemeinde ist als ganze Gemeinde in ihrem gesamten Lebensvollzug zur Teilnahme an der „missio dei" berufen. *„Sie hat mit ihrem Gehorsam, mit ihrer Botschaft wie mit ihrer Ordnung mitten in der Welt der Sünde als die Kirche der begnadigten Sünder zu bezeugen, dass sie allein sein Eigentum ist, allein von seinem Trost und von seiner Weisung in Erwartung seiner Erscheinung lebt und leben möchte'* (Barmen III)."[8]

Der Auftrag, das Evangelium von Jesus Christus aller Welt bekanntzumachen, richtet sich an alle Gemeindeglieder. Weil Evangelisation Auftrag der ganzen Gemeinde ist, kann die Vorbereitung und Durchführung einer evangelistischen Veranstaltung nicht allein in der Verantwortung weniger Personen als Referentinnen und Referenten oder als Gemeindepfarrer liegen. Alle Christinnen und Christen sind zu Zeugnis und Mitarbeit berufen und befähigt!
In der Konsequenz geschieht die Vorbereitung, Durchführung und Weiterarbeit eines Gemeindeseminars wie SPUR8 immer durch einen Trägerkreis.

---

[7] Der Begriff der „Körpersprache des Leibes Christi" geht auf Dr. Burghard Krause zurück.
[8] EKvW. AmD Dortmund (Hg.): Gottes Lust am Menschen. Kongress für Kontextuelle Evangelisation, 20. – 23. September 1999. Eine Dokumentation (vergriffen – Im Internet: http://www.a-m-d.de/denkanstoesse/tagungsbeitraege-verschiedener-autoren/index.htm), S. 5.

5.1.2   SPUR8 als Projekt und die kontinuierliche Arbeit der Gemeinde

Wie gehören Teil und Ganzes zusammen? Wie ist das Verhältnis von SPUR8 als
Projekt zur Alltagswirklichkeit einer Gemeinde zu bestimmen?
Immer wieder werden Glaubenskurse als Einzelaktivität durchgeführt bzw. angeboten, ohne sie in Beziehung zu setzen zum Ganzen der Gemeinde und der Gemeindeentwicklung. Im Extremfall ordern z.B. Pfarrerinnen oder Pfarrer das Material
von „Christ werden – Christ bleiben", dem Vorgängerkurs von SPUR8, in der Vorstellung, in drei Wochen dieses Seminar in der Gemeinde anzubieten (und anbieten
zu können!). Der Aufbau eines Mitarbeiter- und Trägerkreises ist nicht im Blick,
konzeptionelle Überlegungen, ob solch ein Glaubenskurs und dann gerade dieser in
die Situation der Gemeinde passt, spielen kaum eine Rolle, die Frage der Weiterarbeit kommt nicht ins Blickfeld.

Permanente und kontingente Evangelisation

Evangelisation wurde (und wird!) häufig verstanden als temporär begrenztes Projekt (kontingente Evangelisation), oft geprägt vom Bild des „Star-Evangelisten",
der für die Zeit der Evangelisationswoche, Gemeindewoche oder die Abende des
Gemeindeseminars „einfliegt". Gleich zwei Fragestellungen ergeben sich: Wer ist
Träger der Evangelisation? Ist es der Redner? Oder ist es die Ortsgemeinde in einer
großen Koalition von zum Dienst an der Welt berufenen bezahlten und nicht
bezahlten Mitarbeiterinnen und Mitarbeitern (s.o.)?
Und: Wie ist das Verhältnis von punktuellen Veranstaltungen zur kontinuierlichen
und ganzheitlichen Verkündigungspraxis der Gemeinde? Die Theologische Plattform des Kongresses für kontextuelle Evangelisation formuliert dazu:
„Die kontingente (Veranstaltungs-)Evangelisation verliert ihre Plausibilität, wenn
sie nicht getragen und beglaubigt wird durch die permanente Evangelisation einer
zum Glauben einladenden und für den Glauben werbenden Gemeindepraxis."[9] Das
gilt auch für SPUR8.
Seine wahre Kraft als Impuls für den Gemeindeaufbau entwickelt das Seminar,
wenn es eingezeichnet ist in ein kontinuierliches Bemühen um Menschen, wenn das
System Gemeinde sich insgesamt auf dem Glauben und der Gemeinde fernstehende Menschen einrichtet, wenn ein Trägerkreis, in dem Ehrenamtliche die wichtigsten Mitarbeiter und Mitarbeiterinnen sind, sich Zeit nimmt (ca. sechs Monate
oder mehr) zur sorgfältigen Vorbereitung und, möglichst bereits in der Phase der
Vorbereitung, die Weiterarbeit geplant wird (s.u.), wenn die Alltagsgestalt der
Gemeinde, nicht nur ihr Sonntagskleid einladend ist, wenn Gemeinde von denen
her gedacht und gestaltet wird, die (noch) nicht dazugehören, wenn Mission nicht
nur eine Veranstaltung, sondern Merkmal der Kultur einer Gemeinde ist.

---

[9]   A.a.O., S. 5.

5.2 SPUR8 verändert das System Gemeinde

Im Referententext der Station 2 „Sinn – wie ich ihm auf die Spur komme" findet sich das schöne Beispiel von den beiden jungen Leuten, die verliebt auf einer Parkbank sitzen. Im Vortrag wird nun die rhetorische Frage gestellt: „Können Sie sich vorstellen, dass plötzlich einer dieser Verliebten den Satz sagt: ,Es ist alles so sinnlos!'"? Nein, das geht nicht! Liebe verleiht Flügel. Liebe verändert die Weltsicht. Liebe verändert alles! Lässt Kopf und Herz Kapriolen schlagen, macht unvernünftig...

Die Entscheidung, in einer Gemeinde einen Glaubenskurs durchzuführen, z.B. SPUR8, Menschen mit der Nachricht von Gottes bedingungsloser Liebe in Berührung bringen zu wollen, bringt – wie bei Liebenden eben – mehr in Bewegung als bloß die Durchführung einer Veranstaltung mit acht Abenden.

Wer Schritt zu halten sucht mit Gottes Lust am Menschen (Psalm 18,20), wer die Gemeinde und wer sich als Gemeinde öffnet für Menschen, die bisher wenig oder keinen Kontakt zur Gemeinde hatten oder wer einfach möchte, dass solche, die lange schon dabei sind einen Klärungsprozess im Blick auf ihr eigenes Christsein erleben, der wird die Gemeinde als Trägerin der Veranstaltung so gestalten wollen, dass sie „schön" ist, einladend, Heimat bietet.

SPUR8 verändert das System Gemeinde! Im Zusammenhang mit SPUR8, aber auch ganz unabhängig von der Durchführung eines Gemeindeseminars, bei aller Gemeindearbeit geht es um folgende Grundentscheidungen und deren Realisierung:

5.2.1 Evangelistische Gemeinde sein

Die sogenannte Papierform von Evangelisation in Deutschland wird immer besser! Für die Wiederentdeckung und Neubetonung der Wichtigkeit von Mission kann man nur dankbar sein. Dies impliziert auch die Wiederentdeckung und Neubetonung der Wichtigkeit des Glaubensthemas.

Die Frage aber muss gestellt werden, in welchem Maße das Glaubensthema und damit die Hinführung von Menschen zum Glauben an Jesus Christus, ihre Beheimatung in einer Gemeinde, Angebote zur Vertiefung des Glaubens und zur Mitarbeit über die Papierform hinaus Einzug gehalten hat in die Alltagsgestalt von Kirchengemeinden.

Wenn Mission und Evangelisation den Rhythmus des Herzens der Kirche in hohem Maße bestimmen, wie Eberhard Jüngel es in seinem Grundsatzreferat bei der EKD-

Synode 1999 in Leipzig behauptet hat[10], dann ist die Frage zu stellen, ob Kirche und Kirchengemeinden in diesem Sinne bei der Sache der Kirche sind und ob wir dies als Pastorinnen und Pastoren, als Mitglieder der Gemeinde, als für das Gemeindeganze Verantwortliche in Kirchenvorständen, Synoden und anderen Leitungsgremien, auch so sehen und wollen.

SPUR8 verändert das System Gemeinde, indem es die Klärung dieser Frage provoziert. Wer ein Gemeindeseminar zu Grundfragen des Glaubens anbietet, braucht Klarheit und Klärungen, wie er den Auftrag der Gemeinde in dieser Welt beschreiben will und insbesondere welche Rolle dabei der persönliche, eigenständige, also geklärte und das Leben tragende und verändernde Glaube des Einzelnen spielt.

Auch wenn wir jeden Sonntag im Glaubensbekenntnis der Gemeinde in der „Ich-Form" unseren Glauben bekennen, so kann und darf er nicht immer schon als selbstverständlich vorhanden vorausgesetzt werden.

In der Arbeit mit Kirchenvorständen begegnen einem Männer und Frauen aus den Leitungsgremien der Gemeinden, die beklagen, dass sie seit vielen Jahren an verantwortlicher Stelle mitarbeiten, aber die Frage des eigenen Glaubens nie thematisiert worden sei.

Das Glaubensthema bedarf in der Theologie wie in der Verkündigung und der Gemeindeentwicklung einer eigenständigen Wertigkeit und Klärung.

Wollen wir in unserer Gemeinde das Glaubensthema zum Kern des Gemeindelebens machen, damit Menschen den einen Trost im Leben und im Sterben[11] kennen und beherzigen?

Dazu ist entschlossene, diesem Ziel dienende, theologische Arbeit hilfreich, aber auch persönliche Klärungsprozesse der theologischen Fachkräfte der Gemeinde einschließlich der Bearbeitung von Vorbehalten, die aus der eigenen Glaubensbiografie erwachsen sowie konzeptionelle Entscheidungen durch die Leitungsgremien.

5.2.2 Missionarisch vitale Gemeinde sein

Im ersten Punkt „Evangelistische Gemeinde sein" haben wir danach gefragt, welche Rolle der Glaube des Einzelnen im System Gemeinde spielt und spielen soll. Der zweite Punkt vertieft diese Fragestellung im Sinne notwendiger konzeptioneller Klärungen der Gemeindearbeit. Was sind die Merkmale einer missionarisch vitalen Gemeinde?

Eine Kirchengemeinde, die sich mit dem Gedanken trägt, „Kurse zum Glauben"

---

[10] Kirchenamt der EKD (Hg.): Reden von Gott in der Welt. Der missionarische Auftrag der Kirche an der Schwelle zum 3. Jahrtausend, Frankfurt 2000, S. 15. Vortrag als Download: http://www.a-m-d.de/fileadmin/user_upload/Texte/Meilensteine/Mission-Synode/EKD-Synode_1999_Leipzig_Juengel.pdf (Stand 1. Juni 2010).

[11] Frage 1 des Heidelberger Katechismus.

anzubieten, greift damit ins „System Gemeinde" ein. Die Aktivität an einer Stelle verändert das Ganze des Gemeindelebens. SPUR8 muss und will das System Gemeinde verändern!

Hilfreiche Klärungsprozesse

Dazu gehört, dass im Umfeld einer Entscheidung für oder gegen einen Glaubenskurs gemeindliche Grundentscheidungen auf den Prüfstand gehören. Konzeptionelle Grundentscheidungen stehen zur Revision an, immer wieder, sicher nicht nur im Blick auf die Durchführung von Glaubenskursen:

- Was für eine Gemeinde wollen wir sein?
- Für wen wissen wir uns als Gemeinde (vor Ort) zuständig? Für wen wollen wir da sein?
- Was ist unser Profil? Was ist unsere Mission?
- Was sind unsere Alleinstellungsmerkmale? Was zeichnet uns aus im Blick auf Ziele und Kultur?
- Womit wollen wir Menschen dienen?
- Wollen wir eine missionarische Gemeinde auch in dem Sinne sein, dass wir eine Menschen zu einem eigenständigen Glauben einladende und begleitende Gemeinde sind?

Das Seminar entfaltet seine „Wirkung" am besten, je klarer die Verantwortlichen einer Gemeinde die Konzeption der Gemeinde geklärt haben, sich und anderen also Rechenschaft geben über wichtige Zielvorstellungen in der Gemeindearbeit: Wo setzten wir Schwerpunkte? Was ist unser Eigenes? Was ist unsere Mission? **Was will Gott von uns an unserem Ort für die Menschen, die hier leben?**
In seinem Festvortrag[12] zu „10 Jahre Gemeindeseminar Christ werden – Christ bleiben" im Jahre 2000 in Wuppertal hat Dr. Burghard Krause auf die Gefahr hingewiesen, solche Gemeindeseminare als „Missionarisches Fast-Food-Angebot" zu (miss)brauchen. Sie brauchen die Einordnung und Einbindung in eine Gemeindekonzeption, um ihr Potential entfalten zu können und der Mission Gottes zu entsprechen. Teil und Ganzes sollen aufeinander bezogen sein (s.o.).
Solche Klärungsprozesse als konzeptionelle Grundentscheidungen sind Aufgabe des gemeindlichen Leitungsgremiums zusammen mit den Pastorinnen und Pastoren.
SPUR8 soll und kann den Anstoß liefern, nicht nur eine weitere Blüte dem bunten Blumenstrauß gemeindlicher Aktivitäten additiv zuzufügen, sondern liebevoll und kritisch konzeptionelle Grundentscheidungen zu treffen.

---

[12] Dr. Burghard Krause, „Erfahrungen – Wandlungen – Perspektiven", als Download http://www.a-m-d.de/glaubenskurse/christwerden/download/cc-zehn%20jahre.krause.pdf, S. 7.

Exkurs: Was IKEA und die Gemeinde Jesu miteinander zu tun haben

Ein junges Paar bezieht eine neue Wohnung und beginnt, sie mit Möbeln auszustatten. Bei einem Bummel durch die Stadt entdeckt es eine schicke moderne Wohnlandschaft in knalliger Farbe, später kommt ein praktischer Kiefernwandschrank von IKEA dazu. Der Mann bringt außerdem den geerbten Biedermeiersekretär mit in die Wohnungsausstattung ein und sie Tante Lenas Ohrensessel.

So füllt sich die Wohnung mit Einzelstücken, alten und neuen, geerbten und gekauften. Aber das Ganze hat keinen Stil, die beiden fühlen sich in ihren vier Wänden nicht wirklich wohl, die Dinge passen nicht recht zueinander.

Im „Haus der lebendigen Steine", der Gemeinde, geht es oft ähnlich zu. Gruppen und Grüppchen, Gemeindebasar und Männerstammtisch, Hauskreis und Aerobic-Gruppe, der traditionelle Sonntagsgottesdienst und das zweite Gottesdienstprogramm, Mutter-Kind-Kreis, Eine-Welt-Laden und Seniorenkreis tummeln sich auf der Spielwiese der Gemeinde.

Was der eine als Kür begonnen hat, muss der Nachfolger als Pflicht weiterführen. Wie das alles miteinander verbunden ist, welche Ziele bestimmte Angebote im Gemeindeganzen haben und ob es ein erkennbares Ziel und eine erkennbare Prägung des Gemeindeganzen gibt – eine Begründung für Tun und Lassen, eine Konzeption gibt, ist häufig nicht erkennbar.

> Die bunte Vielfalt mancher Gemeinden bietet für viele etwas, aber um den Preis der Erkennbarkeit und eines fehlenden Profils, der Gefahr der Beliebigkeit und oft der Überforderung.

Vielleicht kann sich eine Gemeinde von einigen Möbelstücken trennen! Sicher aber kann entschieden werden, welches Gepräge Gemeinde haben soll, welche Schwerpunkte gesetzt werden, welche Leitidee die Gemeindearbeit bestimmt.

Es geht dabei darum, den Auftrag Gottes in Verbindung zu bringen mit den Menschen, an die Gemeinde gewiesen ist. Es geht um Klärung, um Profilbildung, um Erkennbarkeit, um Reduktion auf Wesentliches (s. 5.2.4: Vom Machen und Lassen), um begründete Entscheidungen, was zu tun und was zu lassen ist. Welche, vielleicht wenigen, aber deutlichen, Akzente wir als Gemeinde bewusst setzen.

Glaube als Markenkern[13]

Grundkurse des Glaubens als Element von Gemeindeentwicklung verändern das System Gemeinde auch in der Weise, dass der Glaube zum Markenkern von Gemeinde wird! Wer Glaubenskurse durchführt, rückt das Glaubensthema in der Gemeindearbeit in die Mitte und muss es auch tun.

Eine missionarisch vitale Gemeinde lebt im Blick auf das Glaubensthema von Grundentscheidungen und deren Realisierung:

- Das Leitungsgremium versieht das Glaubensthema mit Priorität.
- Es wird erkennbar (Homepages, Schaukästen, Gemeindebrief etc.), dass in dieser Gemeinde die Frage der Förderung eines eigenständigen Christseins einen hohen Stellenwert hat.
- Konzeptionelle Grundentscheidungen werden getroffen wie die Durchführung von Glaubenskursen, vertiefenden Angeboten, Anfängergruppen etc.

Zu solchen konzeptionellen Grundentscheidungen gehört auch die Frage, für wen die Gemeinde am Ort da sein will. In der Regel verbraucht eine Kirchengemeinde für die Versorgung der Kerngemeinde 80 % aller Ressourcen an Personal, Finanzen, Gebäudenutzung etc. Die meisten gemeindlichen Aktivitäten zielen auf einen begrenzten Personenkreis im Sinne einer Kerngemeinde.

Wenn eine Gemeinde die Durchführung von Glaubenskursen plant, fängt sie an über diesen engen Horizont hinauszudenken. Die treuen Kirchenfernen, die in nicht unbeträchtlichem Maß unsere kirchliche Arbeit finanzieren, kommen ins Blickfeld, aber auch die sogenannten Konfessionslosen[14], deren Nähe oder Distanz zu Glaubensfragen durchaus unterschiedlich ist und andere.

> Als missionarische Gemeinde vernachlässigen wir nicht die treuen Gemeindeglieder, aber wir nehmen die am Rande bewusst wahr als Menschen, denen das Evangelium gilt. Konzeptionell bedeutet dies, in Maßnahmen jenseits der Kerngemeinde Kraft, Zeit, Geld und Liebe zu investieren. Es ist zu einfach zu fordern, die 80/20 – Regel umzukehren: statt 80% der Ressourcen für die Kerngemeinde 80% der Möglichkeiten für Menschen, die bisher nicht in Reichweite von Evangelium und Gemeinde waren zu investieren. Aber die Denkrichtung stimmt!

---

[13] Vgl. auch den bewegenden Artikel „Raus aus den Hinterhöfen" in der „Berliner Zeitung" vom 20. Mai 2010, S. 2 zur Eröffnung des Maschari Center, einer der größten und modernsten Moscheen Berlins, in Berlin-Kreuzberg. Der Reporter Arno Widmann schreibt:
„Natürlich ist der Bau eine Provokation. Aber wozu provoziert er? Zunächst einmal doch zu der Frage: Wann wurde in dieser Gegend das letzte Mal eine Kirche gebaut? Es ist lange her. Sehr lange. Das liegt aber ganz sicher nicht an den Muslimen. Es sind die Christen, die sich nicht mehr für ihren Glauben interessierten. Schon sehr lange nicht mehr. Ich bin einer davon. Und ich bilde mir ein, ich hätte gute Gründe dafür. Ich glaube einfach nicht, dass da oben jemand ist, der sich um mich kümmert.
Das ist aber nur die eine Seite, die Nachfrageseite der Geschichte. Mindestens ebenso mau sieht es freilich auf der Angebotsseite aus. Wer sich heute in christlichen Kirchen umsieht, der findet zahlreiche Angebote für Qi Gong (Anmeldung erforderlich), für Yoga-Kurse, aber möglicherweise nicht für einen einzigen Bibelkreis. Es laufen nicht die Christen der Kirche davon, sondern auch umgekehrt, die Kirche den Christen. Das christliche Gemeindeleben ist moribund. Daran werden auch die medienwirksamen Kirchentage – und seien sie auch noch so stark frequentiert – sicher nichts ändern."
[14] Vgl. Ulrich Laepple / Volker Roschke (Hg.): Die so genannten Konfessionslosen und die Mission der Kirche. Festgabe für Hartmut Bärend, Neukirchen-Vluyn 2007.

Spiritualität als Aktivkraft

Aus welchen Quellen schöpft die missionarisch vitale Gemeinde? Woher bezieht sie die Kraft für ein geistlich formatiertes, authentisches Gemeindeleben nahe bei den Menschen? Missionarisch vitale Gemeinden beziehen ihre Kraft aus ihrer Spiritualität, oder um es mit dem alten deutschen Wort zu sagen, ihrer Frömmigkeit.

> Frömmigkeit ist Gestaltwerdung dessen, was die Mitte eines Christenlebens und der Gemeinde ist: das Leben aus dem Geist Gottes, Abhängigkeit von Christus, Betonung der Gnade.

Wer z.B. mit neu entstandenen Gemeinden in der anglikanischen Kirche in Berührung kommt, ist häufig überrascht von deren geistlicher Vitalität! Sie sind von einer tiefen, alles durchdringenden und bestimmenden Spiritualität geprägt. Das Leben mit und aus der Bibel, Gemeinschaft und Gottesdienst, nicht zuletzt Gebet und eine Frömmigkeit, bei der der Glaube Relevanz für die Alltagsdinge des Lebens und den Weltbezug hat, sind selbstverständlich.

Wir brauchen für unsere Gemeinden solche Spiritualität als Aktivkraft! Gerade wenn wir missionarisch neu aufbrechen wollen, im Namen Gottes zu neuen Ufern unterwegs sind, sind wir auf eine Vertiefung des spirituellen Lebens unserer Gemeinden angewiesen.

In seinem Buch „Vitale Gemeinde" nennt Robert Warren[15] sieben Merkmale einer vitalen Gemeinde. Das erste: „Sie bezieht ihre Energie aus dem Glauben. Im Herzen dieser Gemeinde und ihrer Mitglieder ist Realität geworden, dass man sich der Gegenwart, Güte und Liebe Gottes bewusst ist."[16]

Oft sind wir in der gegenwärtigen Situation der evangelischen Kirche in hohem Maße damit gefordert, Dinge einfach nur am Laufen zu halten, Gemeinde zu versorgen, zu überleben. Grundsätzlich, und gerade im Zusammenhang mit einem Glaubenskurs, drängen sich konzeptionelle Grundfragen auf:

- Wo vergewissert sich die Gemeinde ihres Glaubens?
- Welche Räume gibt es, Gottes Liebe zu erfahren?
- Gibt es Angebote der Beschäftigung mit der Bibel: kreativ und mit Bezug zum Leben?
- Wo erfahren Mitarbeiterinnen und Mitarbeiter Seelsorge und Segnung?
- Welche gestalteten Räume, um der Gegenwart Gottes zu begegnen, sie zu feiern, zu leben und zu erleben, gibt es?
- Gibt es Räume des Gebets als Konsequenz daraus, dass mit „unserer Macht nichts getan ist", aber Gott sich bitten lässt?

---

[15] Robert Warren: Vitale Gemeinde. Ein Handbuch für Gemeindeentwicklung, Neukirchen-Vluyn 2008.
[16] A.a.O., S 31.

Alle gewünschten und geplanten missionarischen Bemühungen von Kirche und Gemeinde werden ohne das Ferment der Spiritualität keine verändernde Kraft entwickeln.

Veränderung als Kultur

Was ist das Wesen der Kirche? Konstanz? Verlässlichkeit, gerade in einer sich schnell ändernden Welt? Das Festhalten an Traditionen? Das Bestimmt-Sein von alten Werten und überkommenen Überzeugungen und Glaubensinhalten? Sicher all das auch.
„Tradition ist nicht die Anbetung der Asche, sondern die Weitergabe des Feuers."[17] Das Festhalten an Traditionen, an dem, wie es immer schon war, wird leicht zum Verrat an der Sache, um die es geht! Deshalb sind Anpassung, Flexibilität, waches Hören auf Menschen, ihre Gewohnheiten, Einstellungen, Vorlieben, Fragestellungen, Situation etc. wertvoll und wichtig, deshalb zählt Veränderung als Kultur zum Wesen von Kirche.
Wer die Botschaft von der freien Gnade Gottes ausrichten will an alles Volk (Barmen VI), wird dem Volk „aufs Maul schauen" müssen, wird in der Gestaltung gemeindlichen Lebens flexibel und sensibel Maß nehmen wollen an den Menschen, die erreicht werden sollen, nicht nur an denen, die bereits da sind und die die Kultur gemeindlichen Lebens prägen.

> Veränderung als Kultur einer Gemeinde bedeutet, die Gestaltung des gesamten Gemeindelebens flexibel neuen Chancen und Herausforderungen anzupassen oder Teilbereiche, z.B. für bestimmte Milieus, ansprechend und entsprechend zu gestalten.
> Vielfalt ist die Gestaltungsform einer Kirche, deren Wesen Mission und deren Kultur Kreativität ist. Es ist völlig klar: Die Kultur[18] einer Gemeinde, die Körpersprache des Leibes Christi gehört zu den mitpredigenden und mitwirkenden Faktoren.

Wir werden wohl nur dann auf Dauer nicht erreichte Zielgruppen mit dem Evangelium erreichen können, wenn es der Gemeinde, wenn es den Menschen der

---

[17] In dieser Form von Gustav Mahler zitiert, ursprünglich Thomas Morus, 1478 – 1535, Politiker in London.

[18] Michael Herbst hat den Begriff „Kultur einer Gemeinde" 2007 in einem Vortrag beim Runden Tisch für Evangelisation am 12. Juni 2007 in Berlin zum Thema „Dem englischen Patienten geht es besser. Was wir von der anglikanischen Kirche lernen können." (Download: http://www.a-m-d.de/gemeindepflanzen/download) so definiert: „Bei der Kultur der Gemeinde geht es vor allem um gemeinsame Werte, Haltungen, tief in der DNS der Gemeinde verankerte Überzeugungen, so etwas wie ein emotionales Grundmuster der Gemeinde. Firmen haben so etwas, Familien, Fakultäten, aber eben auch Gemeinden. Man spürt es, wenn man in eine Gemeinde kommt."

Gemeinde wichtig wird, für Menschen offen zu sein, gastfreundlich, kontaktfähig, neugierig und herzlich. Wenn auch die Gestaltung von Gemeinderäumen ansprechend und wohltuend ist[19], wenn wir in Musikstilen, Themen und anderen Gestaltungsformen nahe bei den Menschen sind.

Die Hinwendung zu den Menschen Gottes bedarf mehr als einer punktuellen Veranstaltung, sie bedarf einer veränderten Kultur. „Kultur" ist immer Lebenspraxis einer Gemeinde und gleichzeitig Gestaltungsaufgabe.

5.2.3   Den langen Weg zum Glauben gestalten

Die Frage, was heute zum Glauben hilft und wie Menschen zum Glauben kommen, ist eine zentrale Fragestellung für eine Kirche[20], deren Mitte der Glaube an den dreieinigen Gott ist und die deshalb das Glaubensthema und den missionarischen Auftrag an die erste Stelle setzt (EKD-Synode 1999). Eine solche Kirche wird sich der Frage stellen müssen, wie denn in ihrer Mitte Glaube entsteht und wie er dementsprechend gefördert werden kann. Wir brauchen in der Kirche des Wortes eine Reflexion des Rezeptionsgeschehens von Verkündigung.

In Untersuchungen nach der Verbundenheit der Menschen mit der Ev. Kirche zu fragen, ist das eine. Mit aller wissenschaftlichen Akribie Konversionsforschung[21] zu betreiben, nach der menschlichen Seite des vom Geist Gottes bewirkten Glaubens zu fragen, das andere.

Ziel dieses Abschnittes ist es,

- wichtige Ergebnisse der Konversionsforschung im Rahmen dieses Handbuches aufzunehmen und nach den gemeindeentwicklerischen Konsequenzen zu fragen,
- SPUR8 als ein Element auf dem langen Weg zum Glauben in seiner Funktion, seinen Möglichkeiten und Grenzen einzuzeichnen und
- nicht zuletzt die Reflexion eigener leitender Bilder, wie Menschen zum Glauben kommen.

Wir brauchen solche wissenschaftlichen Untersuchungen nicht zuletzt deshalb, weil sich aus ihren Ergebnissen weitreichende kybernetische Konsequenzen ergeben. Sie dienen auch der Überprüfung und Korrektur der eigenen leitenden Bilder, wie Men-

---

[19] Natürlich gibt es finanzielle und bauliche Grenzen. Dennoch können oft kleine Maßnahmen liebevolles Interesse an Gestaltungsfragen oder das Gegenteil signalisieren.

[20] Vgl. hierzu auch die Ausführungen zur EKD-Synode 1988 in Bad Wildungen: Kirchenamt der EKD (Hg.): Glauben heute. Christ werden – Christ bleiben, Gütersloh 1988.

[21] Vgl. zum Ganzen: Johannes Zimmermann / Anna-Konstanze Schröder a.a.O.

schen zum Glauben kommen. Diesem Bild entsprechend wird z.B. missionarische
Gemeindearbeit gestaltet, entscheidet sich ein Kirchenvorstand für eine einwöchige
Evangelisation oder das Emmaus-Projekt. Ist das leitende Bild vom Christ werden
eher das eines Schrittes über eine Linie, wird Verkündigung als Einladung zur
Nachfolge Jesu anders aussehen, als wenn solche Übergänge und Veränderungsprozesse im Leben eines Menschen eher fließend und als Langzeitprozesse gesehen werden.

Finding faith today – how does it happen?

Im Rahmen der Dekade für Evangelisation der anglikanischen Kirche (1990 –
2000) wurden 511 Personen befragt, welche Faktoren ihre Glaubensbiografie
gefördert haben. Diese Erwachsenen hatten innerhalb des letzten Jahres eine
„public confession of faith" abgelegt. Wesentliche Ergebnisse der 1992 von Bischof
John Finney veröffentlichten Studie „Finding faith today – how does it happen?"[22]
sind:

Journey of faith
Mit dem Bild der Reise ist ein wichtiger Aspekt, wie Menschen heute zum Glauben
kommen, beschrieben. Gefragt nach dem Weg zum Glauben gaben 31% der
Befragten eine datierbare Bekehrung an, 69% beschrieben ihn als wachstümlichen
Prozess. Gefragt nach der Länge des Weges zum Glauben reichten die Antworten
von einem Tag bis zu 42 Jahren. Durchschnittlich dauerte der Prozess bei den
Befragten vier Jahre. Manche antworteten auch, es sei ein fortdauernder, noch nicht
abgeschlossener Prozess.
Entscheidend ist die Einsicht, dass der Weg zum Glauben seltener als datierbares
Ereignis, dafür aber umso häufiger als ein längerer, von „hüben nach drüben" füh-
render Weg beschrieben wird. Emmaus statt Damaskus, auf diesem neuen Paradig-
ma fußt auch „Emmaus – auf dem Weg zum Glauben", ein Glaubenskurs, entwickelt in der anglikanischen Kirche und seit 2002 auch in Deutschland eingesetzt,
der die Erfahrung ernstnimmt, dass der Weg zum Glauben eine oft jahrelange, spi-
rituell begleitete Reise ist.

Zauberwort „Beziehungen"
In der Tat bietet die Untersuchung mancherlei Überraschungen im Blick auf die
Faktoren, die für die Reise zum Glauben förderlich oder weniger förderlich sind!
Bestätigt wurde z.B. die Bedeutung der familiären religiösen Sozialisation sowie die
Bedeutung der Kinder- und Jugendarbeit.
Von geringer Bedeutung (0 - 10%) sind evangelistische Events oder die elektroni-

---

[22] John Finney: Finding faith today. How does is happen?, London 1992 (vergriffen).

schen Medien (1992!). „Spitzenwerte" dagegen erreichen die sog. Beziehungsfakto-
ren. Die meisten der Befragten gaben an, dass sie zum Glauben gekommen sind
durch eine freundschaftliche Beziehung, die ein Christ, eine Christin zu ihnen hatte.
Beim Christ werden spielen also Freunde, ehrenamtliche Mitarbeiterinnen, Pfarrer,
aber auch Ehepartner und Familien eine tragende Rolle. Die Anlässe dafür, dass
Menschen sich mit Glaubensfragen beschäftigen, sind häufig Lebenskrisen oder die
sogenannten Lebenswenden.

- Freundschaftliche Beziehungen zu einem Christen sind für 24% der Frauen
  und für 15% der Männer wichtig.
- Die (Ehe-)Partnerin ist für viele Männer ein entscheidender Einflussfaktor
  (22%).
- Gemeindeaktivitäten spielen für 6% der Befragten eine Hauptrolle. 34%
  ordnen ihnen eine unterstützende Funktion zu.
- Frauen werden häufig durch ihre Kinder in Kontakt mit Glauben und
  Gemeinde gebracht (13%).
- Nur 5% der Frauen und 3% der Männer kommen durch evangelistische
  Großveranstaltungen zum Glauben.
- TV und Radio haben bestenfalls begleitenden Charakter.
- Die Rolle der Hauptamtlichen ist ausgesprochen wichtig (22%). Weniger die
  Lehre als vielmehr die Persönlichkeit des Seelsorgers wird betont.

Beziehungen sind also ein Hauptwert auf der Reise ins Land des Glaubens. In diesem Zusammenhang ist auch mit einem Mythos aufzuräumen. Es ist in der Regel
nicht so, dass Menschen das Evangelium hören, Christen werden und dann erst
Heimat in einer christlichen Gemeinde finden. Vielmehr lautet die Reihenfolge:
belong – believe – behave. Menschen kommen in Kontakt mit Christen, sie werden
in einer Gemeinde oder einer Kleingruppe freundlich aufgenommen ohne Einstel-
lung oder Verhalten ändern zu müssen, sie kommen zum Glauben – oft in langen
Prozessen, ihr Leben verändert sich.

Faktor Gemeindegröße
Dass die meisten durch Freunde und durch eine christliche Gruppe zum Glauben
finden, zeigt die Bedeutung der christlichen Gemeinschaft. Die Befragten nahmen
in der Regel zuerst an einer entsprechenden christlichen Gruppe regelmäßig teil,
fanden dann erst zum Gottesdienst in der Kirche. Zwei Drittel der Befragten sagen:
„Es war leicht, zum Gottesdienst zu kommen, weil wir Freunde hatten, die uns mit-
nahmen."
Kleinere im Sinne von überschaubarere Gemeinden, so ein Ergebnis der Untersuchung, beeinflussen erfolgreicher als große, unpersönliche Gemeinden die Glaubensbiografie Erwachsener. Die Überschaubarkeit ist also von entscheidender
Bedeutung.

Wie finden Erwachsene zum Glauben?

„Wie finden Erwachsene zum Glauben?"– unter dieser Fragestellung hat das Institut zur Erforschung von Evangelisation und Gemeindeentwicklung der Ernst-Moritz-Arndt-Universität in Greifswald[23] in den Jahren 2008/2009 eine interdisziplinäre empirische Studie durchgeführt. Ziel war die Erforschung der Glaubensbiografie Erwachsener. Befragt wurden dazu über 450 Erwachsene aus fünf verschiedenen evangelischen Landeskirchen, die in den zurückliegenden Jahren eine Glaubensveränderung erlebt hatten.
„Im Mittelpunkt der Untersuchung stand immer wieder die Fragestellung, wie die Kirche und vor allem wie die Gemeinden Glaubensbiografien fördern können. Das betrifft die Gestaltung eines ‚konversionsfreundlichen Klimas' in den Gemeinden genauso wie die Aus-, Fort- und Weiterbildung haupt- und ehrenamtlicher Mitarbeiterinnen und Mitarbeiter."[24]
Aus der Fülle der Ergebnisse sind die folgenden für unsere Fragestellung besonders relevant:

These 2: Konversionen werden sehr unterschiedlich erlebt
Hier ist auf die sogenannte Greifswalder Konversionstypologie (s.o.) mit den Stichworten Vergewisserung, Entdeckung und Lebenswende zu verweisen, aber auch auf die Tatsache der beeindruckenden Unterschiedlichkeit von Glaubensbiografien. Gespräche mit Menschen über das Thema, wie ihr Weg zum Christsein war, bestätigen, dass Gottes Wege mit Menschen bunt und vielfältig sind, dass er viel tausend Weisen weiß, zu retten aus dem Tod (Paul Gerhard, EG 302,5) und Menschen auf seinen Weg zu bringen.

These 3: „Mission ist möglich" – Konversion ist auch dann möglich, wenn die religiöse Sozialisation ausfiel, abbrach oder scheiterte.
Eines der ganz wichtigen Ergebnisse der Greifswalder Konversionsstudie ist, dass auch Menschen außerhalb der Kirchen mit dem Evangelium erreicht werden bzw. der Ausfall einer positiven christlichen Sozialisation nicht automatisch das Ende der Wege Gottes mit einem Menschen bedeutet.

These 5: Konversion von Erwachsenen lebt vom Kontakt zu sehr unterschiedlichen Personen. Personen sind entscheidend für den Glaubensweg und spielen in allen Phasen des Konversionsprozesses eine wichtige, wenn auch je nach Phase und Typ wechselnde Rolle.
Für fast alle Befragten waren Freunde und Bekannte (84%), der Pfarrer/die Pfarrerin (88%), ehrenamtliche Gemeindeglieder (63%) und nahe Angehörige (Ehepart-

---

[23] www.ieeg-greifswald.de.
[24] Johannes Zimmermann / Anna-Konstanze Schröder: A.a.O., S. 15.

ner, Mutter, eigene Kinder zu je 53%) wichtig für den gesamten Glaubensweg. In frühen Phasen der Glaubensreise hatten die „normalen", nicht-hauptamtlichen christlichen Freunde den größten Einfluss. Erst später wird der Einfluss des Pastors bedeutsamer.

These 6: Für Konversionen von Erwachsenen ist eine breite Palette von kirchlichen Angeboten und Veranstaltungen hilfreich.

Dabei sind Veranstaltungen insbesondere dann hilfreich, **wenn** Menschen für den Glauben offen sind – weniger, **um** sie für den Glauben zu interessieren.

These 7: Glaubenskurse spielen eine besondere Rolle für alle drei Typen der Konversionstypologie.

Sie leben vom Gespräch und der Begegnung. In der Gruppe kann man sich mit dem, was man hört, eigenständig auseinandersetzen. Sie erreichen, wie kaum eine andere Veranstaltungsform, auch Menschen aus einem nichtkirchlichen Umfeld.

These 9: Das „Festmachen" des Glaubens bei der Konversion („Commitment") ist häufig mit rituell formatierten kirchlichen Handlungsformen verbunden.

Glaubensveränderungen festzumachen hilft, Übergänge zu markieren, bewusst zu erleben und zu vollziehen. Dies geschieht in der Form, dass Menschen solche Lebensveränderung mit sich abmachen (Gebet im Stillen), oder sie nutzen ein gemeinschaftliches Angebot der Vergewisserung (Gebet der Lebenshingabe, Abendmahlsfeier, Taufe oder Tauferinnerung) bzw. erleben die Veränderung z.B. durch die Anfrage zur Mitarbeit.

Weil „Mission möglich ist", ist es wichtig, nach den Konsequenzen für die Gestaltung der Wege zum Glauben in der Gemeinde zu fragen.

Den langen Weg zum Glauben gestalten – zwölf Folgerungen

1. Sowohl die anglikanische Studie von 1992 als auch die deutsche Untersuchung von 2008/2009 zeigen wie wichtig es ist, die eigenen leitenden Bilder, wie Menschen Christen werden, zu kennen, zu reflektieren, zu korrigieren und die Konsequenzen aus ihnen zu ziehen.
2. Christ werden ereignet sich häufiger auf einem langen „Emmaus-Weg" als in einem punktuellen „Damaskus-Ereignis". Entsprechend brauchen wir gemeindliche Konzeptionen, die solche langen Wege zum Glauben abbilden.
3. Emmaus-Wege erfordern eine Vielzahl und **Vielfalt gemeindlicher Angebote** und Veranstaltungen, insbesondere auch solche, die als Angebote mit niedriger Hemmschwelle Menschen überhaupt mit der Gemeinde in Kontakt bringen.

4. Veranstaltungen sind besonders wichtig, wenn Menschen für den Glauben offen sind. Im Umkehrschluss sollten kirchliche Angebote stets transparent auf das Glaubensangebot hin sein.
5. Weil **„belonging"** vor **„believing"** kommt, weil Beziehungen ein entscheidender, wenn nicht der entscheidende Faktor sind gilt es, Beziehungsnetze, auch grobmaschige, zu fördern. Gemeinde braucht überschaubare Gruppen, in denen Gemeinschaft gelebt und erlebt werden kann.
6. Dazu brauchen wir auch einladende Gemeinden, die nicht vorschnell Grenzen ziehen zwischen Drinnen und Draußen – Gemeinden, die Suchende, Fragende, Unentschlossene und Zweifler wertschätzen, ohne sie gleich zu vereinnahmen.
7. „Christ werden geschieht heute vor allem als Konvivenz[25], in der eine Gemeinde mit Menschen geduldig und ehrlich den langen Emmaus-Weg mitgeht, mit ihnen zusammen das Evangelium neu entdeckt und sich dabei verändert" (Dr. Burghard Krause).
8. Weil persönliche Beziehungen wichtig sind, werden wir Menschen helfen müssen, sprach- und auskunftsfähig im Blick auf den persönlichen Glauben zu sein.
9. Glaubenskurse spielen eine besondere Rolle, deshalb nutzen wir dieses Instrument der Gemeindeentwicklung, um zum Glauben einzuladen.
10. Glaubenskurse und andere zum Glauben einladende Veranstaltungen sind im Vorfeld unter dem Aspekt der Beziehungsarbeit zu profilieren: Wichtig sind außerdem kommunikative Elemente in der Durchführung sowie die rechtzeitige Planung der Weiterarbeit.
11. Ins Kontinuum gemeindlichen Lebens nehmen wir sogenannte „Wegemarkierungen" auf, als Möglichkeit den Glauben festzumachen, als persönliche Konfirmation, Tauferinnerung etc.
12. Gemeinden brauchen dabei auch „a place of nurture"[26] im Sinne einer begleiteten Reise, wo der Glaube sich entwickeln kann, ein Schutzraum für erste Schritte in der Nachfolge und Mitarbeit angeboten wird (s. u.).

5.2.4   Exkurs: Vom Machen und Lassen

Natürlich will dieses Handbuch dazu motivieren und anleiten, SPUR8 als Gemeindeseminar zu Grundfragen des Glaubens auch an möglichst vielen Orten durchzuführen. Andererseits ist kritisch zu fragen, ob solche zusätzlichen Projekte nicht

---

[25] Der Begriff der „Konvivenz" geht auf einen 1986 durch den Missionswissenschaftler Theo Sundermeier veröffentlichten Aufsatz zurück: „Konvivenz als Grundstruktur ökumenischer Existenz heute." Mission als Konvivenz (conviva, lat., der Tischgenosse) meint eine Kultur der gegenseitigen Anerkennung, des miteinander Lebens und Lernens, der Gleichberechtigung unterschiedlicher Partner, eines fruchtbaren Dialogs, der beide Seiten verändert.

[26] So Bischof Stephen Cottrell beim AMD-Theologenkongress 2006 in Leipzig, s.u. S. 80.

dazu führen, die „Schlagzahl" in der Gemeindearbeit noch weiter zu erhöhen und wie Gemeinden, Mitarbeiterinnen und Mitarbeiter damit umgehen. Bedingt durch immer neue Strukturreformen, abnehmende finanzielle Ressourcen, die Zusammenlegung von Gemeinden, das heißt immer größer werdenden Gemeindeeinheiten, die zu versorgen sind, und einen kontinuierlichen Personalabbau geraten zunehmend bezahlte wie nicht bezahlte Mitarbeiterinnen und Mitarbeiter an die Grenzen ihrer Möglichkeiten. Vor diesem Hintergrund ist die Formulierung „Vom Machen und Lassen" als vielbeachtetes Thema einer Fachtagung[27]entstanden. Hinter diesem Thema steht die Erkenntnis, dass in vielen Gemeinden die Mitarbeitenden eher zu viel als zu wenig arbeiten und die Fülle von Projekten, Gruppen, Kreisen und Angeboten eher ein „Lassen" erfordern als ein zusätzliches „Machen". Diese Einsichten wehren auch solche Neigungen ab, bei denen SPUR8 als additive Veranstaltung dem Veranstaltungsreigen der Gemeinde ohne weitergehende konzeptionelle Überlegungen einfach angefügt werden soll.

Es zählt zu den schwierigsten Aufgaben in der Leitung einer Gemeinde oder, beim Blick von außen in der Beratung, zu erreichen, dass sich eine Gemeinde an einer oder mehreren Stellen von etwas verabschiedet, das nicht mehr geleistet werden kann, nicht mehr den Anforderungen entspricht, nicht mehr geleistet werden muss oder Neues am Entstehen hindert.[28]

Dieser Exkurs will Gemeinden dabei helfen zu entdecken, dass das Fragmentarische zum Wesen von Kirche gehört und wie Trauerarbeit so geleistet werden kann, dass an anderen Stellen ein Aufbruch zu neuen Ufern möglich wird. Gemeindeentwicklung umfasst nicht nur zielgerichtete Optimierung[29], sondern auch das „Ja"-Sagen zu den Begrenzungen der Gemeinde.

Thesen:

- Gemeinden sollen lernen „Ja" zu sagen zum Bruchstückhaften gemeindlicher Existenz. Das Fragmentarische ist weniger Mangelerscheinung als vielmehr das Normale.
- Gemeinden vollziehen notwendige Klärungen. Was ist Gottes Auftrag (und was nicht!) für diese Gemeinde an diesem Ort heute, gerade angesichts begrenzter Ressourcen?[30] Sie arbeiten nicht additiv, sondern kon-

---

[27] Fachtagung Gemeindeentwicklungstraining des Gemeindekollegs der VELKD und der AMD, 24. – 25. November 2009 in Neudietendorf.

[28] Vgl. auch die Veröffentlichungen des Gemeindekollegs der VELKD zum Thema in der Hauszeitschrift „Kirche in Bewegung": Mut zur Trauer. Zur Lage der Kirche – Wahrnehmungen und Reaktionen, November 2004. Außerdem: Lass gut sein. Mai 2010. Beide Zeitschriften als Download: http://www.gemeindekolleg.de/zeitschrift.

[29] Vgl. zum Ganzen auch Reiner Knieling: Plädoyer für unvollkommene Gemeinden. Heilsame Impulse, Göttingen 2009.

[30] S. zum Ganzen auch: Arbeitsgemeinschaft Missionarische Dienste & Gemeindekolleg der VELKD (Hg): Gemeindeentwicklungstraining. Praxisbuch, Göttingen 2008.

zeptionell. Sie fragen dabei: Was können wir besonders gut? Welchen Schwerpunkt setzen wir, den andere (in der Region) nicht haben?

- Konzeptionelle Entscheidungen, insbesondere Entscheidungen über die Aufgabe oder weiterreichende Umgestaltung von Arbeitsgebieten sind Sache des Leitungsgremiums, die unter Beteiligung der Betroffenen vollzogen und in allen Phasen des Prozesses intensiv kommuniziert werden müssen.
- Das Themenfeld „Lassen" beschäftigt viele kirchliche Mitarbeiter. Keiner steht allein mit dieser Problematik. Keinem muss es peinlich sein, das Lassen nicht gut zu bewältigen. Auch deshalb ist es so wichtig, in der Kirche eine Kultur des Lassens zu etablieren.
- Im Blick auf den Umgang mit Arbeitsbereichen, die aufgegeben werden müssen, helfen Erkenntnisse aus der Trauerbegleitung. Das Ende von Projekten oder Aufgabengebieten ist bewusst zu gestalten. Der rituelle Abschluss ist Teil der Trauerarbeit und vermittelt Wertschätzung: Das Gewesene war nicht sinnlos, es hatte (und es hat) Wert, auch wenn es in Zukunft nicht weitergeführt wird.
- Trauerprozesse werden zugelassen und gestaltet:
  Die Beendigung eines Gemeindekreises, die Tatsache, dass ein Chor nicht mehr singfähig oder einfach nicht mehr zeitgemäß ist, wird nicht einfach mit einem Schlussstrich vollzogen. Evtl. unter Beteiligung der Betroffenen wird die Notwendigkeit eines Endes thematisiert, die Betroffenen werden informiert und beteiligt, Alternativen werden benannt und geprüft, der Traurigkeit und Wut (!) wird wirklich Raum gegeben, der Verlust wird anerkannt, neue Perspektiven (Mitarbeit, Beheimatung etc.) werden aufgezeigt, die Hintergründe einer Entscheidung werden offengelegt.
- Lassen gibt es nicht nebenbei. Es erfordert, so paradox es klingt, Aktivität, Gestaltung, Kräfteeinsatz und Kreativität. Es ist also ein Machen!
- Bei allem „Machen und Lassen" sollte es darum gehen, das „Öl in der Lampe" zu pflegen, also Aspekte von Spiritualität zu beherzigen.

5.2.5   SPUR8 bei uns?

Aus gutem Grund – mit SPUR8 sind ja weitreichende Eingriffe ins System Gemeinde verbunden – reicht es nicht, das Leitungsgremium der Gemeinde nur darüber zu informieren, dass SPUR8 oder auch ein anderes Gemeindeseminar vor Ort durchgeführt werden soll. Der Kirchenvorstand leitet zusammen mit den Pfarrerinnen und Pfarrern die Gemeinde. Deshalb obliegt ihm die Entscheidung darüber, ob SPUR8 als Glaubensseminar zu Grundfragen des Christseins durchgeführt werden soll.[31] Nicht nur als Nebeneffekt bietet eine solche Beschlussfassung Gelegenheit,

---

[31] Vgl. auch Kapitel 6.

über Grundfragen und Ziele der Gemeindearbeit ins Gespräch zu kommen, vielleicht auch über den eigenen Weg zum Glauben, was einem beim Glaubensthema wichtig ist oder Schwierigkeiten macht usw. Immer wieder haben sich Leitungsgremien vor einer Entscheidung erst einmal intensiv mit den Inhalten des Seminars vertraut machen wollen. SPUR8 als Veranstaltung nur für den Kirchenvorstand, das ist kein schlechter Einstieg in notwendige Veränderungsprozesse in der Gemeinde!

In der Vorbereitung dieses Beschlusses werden der Kirchenvorstand, aber auch die verantwortlichen ehrenamtlichen Mitarbeiterinnen und Mitarbeiter und die beteiligten Hauptamtlichen zu prüfen haben, ob ein Projekt wie SPUR8 in der gegenwärtigen Situation der Gemeinde passt und realisierbar ist.

Bei der Entscheidungsfindung helfen folgende Überlegungen:

Zur Gemeindesituation
- Warum wollen wir in der gegenwärtigen Situation der Gemeinde ein Gemeindeseminar zu Grundfragen des Glaubens wie SPUR8 durchführen?
- Sind wichtige Grundentscheidungen geklärt, z.B. dass wir eine Gemeinde sein wollen, die Menschen zu Glaube und Nachfolge einlädt?
- Sind wir auf notwendige Veränderungen eingestellt, werden also Menschen, die durch SPUR8 Anstöße bekommen haben, einen Platz in der Gemeinde finden?
- Ist SPUR8 von der Gemeindebiografie her passend oder ist etwas ganz anderes dran?

Für wen?
Wen wollen wir und wen können wir mit dem Gemeindeseminar erreichen?
Bei der erstmaligen Durchführung einer Veranstaltung wie SPUR8 werden in der Regel vor allem Menschen im „Dunstkreis" der Gemeinde erreicht. Erst bei regelmäßiger Durchführung erweitert sich dieser Kreis, nicht zuletzt, weil ehemalige Teilnehmerinnen und Teilnehmer ihre Freunde und Bekannten mitbringen.
Die Entscheidung, ob in einer Gemeindebiografie SPUR8 Sinn macht, hängt auch an der Frage, welche Kontaktflächen eine Gemeinde hat, welche Menschen und wie viele durch Gottesdienste, Gruppen und Kreise und andere Veranstaltungen angesprochen werden, ob es darunter auch Angebote gibt, die Türen nach außen öffnen, wie z.B. Mutter-Kind-Kreise, attraktive kirchenmusikalische Veranstaltungen, die Präsenz bei Dorf- oder Stadtteilfesten usw.

Mitarbeiterinnen und Mitarbeiter
SPUR8 lebt von einem Trägerkreis, ist also neben dem Referenten, der Referentin[32]

---

[32] Es gibt ausgesprochen positive Erfahrungen mit Ehrenamtlichen, die in der eigenen oder einer fremden Gemeinde als Referenten fungieren!

und den Hauptamtlichen der Gemeinde angewiesen auf Ehrenamtliche, die einladen, den Veranstaltungsraum gestalten, Partner und Gegenüber der Gäste sind, die Gespräche an den Tischen moderieren usw.

Zeit und Kraft

Haben wir von den Ressourcen und von der gegenwärtigen Situation in der Gemeinde her die Kraft, ein aufwändiges Projekt dieser Art in Angriff zu nehmen? Wir machen uns auf, Menschen zu einem veränderten Leben in der Nachfolge Jesu einzuladen. Die wichtige Beziehungsarbeit im Vorfeld, die gewollte Qualität in der Durchführung und die rechtzeitige Planung der Weiterarbeit erfordern ein sorgfältiges Abwägen, ob Zeit und Kraft dafür ausreichen.

Klein anfangen

Wie verändern sich Organisationen?

Z.B., indem man unter Beteiligung möglichst vieler über die Klärung und Realisierung konzeptioneller Fragen ins System eingreift. Organisationen verändern sich aber auch so, dass an einer Stelle, pars pro toto, das Neue realisiert wird und wie ein Sauerteig das Ganze verändert.

So sehr die Beteiligung des Leitungsgremiums Sinn macht, die Veränderungsbereitschaft der ganzen Gemeinde gefragt ist, ein stabiler Mitarbeiterkreis nicht nur Beiwerk ist, so berechtigt kann es auch sein, einfach klein anzufangen.

Ein Superintendent eines ostdeutschen Mittelzentrums hat über Jahre hinweg, auch als Taufunterricht, mit drei oder fünf Personen im Amtszimmer „Christ werden – Christ bleiben" durchgeführt. Miteinander wurden die Teilnehmerhefte zu den sieben Stationen gelesen, daraus ergaben sich intensive Gespräche, Taufen etc. Gemeindeaufbau im Kleinen, aber nachhaltig!

Die Keimzelle für Veränderung kann die kleine Gruppe von wenigen Leuten sein, die, hoffentlich mit dem Pfarrer, der Pfarrerin zusammen, für Veränderung in der Gemeinde betet und arbeitet und die irgendwann Mut gewinnt, ein Projekt wie SPUR8 zu initiieren.

Vielleicht gibt es fünf oder acht Personen, die im Rahmen von Gesprächen und Begegnungen bei Amtshandlungen, bei Kontakten zu Konfirmandeneltern oder in seelsorgerischen Zusammenhängen ihr Interesse an Glaubensfragen signalisiert haben. Warum nicht mit ihnen als Kern das Seminar im Kleinen wagen?

5.3   Der Trägerkreis

5.3.1   Der Trägerkreis als Abbild des zugrunde liegenden Gemeindeverständnisses

Die Gemeinde ist Trägerin von Evangelisation. Nicht allein die Ordinierten, sondern die ganze Gemeinde, alle Christinnen und Christen, sind zum Dienst verpflichtet. Der Ruf Jesu in die Nachfolge beinhaltet immer auch die Einladung und Befähigung zur Mitarbeit beim Werden des Reiches Gottes. Jedem und jeder sind Gaben gegeben mit dem Ziel, sie zur Ehre Gottes anzuwenden. Diese Gaben sollen entdeckt, entfaltet und eingesetzt werden. Dabei geschieht Persönlichkeitsentwicklung; außerdem erleben Menschen auf diese Weise Sinn und Wertschätzung. Jeder Christ ist eingeladen und aufgefordert, teilzuhaben und teilzunehmen an Gottes Weltzuwendung im missionarisch-diakonischen Dienst der Gemeinde.[33]
Das hinter SPUR8 stehende Gemeindeverständnis reduziert Christsein nicht auf eine „individualisierte Frömmigkeit". Der Ruf zu Christus ist immer auch Ruf in eine Gemeinschaft von Christen und Ruf zu Zeugnis und Dienst im Sinne der Teilhabe an Gottes Lust am Menschen und seiner Welt.
Zu diesem Gemeindebild gehört auch, dass Pfarrerinnen und Pfarrer gemeinsam mit den sogenannten Ehrenamtlichen die Gemeinde leiten und bauen. Eine sorgfältige Unterscheidung der Funktionen und Aufgaben der einen und der anderen hilft zu einer für alle Beteiligten sinnvollen und erfreulichen Gestaltung des gemeinsamen Dienstes.

5.3.2   Der Trägerkreis: Entdeckungen im Land der Gemeinde

Zum Konzept von SPUR8 gehört es, dass ein sogenannter Trägerkreis gebildet wird. In der Regel geleitet von der Ortspastorin, dem Ortspastor übernimmt er Verantwortung für die Vorbereitung, die Durchführung und die Weiterarbeit. Wenn eine Gemeinde keinen Trägerkreis bilden kann, sollte sie sorgfältig prüfen, ob gegenwärtig ein so aufwändiges Projekt Sinn macht (s.o.). Je nach Gemeindesituation schwankt die Größe des Trägerkreises zwischen ca. fünf und fünfzehn Personen.
Die Funktionen des Trägerkreises wie Werbung und persönliche Einladung (vielfach bildet die Zusammensetzung der Teilnehmenden die Zusammensetzung des Trägerkreises ab!), Moderation der Gesprächsgruppen, Raumgestaltung, Fahrdienste oder Babysitting usw. werden in Kapitel 6 genauer beschrieben.
Die Betonung der Bedeutung des Trägerkreises hat damit zu tun, dass er nicht nur aus ganz praktischen Gründen wichtig ist: Arbeit wird auf viele Schultern verteilt. Nein, er bildet vor allem auch das oben beschriebene Gemeindeverständnis ab und

---

[33] Vgl. zum Ganzen Burghard Krause: Auszug aus dem Schneckenhaus, Neukirchen-Vluyn 1996.

erfüllt es mit Leben. Der Trägerkreis hat neben den Gemeindeabenden selbst in sich einen hohen Wert sowohl für die Beteiligten als auch für die Gemeindeentwicklung. Der Vorbereitungsweg selbst ist häufig ein Segensweg. Die Arbeit, die hier investiert wird, verändert oft das Gesicht und den Charakter einer Gemeinde mindestens so sehr wie das Seminar selbst, vor allem auch unter dem Gesichtspunkt der Nachhaltigkeit. Im Trägerkreis entdecken Menschen, dass Gemeinde, dass sie als Mitarbeitende Träger von Evangelisation sind. Sie entdecken, wie wichtig ihre Mitarbeit für das Gelingen des Projektes ist und wie sehr das ihr Leben bereichert und verändert.

Im Trägerkreis geht es um sehr unterschiedliche Aufgaben und Anforderungen. Auch Menschen, die bisher nirgendwo mitgearbeitet, ihr „Licht immer unter den Scheffel gestellt", sich nichts zugetraut und von niemandem etwas zugetraut bekommen haben, entdecken, dass sie etwas beitragen können. Die Chancen des Vorbereitungsweges von SPUR8 bestehen auch darin, dass hier nicht nur z.B. intellektuelle Fähigkeiten gefragt sind, sondern durchaus auch praktische und gestalterische.

Menschen entdecken ihre Möglichkeiten, sie erleben sich als wichtig, sie erfahren Beteiligung und Wertschätzung.

Insbesondere die, die als Gesprächsbegleiter fungieren, aber auch alle anderen, setzen sich über einen längeren Zeitraum hinweg mit den Inhalten des Seminars auseinander, sind so die ersten Hörer und Teilnehmer.

Die Mitarbeit im Vorbereitungs- und Trägerkreis vertieft das eigene Christsein, lässt positive Erfahrungen mit Mitarbeit machen und verankert in der Gemeinde.

Neben der Wirk- und Segensgeschichte des Seminars selbst gibt es eine Segens- und Wirkgeschichte durch den Trägerkreis für Mitarbeitende.

5.4   SPUR8 hat Folgen

5.4.1   Folgen

Wer wird erreicht?
Die „Reichweite" eines Gemeindeseminars wie SPUR8 ist in beträchtlichem Maße eine Funktion des Mitarbeiterkreises sowie der Art der gemeindlichen Angebote bzw. der Kontaktflächen einer Gemeinde.

Eine Gemeinde, die Veranstaltungen und Projekte anbietet, die Menschen jenseits der sogenannten Kerngemeinde erreichen, z.B. Vater-Kind-Wochenende, alternative Gottesdienste für junge Familien, Vortragsveranstaltungen zu allgemein interessanten und interessierenden Themen, wird über ein solches Netz auch loser gemeindlicher Kontakte einladen können. Da Werbung nie so effektiv ist, als wenn sie persönlich geschieht, ergeben sich aus den persönlichen Kontakten der Mitarbeiterinnen und Mitarbeiter in der Vorbereitungsgruppe die Teilnehmenden an den acht Abenden.

Gleichwohl muss darauf hingewiesen werden, dass die Erfahrungen mit dem Vorgänger von SPUR8, dem Gemeindeseminar „Christ werden – Christ bleiben",
dahin gehen, dass Gemeinden mit diesem Angebot erst einmal Menschen aus dem
engeren Umfeld der Gemeinde selbst erreichen. Vergewisserung und Abklärung des
eigenen Standortes für Menschen, die vielleicht seit Jahren schon in der Gemeinde
zu Hause sind, ist sicher ausgesprochen wertvoll und notwendig.
Erst wenn Gemeinden regelmäßig, also jährlich oder zweijährlich „Christ werden –
Christ bleiben" bzw. SPUR8 anbieten, stellen sich auch weitere Effekte ein. Diejenigen, die die erste Veranstaltungsstaffel miterlebt haben, engagieren sich als Mitarbeiterinnen und Mitarbeiter (Effekt nach innen) und sie laden ihre, auch nicht-
christlichen, Freunde und Bekannten ein. Sie wissen ja jetzt, dass sie zu einer Veranstaltung einladen, die hohe Qualität hat und mit der man sich nicht zu schämen
braucht.

Was wird erreicht?
SPUR8 nimmt Menschen mit auf einen Veränderungsweg im Blick auf Glauben und
Leben. Erfahrungen mit dem Vorgängerseminar „Christ werden – Christ bleiben"
zeigen, dass die Abende eine große Dichte haben. Menschen hören mit spürbarem
Interesse zu, die Gespräche in den Tischgruppen sind von großer Intensität, nur
wenige Teilnehmer steigen während des Kurses aus. Der Abschlussgottesdienst ver-
mittelt einen Eindruck davon, dass die Teilnehmer in der Tat Entdeckungen im
Land des Glaubens machen, als Christen leben wollen, neuen Bezug zur Gemeinde
finden usw.
Die Durchführung dieses Gemeindeseminars in einer Gemeinde ist in aller Regel
mit bewegenden Erfahrungen verbunden. Es ist nicht zu hoch gegriffen zu sagen:
Dieses Seminar wird als Segen für Einzelne wie für die Gemeinde erlebt.

5.4.2   Ohne die zweite Runde ist die erste (fast) wertlos

Der lange Weg zum Glauben (s.o.) will gestaltet sein. Dass Christwerden oft ein Weg
mit vielen Etappen ist – statistisch gesehen gibt die o.g. Untersuchung, wie Erwachsene zum Glauben finden, einen Mittelwert von 5,8 Jahren an[34] –, bedeutet in der
Konsequenz, dass eine größere Zahl an Angeboten auf diesem Weg wichtig ist.
Wenn Menschen an einem Gemeindeseminar zu Grundfragen des Glaubens wie
SPUR8 teilnehmen, dann kommen unterschiedliche Prozesse in Gang. Grundlagen
des Glaubens an Jesus Christus werden vermittelt, Glaubenshindernisse bearbeitet,
Gemeinde wird positiv erlebt, die Einladung in die Nachfolge Jesu wird gehört,
immer wieder machen sich Menschen als Folge eines „Kurses zum Glauben" auf
den „neuen Weg" (Apostelgeschichte 19,23). Und:

---

[34] Dieser Wert bezieht sich auf die erste bzw. erste neue Begegnung mit dem Glauben und der
     Glaubensveränderung. Vgl. Johannes Zimmermann / Anna-Konstanze Schröder, a.a.O., S. 72.

Wer Menschen in die Nähe Jesu einlädt, übernimmt Verantwortung für sie und ihren Glauben!

Nun gilt es, von Seiten der Gemeinde weiterführende Angebote zu machen, die den Prozess des Christwerdens fortsetzen oder die Hilfestellungen zum Christ bleiben bieten. Deshalb werden Gemeinden den „Zauber des Anfangs" in rechter Weise aufnehmen und vertiefen müssen, um das zarte Pflänzchen Glauben zu bewässern und zu düngen, um Menschen zu Wachstum zu verhelfen und einzuweisen in die Grundlagen des Glaubens: Gebet, Gemeinschaft, Gottes Wort und Gutes tun.[35] SPUR8 ist inhaltlich auf die Entfaltung der nur angedeuteten Implikationen des Christseins angelegt. Anfänger im Glauben oder Interessierte am Christsein brauchen weiterführende Angebote auch im Sinne von Schutzräumen, wo tastend und unsicher die Schritte der Nachfolge eingeübt werden, alle Fragen erlaubt sind, die „Neuen" das Feld bestimmen und nicht die, die immer schon die Kultur der Gemeinde prägen.

Wir tragen als veranstaltende Gemeinde dafür Sorge, dass Menschen nach dem Seminar eine Beheimatung in der Gemeinde erfahren, die ihnen entspricht und die in der Gestaltung nicht deutlich hinter das Niveau der Seminarabende und des Gottesdienstes zurückfällt. Wir laden zum Glauben an Jesus Christus ein. Dieser Glaube ist immer auch Einladung in die Gemeinde als Sozialraum. Entsprechend brauchen wir Räume der Beheimatung.

Im Vorfeld von SPUR8 das Danach planen

SPUR8 ist ein integrales System, zu dem neben der Durchführung natürlich ein entsprechender Vorlauf und eine entsprechende Weiterarbeit gehören. Bereits im Vorfeld zu den acht Abenden wird im Trägerkreis, im Leitungsgremium der Gemeinde oder z.B. in einem Ausschuss für Gemeindeentwicklung überlegt, welche Angebote nach SPUR8 möglich und nötig sind, bzw. welche Veränderungen im Gemeindeganzen, z.B. bei der einladenden und gastfreundlichen Kultur der Gemeinde hilfreich sind. Die Weiterarbeit gehört zum Konzept von SPUR8. Ohne sie bleibt SPUR8 unter seinen Möglichkeiten im Blick auf Veränderungen bei den Einzelnen wie im System Gemeinde.

Nicht Integration, sondern Neues

Im Regelfall ist es notwendig, für die, die an SPUR8 teilgenommen haben und ein weiterführendes Angebot suchen, auch etwas Neues zu kreieren! Gemeindearbeit traditioneller Prägung hat häufig die Integration von Menschen in eine vorhandene und vorgeprägte Gemeinde zum Ziel. Dabei wird, ausgesprochen oder unausgesprochen, vorausgesetzt, dass die Menschen sich der Gemeinde anpas-

---

[35] Siehe Station 7: Christ bleiben.

sen. Herkömmliche Gemeindearbeit gleicht oft einem Anzug von der Stange, der, im Bild gesprochen, in einer Größe unterschiedlichsten Menschen passen und gefallen soll. „One fits all…"

Gemeinden, die sich auf den Weg zu den Menschen machen, ihre Lebensgewohnheiten und -themen studieren, versuchen, den Anzug den Menschen anzupassen. Es geht darum, Gemeinde von den Menschen her zu entwickeln. Das bedeutet Differenzierung statt Integration, Maßgeschneidertes, liebevoll gestaltete Angebote für spezifische Situationen und Menschen.

Gemeinden, die SPUR8 machen tun gut daran, die Angebote der Weiterarbeit wie einen schicken Mantel zu gestalten, in den man gerne hineinschlüpft.

Deshalb fragen wir die Teilnehmenden an den letzten Abenden des Seminars, was sie sich wünschen, um ihre Sehnsucht nach Vertiefung, nach Glaubenserfahrungen, nach positivem Erleben von Gemeinde, nach ersten Schritten von Mitarbeit aufzunehmen durch entsprechende Angebote.

5.4.3   … und nach dem Seminar

Weiterarbeit teilnehmerorientiert gestalten

Dass SPUR8 ein großes Potential in sich trägt, welches zur Entfaltung im Gemeindeleben kommen möchte, wurde bereits erwähnt. Hier sollen jetzt einige „Module zur Weiterarbeit" vorgestellt werden. Wir schlagen vor, intensiv **teilnehmerorientiert** zu denken und nicht in erster Linie veranstalterorientiert. Die Leitfrage also lautet: Welche Bedürfnisse sind bei Teilnehmerinnen und Teilnehmern am Schluss von SPUR8 zu erwarten?

1.   Der beziehungsorientierte Teilnehmer …

… wird besonderen Gewinn durch die Tischgruppengespräche gehabt haben, den Austausch über „Gott und die Welt" und die Begegnung mit anderen Menschen. Warum sollte diese positive Erfahrung nicht über den Abschlussgottesdienst hinaus ermöglicht werden?

Die am siebenten Abend erwähnten Kleingruppen sind ein idealer Rahmen dafür. Gibt es solche Kleingruppen oder Hauskreise in Ihrer Gemeinde bereits? Dann tragen Sie dafür Sorge, sie für neue Teilnehmer zu öffnen. Sprechen Sie rechtzeitig im Vorfeld der Durchführung von SPUR8 mit den Hauskreisleitern. Suchen Sie nach geeigneten Leitern für neu zu gründende Kreise. Und vor allem: Leben Sie eine einladende und offene Kirche vor, in der für Neue nicht der Eindruck entsteht, sie seien Störenfriede in einer Clique, die mit sich selbst zufrieden ist.

In vielen Gemeinden hat es sich bewährt, ca. acht Wochen nach SPUR8 zu einem „Hauskreis-Schnupperwochenende" einzuladen, auf dem sich leichter Kontakt zu verschiedenen Kreisen aufnehmen lässt, als wenn man als „die/der Neue" beklommen an einem Abend in einer Gruppe sitzt, die seit Jahren schon besteht.

Andere Gemeinden lösen in regelmäßigen Abständen ihre Hauskreise auf und konstituieren sich neu, um den erwähnten Cliquen-Effekt zu vermeiden und Neuen den Zugang zu erleichtern. SPUR8 kann heilsame Unruhe in Ihr Gemeindeleben bringen …

Oder gibt es in Ihrer Gemeinde noch keine Kleingruppen oder Hauskreise? Dann lassen Sie den Impuls von SPUR8 nicht wirkungslos verpuffen, planen Sie bereits im Vorfeld „Gesprächskreise über Gott und die Welt" und laden Sie am Abschlussabend dazu ein.

2.   Der aktionsorientierte Teilnehmer …

… hat nach acht Abenden genug geredet und wird mit Sicherheit in keinen Gesprächskreis kommen. Er möchte jetzt etwas tun. Das ist eine Chance und eine Gefahr.

Ein Chance, weil es natürlich immer schön ist, wenn Menschen in unseren Gemeinden mitarbeiten möchten. Eine Gefahr, weil wir als schon lange Verantwortliche sehr genau, zu genau wissen, wo etwas zu tun wäre. Und so machen wir schnell einen Plan für die Leute: Der vorzeitig pensionierte Banker möchte doch sicher in den Bau- und Finanzausschuss, die vierfache Mutter passt so gut ins Kinder-Gottesdienst-Team.

Es könnte sein, dass das kein guter Plan ist. Ein besserer Plan wäre, sich Zeit für die Menschen zu nehmen. Am besten aber wäre, mit Ihnen gemeinsam herauszufinden, bei welchem ehrenamtlichen Engagement in der Gemeinde sie so richtig aufblühen würden, was ihren Gaben und ihrer Sehnsucht entspricht. Und vielleicht ist es auch für die Gemeinde besser, wenn der Banker im Kindergottesdienst mitarbeitet.

Ein professionelles Instrument, dies herauszufinden, sind sogenannte „Gabenseminare"[36].

Und auch hier ist es sinnvoll, im Vorfeld von SPUR8 schon so weit geplant zu haben, dass Sie am achten Abend direkt dazu einladen können. Nutzen Sie das Zeitfenster von ca. acht Wochen nach SPUR8, in dem die Motivation Ihrer Teilnehmer am höchsten ist!

3.   Der spirituell orientierte Teilnehmer …

… hat nach SPUR8 das Gefühl: Okay, ich habe jetzt ganz viel gehört und manches sogar verstanden. Aber es ist erst im Kopf angekommen, es muss noch ins Herz rutschen, dass ich's richtig spüre.

Schaffen Sie dazu Gelegenheiten, bieten Sie einen Meditationskreis an, Abende zur geistlichen Vertiefung[37] oder Einkehrtage entsprechend dem spirituellen Profil Ihrer Gemeinde.

---

[36] Christian A. Schwarz: Die 3 Farben deiner Spiritualität, Wetzlar 2009. Amt für missionarische Dienste der EKiBa (Hg.): Mitarbeiten am richtigen Platz, www.ekiba.de/2786.php.

[37] Z.B. mit Hilfe der Bücher von John Ortberg: Abenteuer Alltag – Teilnehmerbuch. Ein ganz normaler Tag mit Jesus, Wetzlar 2002.

Grundsätzlich ist zu allen Angeboten geistlicher Vertiefung zweierlei zu sagen:

- Vertrauen Sie darauf, dass die Kraft in der Ruhe liegt. In SPUR8 lernt man: Glaube ist ein zartes Pflänzchen. Bei manchen wurde es gerade erst oder nach langer Zeit wieder neu gepflanzt. Ziehen und zerren Sie nicht! Die vornehmste Aufgabe einer Kirchengemeinde ist, eine Wachstumskultur des persönlichen Glaubens zu schaffen, wieder beten zu lernen, Gott neu zu entdecken und zu spüren. Das Erste in unserem Glauben sind nie die großen Taten, Aktionen oder Veranstaltungen.

- Und dennoch, das Zweite: Tragen Sie Sorge dafür, dass die Menschen in Ihrer Gemeinde nicht zu Endverbrauchern der Liebe Gottes werden. Es gibt in manchen Kirchengemeinden einen Zustand der spirituellen Übersättigung, in dem man nicht mehr, sondern immer weniger von Gott spürt. Biblischer Glaube drängt nicht zu einer maßlosen Steigerung religiöser Angebote und kirchlicher Veranstaltungen, sondern in die Nachfolge in alltäglichen Lebensbezügen.

SPUR8 kommt zu seinem Ziel, wenn der Glaube im Kopf ankommt, wenn verstanden wird, worum es bei der Suche nach Gott geht. Wenn er weiterströmt ins Herz und ich nicht nur verstehe, sondern bis in die Fuß- und Haarspitzen spüre, wie sehr mich Gott liebt. Und wenn der Glaube mir dann in die Hände kommt und mich irgendwo in dieser Welt mit anpacken lässt, wo Gott mich ganz dringend braucht, die ganze Zeit schon gebraucht hat.

5.5   Module für die Weiterarbeit

Hauskreise[38]

Die Teilnehmer von SPUR8 haben an ihren Tischen in den Gesprächspausen die hoffentlich gute Erfahrung gemacht, dass im Austausch mit anderen Menschen sich die Sache mit Gott noch einmal neu und anders erschließt. Dies in einem Hauskreis fortzusetzen, wäre gleichsam die natürliche Fortsetzung von SPUR8 im Alltag. Natürlich deswegen, weil nicht durch weitere Veranstaltungen der Kirchengemeinde der Eindruck entsteht, Leben als Christ sei nur in kirchlichen Räumen möglich; natürlich auch deswegen, weil die Gemeinde sich nicht dem nicht einzulösenden Anspruch aussetzt, permanent auf dem ja sehr hohen Niveau von SPUR8 die Menschen religiös versorgen zu müssen.

Mehr als alles andere muss jedoch eine Fortsetzung von SPUR8 in Hauskreisen methodisch lange vor Kursbeginn geplant und konkret organisiert werden. Ein

---

[38] Zum Ganzen vgl. auch die Hauskreis-Homepage der AMD: www.ekd.de/hauskreise.

naheliegender Anknüpfungspunkt wäre es sicher, diese Frage mit den Gesprächs-
gruppenleitern zu besprechen: Ist unter ihnen jemand, der bereit wäre, seine Tischgruppe zu einem Nachtreffen oder einen auf vielleicht sechs Treffen begrenzten
„Einsteiger-Hauskreis" einzuladen? Erfahrungsgemäß besteht nach dem Ende von
SPUR8 einerseits der Wunsch, noch „im Gespräch" über Gott zu bleiben – andererseits fällt es Menschen heute leichter, sich auf klar begrenzte Projekte einzulassen, anstatt sich langfristig festzulegen; insbesondere dann, wenn es sich wie bei
dem Thema „Hauskreis" um eine noch nicht bekannte oder gar vertraute Angelegenheit handelt.
SPUR8 bringt heilsame Unruhe in die Gemeinde: Das wird bei der Neugründung
von Hauskreisen womöglich am deutlichsten sichtbar. Denn es sind ja **zwei** Möglichkeiten denkbar:

1. Es gab bisher in der Gemeinde noch keine Hauskreise. Das bedeutet: Es muss in
die Struktur der Kirchengemeinde vor Ort ein bisher noch nicht vertrautes Modell
gelebter Frömmigkeit implantiert werden. Gut wird das nur gehen, wenn es mit der
Gemeindeleitung und den *Opinion Leadern*, bei mehreren Pfarrstellen sehr sorgfältig auch unter den Kolleginnen und Kollegen, kommuniziert wird. An das Ende
dieses Kommunikationsprozesses gehört ein Kirchenvorstands-Beschluss, auf den
man sich berufen kann: Ja, wir wollen in unserer Gemeinde Hauskreise!
Die Chance eines solchen Neuanfangs liegt darin, dass man von Anfang an Strukturen schaffen kann, in denen die Hauskreise auf gute Weise mit dem Gemeindeleben verknüpft sind und sich keine Parallelstrukturen (ecclesiola in ecclesia)[39] bilden.

2. Neue Hauskreise werden in ein bestehendes Hauskreis-Konzept integriert. Das
bedeutet: Es muss die Herausforderung angenommen werden, in den Hauskreisen
etwas anderes zu sehen als fromme Cliquen, in denen Neuankömmlinge stören
würden. Die Gründung vollkommen neuer, aus den Teilnehmern von SPUR8
zusammengesetzter Hauskreise wäre eine naheliegende Lösung, die allerdings mit-
telfristig bereits zu Problemen in der Gesamtstruktur der Gemeinde führen kann:
Irgendwann würde die Gemeinde aus „Jahresringen" von Menschengruppen bestehen, die zu verschiedenen Zeiten Zugang gefunden haben – diese Gruppen hätten
untereinander allerdings wenig Kontakt. Darin liegt nicht nur ein großes Konflikt-
potential, man nimmt sich auch die Chance zu einer Entwicklung, die entsteht,
wenn verschiedene Glaubensgenerationen im Gespräch miteinander sind.
In einzelnen Gemeinden hat es sich dann auch mehr bewährt, im Anschluss an
Glaubenskurse o.ä. die Hauskreisstruktur insgesamt zu öffnen. Am weitesten denken diesen Ansatz Gemeinden zu Ende, die nach einem Glaubenskurs etwa alle
zwei Jahre alle(!) Hauskreise auflösen und neu konstituieren. Wer nicht ganz so

---

[39] Vgl. zum Ganzen: AMD (Hg.): Reader II. Hauskreisarbeit entwickeln – aber wie? Konzeptionelle Klärungen in Hauskreis und Gemeinde, www.a-m-d.de/shop.

weit gehen möchte, kann für die Zeit nach SPUR8 etwa sechs Wochen später ein „Hauskreis-Wochenende" einplanen, bei dem „Alte & Neue" die Chance bekommen, sich stärker zu vermischen etwa indem sich ein schon lange bestehender Hauskreis aufteilt und die freien Plätze mit Kursteilnehmern aus SPUR8 besetzt.

Gottesdienst für Einsteiger

Gemeinden, die bereits Erfahrung mit SPUR8 vergleichbaren Glaubenskursen oder seinem direkten Vorgänger „Christ werden – Christ bleiben", gemacht haben, berichten von einer Art „Kulturschock" bei Kursteilnehmern, wenn man sie aus dem Seminar hinaus ins alltägliche Gemeindeleben integrieren möchte. Als besonders irritierend wird dabei der Gottesdienst am Sonntagmorgen empfunden.
Oft wurde im Glaubenskurs mit modernen Medien (PowerPoint etc.) gearbeitet, eine Band begleitete das Singen moderner Lieder und auch die Vorträge setzten keine Vorkenntnisse voraus. Jetzt sitzt man mit wenigen Menschen in einer vielleicht etwas dunklen Kirche und es heißt: „Wir wollen alle fröhlich sein...". Wer möchte, dass die Menschen nicht das Gefühl haben, in SPUR8 wurde ihnen etwas vorgespielt, dem der normale Gemeindealltag nicht standhält, sollte sich Gedanken über einen Übergangsprozess für Kursteilnehmer in eben diesen Alltag der Gemeinde machen.
Mit großer Wahrscheinlichkeit wird man dabei die Erfahrung machen, dass es nicht einfach darum geht, die „Neuen" ins Bestehende reibungslos zu integrieren. Wenn neue Menschen nämlich nicht einfach als „missionarische Objekte" wahrgenommen werden, sondern als Subjekte Gottes, werden auch sie uns völlig neue Dinge über Gott mitteilen wollen und können. Das wird weder unseren persönlichen Glauben noch die Struktur unserer Gemeinde unverändert lassen.
Vielleicht lernen wir zum Beispiel, eben unseren Gottesdienst am Sonntagmorgen einmal mit den Ohren eines Menschen zu hören, der nicht bereits im Kindergottesdienst gelernt hat, was ein Kyrie und ein Gloria sind. Dass die „Neuen" auch uns und unsere Gottesdienste verändern, könnte hier dann in zwei Weisen realisiert werden:

1. Wir könnten zum einen, etwa am Sonntagabend, einen ganz neuen Gottesdienst für die Zielgruppe entwickeln und anbieten, die wir auch in SPUR8 angesprochen haben. Modelle zu solchen „Gottesdiensten für Suchende" gibt es ja inzwischen in großer Zahl.[40] Im Zusammenhang mit SPUR8 ist es wichtig, den dort eingeschlagenen Weg weiterzugehen. Das bedeutet: Es geht bei diesen neuen Gottesdiensten

---

[40] Verwiesen sei exemplarisch auf folgende Veröffentlichungen:
Studie über Zweitgottesdienste in der Evangelischen Landeskirche in Baden des IEEG:
Download
http://www.a-m-d.de/denkanstoesse/tagungsbeitraege-verschiedener-autoren/index.htm
http://www.ekiba.de/gemeindeentwicklung/images/F02_Thesen_und_Literatur.pdf
http://www.zweitgottesdienste.de.

nicht in erster Linie um einen großen äußerlichen Effekt, sondern um eine Grundhaltung, die nicht von der Institution Kirche her denkt, die neue Mitglieder gewinnen möchte. Die Grundhaltung eines solchen Gottesdienstes sollte vielmehr sein: Es
gibt eine Veranstaltung in unserem Gemeindeleben, da wird komplett vom anderen, neuen, fremden Menschen her gedacht. Es werden keine Antworten auf Fragen gegeben, die niemand gestellt hat. Und wer nach solch einem Gottesdienst nach
Hause geht, hat nicht das Gefühl, den zweiten Teil eines Films gesehen zu haben,
dessen ersten Teil er irgendwie verpasst hat...

2. Wir könnten aber auch behutsam und sensibel unseren vertrauten Gottesdienst
am Sonntagmorgen an einigen Punkten so modifizieren, dass wir ihn von unnöti-
gen Verstehensklippen befreien. Ein Beispiel: Wenn die „salutatio" eine Begrüßung
ist, warum erfolgt sie a) so umständlich formuliert, b) nachdem man bereits zwölf
Minuten gebetet, gesungen und geredet hat? Genauso wichtig wie eine stärkere
liturgische Plausibilität ist jedoch wieder die Grundhaltung, mit der wir neuen
Menschen in unseren Gottesdiensten begegnen:

- Werden sie begrüßt und wahrgenommen?
- Wie werden sie in das Geschehen des Gottesdienstes mit hineingenommen?
- Wer spricht mit ihnen nach dem Ende des Gottesdienstes? Viele Gemeinden
  etwa haben gute Erfahrung mit der sog. „Drei-Minuten-Regel" gemacht: In
  den ersten drei Minuten nach dem Schlusssegen geht man bewusst einmal
  nicht zu den Menschen, mit denen man immer zusammensteht, sondern
  schaut sich um, bildet keine geschlossenen Kreise. In den ersten drei Minuten nach dem Schlusssegen sind alle gemeindeinternen Themen tabu („Ist die
  Beschlussvorlage für den Kindergarten-Ausschuss schon fertig?"). Drei
  Minuten nur ... Und wieder werden wir sehen, wie gut uns die Neuen tun![41]

Weitere Seminarabende

Während die Fortsetzung von SPUR8 in Hauskreisen wohl eher beziehungsorientierten Menschen zusagt, wird es eine große Gruppe von Kursteilnehmern geben,
für die nach Kursende noch zu viele Fragen offen sind, als dass man sich jetzt einfach in einer gemütlichen Gruppe treffen könnte. Das liegt im Wesen von SPUR8
begründet: Nach Ansicht vieler ist es ein Seminar, das von allen Glaubenskursen am
stärksten intellektuell geprägt ist. Trotz vieler emotionaler und seelsorgerlicher Elemente ist eine Aussage von SPUR8: „Du musst deinen Verstand an der Kirchentür
nicht abgeben, wenn du hier rein willst."

---

[41] Wer Anregungen zu diesem Thema sucht, wird sie z.B. in folgendem Buch finden: Klaus Dou-
      glass: Gottes Liebe feiern, Emmelsbüll 1999.

Verstandesmenschen werden die angerissenen Themen vertiefen wollen. Dazu sollte ihnen die Möglichkeit geboten werden. **Methodisch ist dabei so vorzugehen:**
Um keine Antworten auf Fragen zu geben, die niemand gestellt hat, kann man mit einem – ohnehin sinnvollen und notwendigen (!) Erhebungsbogen am Ende des Seminars nach offen gebliebenen Themen fragen. Gleichzeitig muss anhand der vorhandenen Ressourcen in der Gemeinde geprüft werden, wie man auf diese Anfragen eingehen möchte:

- Ist der Gemeindepfarrer eventuell selbst ein begnadeter Referent, der die Gabe hat, theologisch schwierige Themen verständlich, ehrlich und unterhaltsam anzupacken?
- Hat man im Umfeld der Gemeinde Kontakt zu einem Menschen, der diese Gabe hat?
- Oder sucht man eine eher diskursive Form, mit diesen Themen umzugehen, etwa in Form von „Kamingesprächen"?

Häufig genannte Themen weitergehenden Interesses sind an erster Stelle die Theodizee-Frage, gefolgt von der Schwierigkeit, den Sühnetod Jesu in heutigen Denk- und Sprachkategorien wiederzugeben.
Aus guten Gründen hat die evangelische Kirche in den vergangenen Jahren verstärkt die emotionale Dimension unseres Glaubens in den Mittelpunkt gestellt. Doch weil keiner fühlen und glauben soll und möchte, was objektiv nicht stimmt oder auch nur nicht zu Ende gedacht ist, dürfen wir Fragen des Verstandes nicht ausweichen. Denn es wird in den nächsten Jahren entscheidend darauf ankommen, ob es uns auch weiterhin gelingt, uns inhaltlich profiliert zu positionieren und auch in der intellektuellen Debatte sagen zu können, was „Evangelische Identität" ist.
Nehmen Sie Kontakt zu Gemeinden auf, die hier gute Erfahrungen gesammelt haben wie die Ev. Andreasgemeinde in Niederhöchstadt[42] mit dem einwöchigen „Oktoberfest" oder die Ev. Christuskirche in Niedernhausen[43] mit den „Winterabenden". Machen Sie die gute Erfahrung, wie Sie mit diesem Angebot insbesondere auch Männer für den Glauben und die Gemeindearbeit gewinnen, die sich von einem zu stark gefühlsbetonten Angebot eher abschrecken lassen.

EMMAUS – auf dem Weg des Glaubens

Eine andere Möglichkeit der Weiterarbeit nach SPUR8 besteht in der Nutzung der Materialien des Kurses „EMMAUS – auf dem Weg des Glaubens". Bereits der Titel macht deutlich, dass dieser Kurs das Bild einer begleiteten Reise für das Zum-Glauben-kommen eines Menschen aufnimmt. „EMMAUS – auf dem Weg des Glaubens" will Menschen zum Glauben einladen und sie ermutigen, lebendige Glieder einer Gemeinde zu werden.

---

[42]   www.andreasgemeinde.de.
[43]   www.christuskirche-niedernhausen.de.

Das Kurskonzept orientiert sich am Beispiel Jesu, wie wir es in der Geschichte der Emmaus-Jünger (Lukas 24,13-35) beschrieben finden. Wie Jesus ihnen begegnet, wie er sie begleitet und zum Glauben einlädt, dies verbindet Menschen mit und ohne bewusste Glaubenserfahrungen. Menschen, die bereits mit Jesus unterwegs sind, gestalten mit den Kursteilnehmern einen wertschätzenden, zielorientierten Gesprächsprozess auf Augenhöhe und werden somit zu Wegbegleitern für andere, die den eigenen Glaubensweg gerade erst beginnen. Wo andere Glaubenskurse einen Punkt setzen, macht EMMAUS einen Doppelpunkt. EMMAUS ist Glaubensgrundkurs und Gemeindeaufbaukonzept in einem. Interessierte Menschen werden nicht nur zum Glauben eingeladen, sondern über den Glaubensgrundkurs hinaus auf dem Weg der Nachfolge begleitet. Das ansprechende Kursmaterial fördert das Entstehen einer vertrauensvollen Lerngemeinschaft und kommunikative Methoden eröffnen ein großes Maß an Beteiligung.

EMMAUS will Gemeinden helfen,

- Beziehungen zu Menschen in der Umgebung aufzubauen,
- suchende Menschen auf dem Weg des Glaubens zu begleiten
- Christinnen und Christen im Wachstum des Glaubens zu unterstützen.

Das EMMAUS-Material

Bevor es losgeht: EMMAUS – die Einführung

Für alle, die prüfen wollen, ob der EMMAUS-Kurs der passende ist, empfiehlt sich „EMMAUS – die Einführung" (Michael Herbst, Hg.). Dort werden die Kursphilosophie vorgestellt sowie die Themen und der Aufbau beschrieben, außerdem enthält dieses Buch die vollständige Kurseinheit „Vaterunser – Wachsen im Gebet" zum Kennenlernen und Ausprobieren.

Begegnen: EMMAUS – das Handbuch

Das Handbuch ist der Wegweiser für die Gemeinde. Es stellt Ideen und Methoden vor, wie man bestehende persönliche Kontakte, soziale Netzwerke und Veranstaltungen nutzen kann, um Beziehungen zu bauen. Es ermutigt Gemeinden darin, missionarisch zu denken und mit Menschen außerhalb der Gemeinde in Kontakt zu treten.

Begleiten: EMMAUS – Kursbuch 1 – Basiskurs

Das Kursbuch 1 beinhaltet den Basis-Glaubenskurs, der in den christlichen Glauben einführt und zur Nachfolge anleitet. Es hilft, den Glauben zu entdecken und den Platz in der Gemeinde zu finden. Dabei sind keine Vorkenntnisse notwendig – jeder Startpunkt des EMMAUS-Weges darf individuell unterschiedlich sein.

Bestärken: EMMAUS – Kursbücher 2-5

Die Kursbücher 2-5 sind der schon beschriebene Doppelpunkt des EMMAUS-Kurses. Da, wo andere Glaubenskurse aufhören, bestärkt er Menschen, die den Weg mit Jesus begonnen haben, auf dem Weg des Glaubens. Da die Kursbücher nicht aufeinander aufbauen, können sie den Interessen der Gruppenteilnehmer und den Prioritäten der Gemeinde angepasst und flexibel eingesetzt werden. Die Kursbücher können auch losgelöst vom EMMAUS-Basiskurs genutzt werden und eignen sich dadurch in besonderer Weise für Hauskreise und Kleingruppen.

Themen:
- Kursbuch 2: Gott kennen
- Kursbuch 3: Im Glauben wachsen
- Kursbuch 4: Als Christ leben
- Kursbuch 5: Dein Reich komme

Eine detaillierte Auflistung der einzelnen EMMAUS-Materialien und die genauen Themen finden Sie unter www.emmaus-kurs.de.

Den EMMAUS-Kurs mit der gleichen Kursphilosophie gibt es in 15 Einheiten mit drei Gottesdienstentwürfen auch als Jugendkurs (s. www.emmaus-dein-weg-mit-gott.de).

Expedition zum ICH – In 40 Tagen durch die Bibel[44]

Eine andere Möglichkeit der Vertiefung nach SPUR8 ist die sogenannte **„Expedition zum ICH – In 40 Tagen durch die Bibel"**.

Diese Expedition hat zwei Ziele:

Zum einen geht es darum, dass Teilnehmende sich selbst, ihren **Fragen, Hoffnungen, Sehnsüchten und Möglichkeiten** näher kommen und neue Facetten ihrer Persönlichkeiten entwickeln. Am Ende der 40 Tage sollen sie sagen können: „Jetzt verstehe ich viel besser, wer ich eigentlich bin!" Zum anderen sollen die Teilnehmenden im Laufe der Expedition zu den zentralen Stellen der Bibel geführt werden, sodass sie einen guten Überblick über die viel diskutierten Ideen, Werte und Verheißungen des Alten und des Neuen Testaments bekommen. Hinter dem Konzept der „Expedition zum ICH" steht die Überzeugung, dass diese beiden Ziele – die Suche nach sich selbst und die Suche nach Gott – zusammengehören. Warum? Weil der Gott, der sich selbst mit dem Namen „ich bin" vorstellt, die beste Quelle für menschliche Selbsterkenntnis ist, die es gibt.

Die Materialien (s.u.) bieten eine überzeugende Auswahl von 40 wesentlichen Abschnitten aus der Bibel, die unter sechs Wochenthemen aufgeteilt sind:

---

[44] Klaus Douglass / Fabian Vogt: Expedition zum ICH. In 40 Tagen durch die Bibel, Glashütten/Emmelsbüll 2006.
Siehe auch www.expedition-zum-ich.de.

Wer bin ich wirklich?
Wie werde ich frei?
Was bestimmt mein Handeln?
Wie bekomme ich eine Beziehung zu Gott?
Wo gehöre ich hin?
Wohin gehe ich?

Jeder Tag im Buch ist gleich gestaltet: Er beginnt mit einer Meditation, einem Bild oder Lied, dann folgt der Bibeltext (Lutherbibel und Übertragung von F. Vogt), danach ca. vier Seiten Gedanken zum Text und zum Schluss eine Seite „Arbeit": Ein Zitat zum Nachdenken, Fragen zum Thema, Anregungen zum Gebet und ein Merkvers zum Auswendiglernen. Hier investiert jede/r soviel Zeit wie möglich.

„Expedition zum ICH" ist eine Art Glaubenskurs mit „offenem System". Er eignet sich zum persönlichen Gebrauch oder zur Bearbeitung in einer Kleingruppe: Interessierte kaufen das Buch „Expedition zum ICH" und lesen es wie vorgesehen in 40 Tagen oder auch in 60 oder 80 Tagen nach Gusto. Sie brauchen dabei zu keinem Termin in einem Gemeindehaus zu erscheinen, sie brauchen keinem Redner/Rednerin über längere Zeit zuzuhören, der gut oder nicht so gut ist, sie müssen sich auch nicht in Kleingruppen treffen.

Die andere Möglichkeit ist, Expedition zum ICH in einem Gemeindekreis, einer Kleingruppe o.ä. zu behandeln. Es wird zu prüfen sein, mit welchem Abstand zur Durchführung von SPUR8 Teilnehmerinnen und Teilnehmer motiviert und zeitlich in der Lage sind, sich auf einen weiteren anspruchsvollen Durchgang einzulassen. Auch ist Expedition zum ICH eher ein ergänzendes denn ein Basisangebot.

Als Gemeindeprojekt sind drei Projektebenen zu unterscheiden:

Buch

Das Buch „Expedition zum ICH" begleitet die Leser durch diese Zeit und bietet anregenden Lesestoff für jeden Tag. Zentrale Inhalte der Bibel, weiterführende Gedanken, kreative Elemente und Fragen zum Nachdenken regen die Leser bei diesem Abenteuer an.

Gottesdienste

Die Gottesdienste sind das Zentrum der Gemeinde und während der „Expedition" das Basislager, in dem sich alle Teilnehmer jede Woche treffen. Der erste Gottesdienst eröffnet eine Woche vor dem eigentlichen Start der Aktion das Gesamtthema für die Gemeinde, die sechs folgenden Gottesdienste helfen dabei, sich auf das Thema der kommenden Woche einzustimmen und in der Predigt eine Orientierung zu geben.

Kleingruppen

Eine erfolgreiche Expedition braucht gute Teams. Sie bieten den Teilnehmern die Möglichkeit, in Kleingruppen miteinander ins Gespräch zu kommen und die Reise gemeinsam zu erleben. Dieser Gedankenaustausch ermutigt dazu, das Gehörte (Predigt) und Gelesene (Buch) in das Abenteuer des Alltags zu übertragen.

Zur Durchführung bietet sich natürlich besonders die Passionszeit an, aber auch jede andere Zeit im Jahr.

Will eine Gemeinde die Aktion durchführen, zahlt sie entsprechend ihrer Gottesdienstbesucherzahl eine einmalige Gebühr und erhält Zugang zu einem eigenen Internetportal und entsprechende Rabatte für die Bücher. Neben dem eigentlichen Buch (inkl. CD mit Liedern) gibt es Begleitmaterial zur Vorbereitung der ganzen Aktion, ein Begleitbuch für Kleingruppentreffen, ein Reisetagebuch (DIN A5, zwei Seiten pro Tag), eine CD „Gott – ein Musical", Video-Clips zu den Themen, Plakate und Flyer, u.v.m.

Natürlich besteht auch die Möglichkeit, die Materialien in anderen Kleingruppen einzusetzen. Gute Erfahrungen wurden damit gemacht, dass ein Leiter das Buch in einem Hauskreis bearbeitet hat. Die Teilnehmerinnen und Teilnehmer waren so begeistert, dass fast alle bereit waren, die Aktion in der Gemeinde vorzubereiten.

„L" – Gruppen („Lern"-Gruppen)

In der Schweiz müssen die Autos von Fahranfängern mit einem deutlich sichtbaren „L" gekennzeichnet werden. Ähnliches begegnet einem in England: Das „L" wie „Learners" steht für Personen, die die Fahrschule einschließlich der Führerscheinprüfung bereits absolviert haben und sich nun als Learner, als Fahranfänger in den Straßenverkehr wagen. Autofahrer und Autofahrerinnen ohne große Fahrpraxis können ein wenig Rücksichtnahme durch die anderen Verkehrsteilnehmer durchaus brauchen, ihnen fehlt Routine und Sicherheit, Fahrfehler können sich leicht einschleichen.

Solch eine Kennzeichnung ist sicher nicht jedermanns Fall. Trotzdem kann das „L"-Schild im Straßenverkehr für alle Beteiligten Sinn machen.

Auf dem 4. AMD-Theologenkongress 2006 in Leipzig hat Bischof Stephen Cottrell für die Gemeinden „a place of nurture" im Sinne einer begleiteten Reise für Anfängerinnen und Anfänger im Glauben gefordert[45], also Orte und Angebote, wo der Glaube sich entwickeln kann und in seiner Entfaltung gefördert wird.

„L"-Gruppen bieten jungen Christen, also Erstklässlern in Sachen Nachfolge, Beheimatung in eigens für sie geschaffenen Lebensräumen.

Bei der Gestaltung des „langen Weges zum Glauben" können sogenannte „L"-Gruppen förderlich sein. Vergleichbar dem Katechumenat der frühen Kirche bietet die Gemeinde eigene „Schutzräume" für die ersten Schritte[46] auf dem Weg des Glaubens an.

---

[45] Vgl. Hartmut Bärend / Ulrich Laepple (Hg.): Dein ist die Kraft. Für eine wachsende Kirche, Leipzig 2007, S. 146f.

[46] 1. Korinther 3,1ff.

Solch eine „L"-Gruppe kann ein eigens zu diesem Zweck gebildeter Hauskreis sein, aber auch eine Gruppe, die sich im Gemeindehaus trifft. Möglich sind sicher auch ganz andere Formate, z.B. Offene Gemeindeabende, die aber von ihrer Kultur und von den behandelten Themen her dem genannten Zweck dienen.

Charakteristika von „L"-Gruppen

- Sie sind als „Krabbelstuben des Glaubens" deklariert und werden als solche nicht mit dem Makel des Mangels verbunden, sondern mit dem Image der Chance.
- Sie zeichnen sich durch eine gewissen Homogenität aus: Teilnehmerinnen und Teilnehmer befinden sich miteinander in einer Art Startposition.
- Sie sind ein sicherer, gastfreundlicher, einladender und fürsorglicher Ort.
- Sie setzen, außer Interesse an der Sache, nichts voraus: keine Bibelkenntnisse, auch keine Gemeinde- oder Glaubenserfahrungen.
- Sie bieten Anfängern im Glauben einen Schutzraum, in dem ohne Angst alle Fragen gestellt werden können.
- Sie sind ein „Lern-Ort", wo die Grundlagen und die ersten Schritte des christlichen Glaubens erklärt, entfaltet und eingeübt werden können. Das kleine Einmaleins des Christseins kommt zur Sprache: Glaube, Gebet, Gemeinde, Gottes Wort, Gaben und Dienst.
- Sie bieten einen Raum, in dem erste Formen der Mitarbeit und zum Beispiel des gemeinsamen Gebets eingeübt werden können.

Der Gemeinde-Treff[47]

Name:	• keine neue „Gruppe", sondern ein offenes Begegnungsforum der Gemeinde mit Wegcharakter • keine geschlossene „religiöse Kleinfamilie" (Kreis)
Intention:	• Weggemeinschaft im Glauben erfahren • teilgebendes Christsein gestalten • einladende Gastfreundschaft leben
Ort + Zeit:	• Gemeindehaus (Öffentlichkeit!) – nicht Privathäuser • monatlich bzw. vierzehntätig, z. B. 19.30 – 22.00 Uhr

---

[47] Die Ausführungen zum Gemeinde-Treff sind dem Buch von Dr. Burghard Krause: Auszug aus dem Schneckenhaus. Praxisimpulse für eine verheißungsorientierte Gemeindeentwicklung, Neukirchen-Vluyn 1996, S. 53 – 60 entnommen. Das Buch ist vergriffen.

Aspekte:	• BEGEGNEN (Gruppenprozess): Wir lassen uns aufeinander ein. • BETRACHTEN (thematischer Bezug): Wir lassen uns auf eine Sache ein. • BEWEGEN (Handlungsbezug): Wir lassen uns auf das Leben ein. • BETEN (Gottesbeziehung): Wir lassen uns auf Gott ein.
Inhalte:	• flexibel auf den Gemeindekontext bezogen • biblische Texte und (aktuelle) Themen im Wechsel • Einübung von Grundschritten des Glaubens • „geistliche Gefälle" in Richtung „Befähigung/Dienst"
Elemente	• die Gemeinde gibt sich die Ehre: „bring and share" (30 Min.) • gemeinsames Singen (10 Min.) • eine Fährte wird gelegt (10 Min.) • Gespräche in Kleingruppen und einer Gästegruppe (60 Min.) • Kurzes Plenum mit Alltagsbezug (15 Min.) • geistlicher Abschluss mit „Lebens-Wort" und Reise-Segen (20 Min.) • Vereinbarungen (5 Min.), inoffizielles Beieinander
Leitung:	• Organisation und Abendleitung: Mitarbeiterteam • Beratung und Begleitung: Ortspastor bzw. -pastorin

Intention des Gemeinde-Treffs

Der Gemeinde-Treff beabsichtigt keine neue innergemeindliche Gruppenbildung. Er ist ein offenes und öffentliches Begegnungs-Forum der Ortsgemeinde. Hier treffen sich alle, die ein Stück Weggemeinschaft im Glauben suchen und sich in diesem Unterwegs-Sein gegenseitig an ihren Lebens- und Glaubensgeschichten Anteil geben wollen. Der Gemeinde-Treff verbindet die guten Erfahrungen geistlicher Kleingruppenarbeit (Verdichtung / Homogenität) mit der Chance, Andersdenkenden zu begegnen, von ihnen zu lernen, durch sie herausgefordert zu werden (Öffnung / Heterogenität).[48] Auch da, wo er nach einem Glaubensseminar ins Leben gerufen

wird, ist er als Angebot für die ganze (!) ortsgemeindliche „familia dei" gedacht –
also nicht nur für Seminarteilnehmer. Über die Begegnungskultur, den Frömmig-
keitsstil und die inhaltliche Ausrichtung des Gemeinde-Treffs entscheiden alle mit,
die ihn besuchen und mitgestalten. Weil der Gemeinde-Treff Hilfe zu einer Weggemeinschaft des Glaubens auf Zeit sein will, hat er dienende Funktion und darf nicht
zum Selbstzweck werden.

Der Gemeinde-Treff findet nicht in Privathäusern statt, sondern im Gemeindehaus.
Das ist in einer Zeit der Privatisierung des Religiösen ein wichtiges Signal, das
bereits räumlich Gemeindebezug und Öffentlichkeit anzeigt. Der Gemeinde-Treff
intendiert nicht die in sich abgeschlossene „religiöse Kleinfamilie" mit homogener
Binnenatmosphäre. Als Begegnungs-Forum für unterschiedliche geistliche Profile
und zugleich für Suchende und Fragende setzt er nicht auf das Prinzip: „Gleich und
gleich gesellt sich gern". Er möchte Menschen miteinander in Kontakt bringen, die
sich gerade in ihrer Unterschiedlichkeit als gegenseitige Bereicherung entdecken.
Darin unterscheidet er sich bewusst von anderen Gemeindegruppen. Weil der
Gemeinde-Treff einen „Weg" meint, werden sich alle (!), die diesen Weg mitgehen,
auf ihm verändern. Fragende bekommen (hoffentlich) Antworten – und die, die
Antworten haben, lassen sich befragen und in Frage stellen. Denn wer wirklich
„Gott gefunden" hat, wird ihn immer wieder neu suchen. Und wer wirklich nach
Gott sucht, braucht die Entdeckungen derer, die schon etwas gefunden haben. Der
Gemeinde-Treff ist weder eine „missionarische Veranstaltung", bei der „Habende"
sog. „Habenichtsen" in Geber-Mentalität gegenüberstehen, noch ist er eine
„Kuschel-Ecke der Frommen", in die man sich als „beati possidentes" (glückliche
Besitzer) unbehelligt zurückziehen kann. Und doch wird der Gemeinde-Treff
sowohl geistlich vertiefende als auch missionarische Wirkung haben. Er setzt auf
die schöpferische Spannung, die überall dort entsteht, wo Menschen ihr Suchen
und ihr Gefunden-Haben, ihre Fragen und ihre Antworten nicht für sich behalten,
sondern miteinander teilen.

Vier Aspekte bestimmen das Miteinander im Gemeinde-Treff:
- Man lässt sich aufeinander ein (Gruppenprozess).
- Man lässt sich gemeinsam auf eine Sache ein (thematischer Impuls).
- Man lässt sich auf das Leben ein und fragt nach der Umsetzung des Entdeck-
  ten für den eigenen Alltag (Handlungsbezug).
- Man lässt sich in einer Weise, die möglichst vielen das Mitgehen erlaubt,
  zusammen auf Gott ein (Gottesbeziehung).

Wie sich diese „Spiritualität des Unterwegs-Seins" entwickelt und ausgestaltet, darüber muss im wachen und liebevollen Umgang miteinander immer wieder neu ent-

---

48 Die Begriffe „Öffnen" und „Verdichten" stammen aus dem Vokabular der sog. „Missionari-
    schen Doppelstrategie"; vgl. dazu: Karin Lorenz, Horst Reller, Alternative: Glauben, insbe-
    sondere S. 14 -17.

schieden werden. Dabei gilt die Regel: Was ausgrenzt (auch unbeabsichtigt), fördert falsche Eindeutigkeit. Ihr Preis ist die Aufkündigung der Weggemeinschaft und ihr Motor die Ungeduld, die nicht aushalten kann, bis sich fügt, was noch nicht zusammenfinden will.

Die Gestaltungselemente des Gemeinde-Treffs

„Bring and share" (Mitbringen und Teilen):
Die erste halbe Stunde des Gemeinde-Treffs steht unter dem Leitgedanken: „Die Gemeinde gibt sich die Ehre". Der Raum ist einladend gestaltet. Liebevoll ist ein kleiner „snack" vorbereitet. Die „Gemeinde-Treffler" ergänzen ihn durch Mitgebrachtes.
Ein kleines „kaltes Buffet" entsteht, das zu gemeinsamer Mahlzeit einlädt. Man tauscht sich aus, stellt mitgebrachte Gäste vor. Im Hintergrund Musik zum Ankommen und Abschalten.

Gemeinsames Singen:
Die Lieder sind sorgsam ausgewählt – der Thematik des Abends und der Weggeschichte des Gemeinde-Treffs entsprechend. Keinesfalls sollte auf eine gute Instrumentalbegleitung verzichtet werden, die nicht aufwändig sein muss.

Fährte:
Der Gemeinde-Treff lebt nicht von Referaten, sondern vom Gespräch. Dieses Gespräch zu motivieren und einzuleiten, ist Sinn der „Fährte" (eine Idee, die von der „Cursillo-Arbeit" übernommen wurde). Ein Gemeindeglied gibt ein kurzes, persönlich gehaltenes Statement ab, das einen Zugang zum Text oder Thema des Abends eröffnet. Es braucht noch keine Antworten zu enthalten, kann aber mit Fragen schließen, die als Impulse das Gruppengespräch eröffnen.

Kleingruppen:
In Kleingruppen geht man für eine Stunde in verschiedene Räume auseinander. Die Kleingruppen bleiben zunächst in der personellen Zusammensetzung konstant. Nur so kann Vertrauen zueinander wachsen. Nur so entwickelt sich auch eine „Gesprächs-Geschichte", auf die man sich immer wieder zurückbeziehen kann. Die Leitung der Kleingruppen übernehmen zwei Gemeindeglieder. Sie erhalten inhaltliche und methodische Hilfen durch ein vom Mitarbeiter-Team entwickeltes „Curriculum" (s. u.). Im Übrigen kann für die Gruppenphase auf Erfahrungen und Impulse aus der Hauskreisarbeit zurückgegriffen werden.
Die Konstanz der Kleingruppen bietet auch bereits bestehenden Haus-, Gesprächs- oder Bibelgruppen die Möglichkeit, sich problemlos in das Unternehmen „Gemeinde-Treff" einzufädeln. Motto: „Hauskreis im Gemeindehaus". So kann der Gefahr einer Isolierung und Ghettobildung solcher Kreise Vorschub geleistet werden, ohne

dass gleich der Preis der Selbstauflösung zu zahlen ist. Zugleich werden sicher manche Verkrustungen eines Hauskreises aufbrechen, wenn er sich als Teil des Gemeinde-Treffs erlebt. Und da der nur alle zwei bzw. vier Wochen stattfindet, haben die Hauskreise im Übrigen auch die Möglichkeit, sich zwischendurch noch wie gewohnt zu treffen. Das Modell Gemeinde-Treff bietet allen bestehenden Gemeinde-Gruppen eine niedrige Eintrittsschwelle an, die sie in ihrer Existenz nicht bedroht.

Gästegruppe:

Alle „Gemeinde-Treffler" sind eingeladen, immer wieder Gäste aus ihrem persönlichen Umfeld (Freundes- und Bekanntenkreis) mitzubringen. Gelebte Gastfreundschaft bereichert den Gemeinde-Treff und fordert ihn immer wieder neu dazu heraus, seine Kommunikationsfähigkeit zu erweitern. Die Gäste bringen eine gesunde Bewegung (vielleicht auch ab und zu eine heilsame Verunsicherung) in die Weggemeinschaft des Glaubens auf Zeit. Denn sie kommen mit neuen Fragen und Einsichten, sind durch den fehlenden Insider-Blick weniger betriebsblind als die anderen. Die Gäste bilden zusammen mit denen, die sie eingeladen haben, eine Gästegruppe. Diese Gästegruppe ist auch offen für „Gemeinde-Treffler" aus anderen Kleingruppen, die aufgrund persönlicher Bekanntschaft mit dem jeweiligen Gast oder aus Interesse an dessen Fragen und Beiträgen das Gespräch in dieser Gruppe miterleben möchten. So tragen die Gäste dazu bei, dass sich (trotz der Konstanz der Kleingruppen) die Gruppenstruktur immer wieder auflockert und neue Gesprächskonstellationen entstehen.

Kurzplenum:

Nach der Gesprächsphase kommen alle wieder im Plenum zusammen. Sinn des Kurzplenums: Keine ermüdenden Gruppenberichte, wohl aber die Möglichkeit zu gezielten Rückfragen. Im gemeinsamen Gespräch soll besonders der Frage nachgegangen werden, wie das in den Kleingruppen Entdeckte bzw. Erarbeitete im Alltag umgesetzt werden kann und was es für die Weltbegegnung von Christen austrägt. Diese Kontextualisierung kann Text oder Thema des Abends auch auf aktuelle Ereignisse in Kirche und Gesellschaft beziehen.

Geistlicher Abschluss:

Er kann in einer liturgisch gebundenen oder auch in freier Form geschehen. Dabei wird ein Wort des jeweiligen Bibeltextes bzw. ein anderer Bibelvers mit thematischem Bezug den Teilnehmern des Gemeinde-Treffs als „Lebens-Wort" in ihren Alltag mitgegeben, was auch Gegenstand eines (5-minütigen) „Wortes zum Alltag" sein kann. Mit Lied, Gebet und „Reise-Segen" schließt der Abend.

Leitung:

Die Organisation und Abendleitung liegt in den Händen eines Mitarbeiter-Teams. Dem Ortspastor bzw. der -pastorin kommt die Rolle des theologischen Beraters

und Begleiters zu. Das meint: Teilnahme an den Plenen des Gemeinde-Treffs, evtl. an der Gästegruppe; gelegentlicher Impuls im Plenum (z. B. „Wort zum Alltag" oder „Reise-Segen"). In der Funktion des Begleiters kann der Pastor bzw. die Pastorin darauf achten, dass der Gemeinde-Treff sich in den Gemeindeprozess einer verheißungsorientierten Gemeindeentwicklung organisch einfügt. Vor allem bedeutet das Begleiten und Beraten: Mitarbeit an einem Curriculum für den Gemeinde-Treff (Themen, Texte, methodisch-didaktische Hilfen).
Einige Grundideen zu einem solchen Curriculum sollen im nächsten Abschnitt skizziert werden.

Anregungen zum Curriculum

Ein Curriculum für den Gemeinde-Treff kann keinem starren Schema unterworfen werden, da es immer von vielen kontextuellen Faktoren mitbestimmt wird, z. B. von der Größe und Zusammensetzung des Teilnehmerkreises und vom Lokalkolorit der jeweiligen Gemeinde (Frömmigkeitsrichtungen, Traditionen, gesellschaftliches Umfeld). Das Curriculum sollte flexibel auf den Gemeindekontext bezogen sein und sich öffnen für aktuelle Ereignisse in Kirche, Gesellschaft und Welt. Biblische und thematische Impulse können sich dabei abwechseln. Fragen und Interessen der Teilnehmer sollten bewusst aufgenommen werden. Um der thematischen Flexibilität willen sind die Inhalte nur für einen begrenzten Zeitraum zu planen.
Wichtig ist, dass dabei das innere Gefälle von Mandat 2 (TEILGEBEN)[49] zu den Mandaten 3 und 4 (BEFÄHIGUNG ZUM DIENST) nicht aus dem Blick gerät. Das heißt: Die Vergewisserung im Glauben und das Einüben von Grundschritten gemeinsamen geistlichen Lebens sollten so oft wie möglich verbunden werden mit ersten Ansätzen zur Entdeckung der missionarisch-diakonischen, d. h. der weltzugewandten Dimension des Christseins. Die Erfahrung lehrt: Man darf die intensive (nach innen gerichtete) Seite des Glaubens und seine extensive (nach außen gerichtete Seite) nicht im Sinn eines „Zwei-Phasen-Modells" hintereinanderschalten – ein Grundfehler vieler Gemeindeaufbau-Initiativen. „Verdichten" und „Öffnen" – in der Theologie der „Missionarischen Doppelstrategie" mit den Funktionen eines Zwei-Takt-Motors verglichen – bedingen sich wechselseitig. Sammlung und Sendung sind zwei Aspekte einer Ganzheit. Der Gemeinde-Treff versucht als Sozialisationsgestalt des Glaubens – obwohl auf dem intensiven Aspekt des Christseins das Schwergewicht liegt – den extensiven dabei nicht auszublenden. Und genau an dieser Stelle ist er Ergänzung, Korrektiv, vielleicht sogar Alternative zur traditionellen Hauskreisarbeit.

---

[49] Burghard Krause beschreibt in seinem Buch „Auszug aus dem Schneckenhaus" (26ff) vier Mandate. Die vier Mandate des Gemeindeaufbaus beschreiben zugleich eine Beauftragung wie auch eine Befähigung.
Glaube: Mandat 1 „EINLADEN" – Glauben wecken und vergewissern; Gemeinschaft: Mandat 2 „TEILGEBEN" – Partizipatorisch gelebtes Christsein gestalten; Gaben: Mandat 3 „BEFÄHIGEN" – Missionarische Kompetenz entwickeln; Dienst: Mandat 4 „ANLEITEN" – Ganzheitlich-weltbezogene Nachfolge einüben.

a) Anknüpfung des Curriculums an „Christ werden – Christ bleiben" bzw. SPUR8:

Wenn der Gemeinde-Treff vor allem von Teilnehmern des Glaubensseminars „Christ werden – Christ bleiben" bzw. des Nachfolgeseminars SPUR8 besucht wird, kann im Curriculum auch direkt an das dort Besprochene angeknüpft werden. Das Seminar behandelt Themen, die dringend einer lebensgeschichtlichen Vertiefung bedürfen. Es enthält eine erste Skizzierung von Grundschritten des Glaubens, deren Konkretion aber noch aussteht. Das Seminar entwirft in Ansätzen einen „Ausblick auf die Praxis der Nachfolge", der auf Entfaltung angelegt ist. Und es enthält Passagen, die sich wie Fenster zur weltzugewandten, missionarischen Dimension des Christseins hin öffnen lassen.

Hier einige Beispiele für solche Anknüpfungen an das Gemeindeseminar „Christ werden – Christ bleiben" bzw. SPUR8:

- **Glauben heißt: vertrauensvolle Hingabe an Gott** – Wie kann ich das in meinem Lebensalltag umsetzen? Welche persönlichen Lebenserfahrungen erschweren mein Vertrauen und meine Hingabebereitschaft?

- **Innere Verletzungen** – Welche der im Seminar gezeigten Schritte zur inneren Heilung habe ich ausprobiert? Welche Erfahrungen habe ich dabei gemacht? Welche Schritte bin ich nicht gegangen? Warum nicht? Was kann ich dazu beitragen, dass innere Verletzungen bei anderen heilen?

- **Auslegung von Lukas 15: Der Vater läuft dem Sohn entgegen** – Spiegelt sich in meinem Verhalten anderen (z. B. meinen Kindern) gegenüber etwas von dieser entgegenkommenden Grundhaltung Gottes wider? Warum freut sich der ältere Bruder nicht über die Rückkehr des jüngeren? Wo gleiche ich ihm im Umgang mit Menschen, die Zugang zur Gemeinde suchen?

- **In Jesus verschenkt Gott seinen Himmel** – Kann ich das (noch / schon) glauben? Wo entdecke ich (trotz des Seminars) in mir immer wieder die „Leiter", auf der ich mir den Himmel (Gottes bedingungsloses Ja) durch Leistung ersteigen will? Was raubt mir ständig neu die Gewissheit, dass Gott mich so annimmt, wie ich bin?

- **Gott das Haus meines Lebens öffnen** – Wo habe ich Schwierigkeiten, die im Seminar angesprochenen Konkretionen zu leben?
  Lebensraum 1 „Arbeit: Wie sieht mein Berufsalltag aus? Wo kommt Gott darin vor?
  Lebensraum 2 „Sich ernähren": Wie geht es mir mit den Impulsen der Bibel als Brot des Lebens?
  Lebensraum 3 „Ausruhen": Welche Erfahrungen des Scheiterns und Gelingens habe ich beim Beten gemacht?
  Lebensraum 4 „Mit anderen zusammenleben": Wie wirkt sich mein Christsein in meiner Familie aus?
  Lebensraum 5 „Freizeit gestalten": Hat mein Glaube Einfluss auf meinen Konsum, auf meine Hobbys, meine Freundschaften und Freizeitkontakte? Wo? Warum nicht?

- **Bei Jesus bleiben** – Heiliger Geist als Energiequelle des Glaubens? Wo erfahre ich sie? Gottesdienst – wie geht es mir damit? Einstehen für den Glauben – wie macht man das ? Tun des Gerechten – wo kann ich mich daran beteiligen? Was heißt das für meine Existenz als Bürger eines demokratischen Staates? Weltweites Teilen – was weiß ich eigentlich von anderen Kirchen in der Welt? Wie kann ich Anteil bekommen an dem, was Gott in fremden Kulturkreisen tut?

- **Hingabegebet im Abschlussgottesdienst** – Wie geht es mir heute mit diesem Gebet, das ich am Ende des Seminars gesprochen habe? Welche Passagen sind mir fremd geworden? Welche warten noch auf Einlösung? Würde ich dieses Gebet heute wieder sprechen wollen? Wie würde eine Alternative dazu aussehen?

b) Impulse zum Curriculum ohne Bezug zu einem vorausgehenden Glaubensseminar:

Das Leitmotiv der Auswahl von Texten und Themen für den Gemeinde-Treff könnte das Stichwort aus Johannes 15,4 sein: „Bleibt in mir und ich in euch". Um das „Bleiben in Christus" zu konkretisieren und grundlegende Schritte des Glaubens und der Nachfolge zu bedenken und einzuüben, könnten sich z. B. folgende Themenkreise anbieten:

- **Auf Gottes Zuspruch und Anspruch hören: Umgang mit der Bibel** – Verhältnis von „Bibel" und „Wort Gottes" (Christus als Mitte der Schrift, Hören und Tun, Umgang mit Gerichtstexten, Hilfen zum persönlichen Bibellesen, Methoden gemeinsamer Beschäftigung mit der Bibel, Bibelkundliches in Auswahl). „Wie lesen Christen in anderen Ländern die Bibel?"
- **Mit Gott reden: Erfahrungen und Schwierigkeiten mit dem Beten** – Motivation zum Beten: persönliche Not, Angst vor Gott, Wissen um den guten Vater, Verheißung des Gebets, Gebet und Gottesbild, zu wem rede ich da eigentlich? Praktische Probleme beim Beten (die Zeit, die Lust, die Worte, die Stille fehlen), Gebetsformen (Schweigen und Warten, Dank, Bitte, Klage, Fürbitte, Lobpreis, Heilungsgebet, gebietendes Beten), Gebetssprache (Sprache Kanaans, „Kirchen-Chinesisch", Mut zur eigenen Gebetssprache), Gebetserhörung („unerhörte" Gebete), gemeinsames Beten.
- **Gewissheit und Zweifel: der Glaube in der Zerreißprobe** – Was schafft mir Gewissheit im Glauben? Woran kann ich mein Christsein festmachen (zum Verhältnis von Glaube, Verheißung und Erfahrung)? „Wüsten-Zeiten" im Christsein (Anfechtung, Gottesferne, Versuchung), der Zweifel als Begleiter des Glaubens (die guten Seiten des Zweifels, Ursachen des Zweifels, Hilfen zum Umgang mit Zweifeln): „Wie kann Gott das zulassen?" (Umgang mit der Leidfrage).
- **Gemeinde: Gabe und Aufgabe für den Glauben** – Wie erlebe ich meine eigene Gemeinde? Welche Bedeutung hat der Gemeinde-Treff für die Gesamtgemeinde? Gemeinde als Lebensraum und Kraftfeld des Glaubens: „Charismatische Gemeinde" – von alten und neuen Gaben des Geistes Gottes. „Mein

Platz in der Gemeinde": meine Gaben / meine Aufgaben, „missionarische und diakonische Gemeinde", vom Sendungsauftrag des Leibes Christi: „Was kann ich von Christen in anderen Kulturen lernen?" (Kirche weltweit / Weltmission und Ökumene).

- **Christsein im Alltag: ethische Fragen des Glaubens** – „Meine Zeit steht in deinen Händen" (Christ sein und Zeiteinteilung). „Es ist dir gesagt, Mensch, was gut ist" (Woher kommen die Maßstäbe für mein Leben?). „Fasten und Feiern": Worauf kann ich verzichten, was darf ich genießen? „Ehre Vater und Mutter!" (vom Umgang der Generationen miteinander). „Es ist nicht gut, dass der Mensch allein sei" (Christsein in Ehe und Familie). „Was ihr einem von meinen geringsten Brüder getan habt …" (Wie kann ich in meinem Handeln Gottes Barmherzigkeit widerspiegeln?). „Ihr könnt nicht zwei Herren dienen …" (Gott oder Götze: Umgang mit Besitz und Konsum). „Stellt euch nicht dieser Welt gleich …" (Was unterscheidet uns Christen von den anderen?).

6.   Anfang – SPUR8 vorbereiten

Nehmen Sie sich Zeit, das Gemeindeseminar SPUR8 gründlich vorzubereiten. Ein halbes Jahr Vorlauf wird allen Beteiligten, dem Seminar, der Gemeinde, dem Trägerkreis und vor allem auch den Gästen zugute kommen. Dr. Burghard Krause, der Entwickler von „Christ werden – Christ bleiben", dem Vorgängerseminar, sagte einmal: „Ich warne vor einer leichtgläubigen Projekt-Gläubigkeit. Gott segnet nicht Projekte, sondern Menschen und Gemeinden, die etwas von ihm erwarten. Die langfristig angelegte, intensive geistliche Vorbereitung mit dem Trägerkreis, das sorgfältige Einbinden des Kurses in die Gemeindeentwicklung vor Ort, die weitsichtige Planung von nachfolgenden Angeboten – all das ist mindestens so bedeutsam für den geistlichen Aufbruch einer Gemeinde wie das Projekt selbst. Meine Bitte: Helfen Sie mit, dass das Gemeindeseminar nicht zu einem missionarischen Fast-Food-Angebot verkommt, das man sich als Gemeinde mal so eben nebenbei reinzieht."

Wir empfehlen Ihnen, die Vorbereitung in acht Schritte oder Phasen aufzuteilen. Die nachfolgenden Hinweise, mit denen Sie flexibel umgehen werden, sollen Sie bei der Planung unterstützen. Zunächst stellen wir Ihnen die acht Schritte im Überblick vor, danach schließen sich ausführlichere Erläuterungen an.

Schritt 1 (sechs bis zwölf Monate vor Beginn)
Die Idee zur Durchführung eines Glaubensgrundkurses wird „geboren".
Wenn möglich: Besuch eines Einführungsseminars.

Schritt 2 (sechs Monate vor Beginn)
SPUR8 wird einem Kreis Interessierter durch einen externen Referenten oder mittels der Präsentation (CD) vorgestellt.

Schritt 3 (fünf Monate vor Beginn)
Das Leitungsgremium beschließt die Durchführung.

Schritt 4 (vier Monate vor Beginn)
Erstes Treffen des Trägerkreises (Themen: Ort, Zeit, Referent/innen, Umfang der Bewirtung, Öffentlichkeitsarbeit). Für die einzelnen Aufgaben werden Teams gebildet.

Schritt 5 (vier Monate vor Beginn)
Erste gemeindeinterne Vorankündigung / Hindernisse überwinden.

Schritt 6 (drei Monate vor Beginn)
Zweites Treffen des Trägerkreises – zum Beispiel an einem Samstag (Themen: Gesprächsführung, Einladungspraxis, Gestaltung des Abschlussgottesdienstes, Weiterarbeit).

Schritt 7 (zwei Monate vor Beginn)
Herstellung der Einladungsprospekte und Plakate – Einladungsphase.

Schritt 8 (zwei Wochen vor Beginn)
Drittes Treffen des Trägerkreises für letzte Absprachen.

Schritt 1: Die Idee zur Durchführung eines Glaubensgrundkurses wird „geboren".
Ideal wäre es, wenn in jeder Gemeinde – zumindest in jedem Kirchenbezirk – regelmäßig ein Glaubensgrundkurs angeboten würde[1]. Oft geht die Initiative von der Pfarrerin oder dem Pfarrer aus. Manchmal sind es aber auch engagierte und missionarisch motivierte Gemeindeglieder, die den Anstoß zu einem solchen Seminar geben. In diesem Fall ist es wünschenswert, dass die weiteren Schritte in Absprache und mit dem Segen der Gemeindeleitung gegangen werden. Ideal ist es, wenn Sie von der ersten Idee bis zum Beginn des Seminars einen Zeitraum von sechs Monaten einkalkulieren. Zumindest die Initiatoren – gerne aber auch ganze Teams – sollten an einem Einführungsseminar zu SPUR8 teilnehmen, um mit dem Kurs vertraut zu werden. Unter www.spur8.de finden Sie die Termine dieser Schulungen.

Schritt 2: SPUR8 wird einem Kreis Interessierter durch einen externen Referenten oder mithilfe der Präsentation (CD) vorgestellt.
Nach einer ersten Sondierungsphase kann das geplante Projekt einem größeren Kreis in der Gemeinde vorgestellt werden. Denken Sie an Mitarbeiterinnen und Mitarbeiter, denen Mission, Gemeindewachstum und/oder Erwachsenenbildung am Herzen liegen. Es empfiehlt sich, den Kirchenvorstand mit einzubeziehen. Zu einem solchen Treffen können Sie durchaus auch öffentlich – zum Beispiel mit einer Pressemitteilung in der Tageszeitung oder im Amtsblatt – einladen. Manchmal kann man auf diese Weise engagierte Christen erreichen, die beispielsweise erst vor Kurzem zugezogen sind. Wenn Sie bereits an einem Einführungsseminar teilgenommen haben, dann können Sie SPUR8 selber in Ihrer Gemeinde vorstellen. Die Präsentation auf der beiliegenden CD wird Ihnen dabei eine Hilfe sein. Andernfalls nehmen Sie mit der zuständigen Stelle Ihrer Landeskirche (Gemeindedienst, Amt für missionarische Dienste – Adressen finden Sie auf www.spur8.de) Kontakt auf. Im Idealfall finden sich bei diesem ersten Treffen bereits genügend Interessierte, um den Trägerkreis für das „Projekt SPUR8" bilden zu können.

---

[1] Vgl. Kap. 3 Einbindung.

Schritt 3: Das Leitungsgremium beschließt die Durchführung.
Je klarer Ihr Leitungsgremium hinter der Durchführung des Gemeindeseminars
SPUR8 steht, desto größer sind die Chancen, dass das Projekt Erfolg hat. Informieren Sie daher so frühzeitig wie möglich Ihre Gemeindeleitung. Es lohnt sich auf
jeden Fall, Überzeugungsarbeit zu leisten und die Idee gut vorbereitet im Leitungsgremium vorzustellen. Ein positiver Beschluss dieses Gremiums wird Ihnen Rückenwind geben.

**Schritt 4: Erstes Treffen des Trägerkreises (Themen: Ort, Zeit, Referent/innen,
Umfang der Bewirtung, Öffentlichkeitsarbeit). Für die einzelnen Aufgaben werden Teams gebildet.[2]**
Nach dem positiven Beschluss des Leitungsgremiums können Sie loslegen. Bilden
Sie einen Trägerkreis, der je nach Gemeindegröße zwischen fünf und 15 Personen
umfassen sollte. Es ist gut, wenn Sie neben den nötigen Entscheidungen über die
Rahmenbedingungen wie Ort, Zeit etc. den Blick für das Gesamtziel nicht aus dem
Auge verlieren. Denken Sie an den Satz von Antoine de Saint-Exupéry: „Wenn Du
ein Schiff bauen willst, dann trommle nicht Männer zusammen, um Holz zu
beschaffen, Aufgaben zu vergeben und die Arbeit einzuteilen, sondern lehre die
Männer die Sehnsucht nach dem weiten, endlosen Meer."
Ort: Normalerweise erwarten wir mehr als acht Gäste, sodass mehrere Tischgruppen (Gesprächsgruppen) gebildet werden. Daher liegt in aller Regel das Gemeindehaus als Veranstaltungsort nahe. Denkbar wäre aber auch, den Kurs in der Volkshochschule oder an einem anderen „neutralen" Ort anzubieten. Kleine Kurse könnten auch in einer geräumigen Privatwohnung durchgeführt werden.
Zeit: Wer mutig ist, bietet SPUR8 als Kompaktseminar an. Zwei Wochen lang, zum
Beispiel jeweils am Sonntag, Montag, Mittwoch und Freitag. Dann reißt der rote
Faden nicht. Wer teilnimmt, gönnt sich eine Auszeit. SPUR8 wird dann tatsächlich
wie eine Reise oder ein Urlaub empfunden. Viele Gemeinden verteilen die Stationen
aber auf drei, vier oder acht Wochen. Am Ende steht der Abschlussgottesdienst, der
nicht in den Gemeindegottesdienst integriert werden sollte. Je nachdem, wie
umfangreich Sie eine Bewirtung vorsehen, wird Ihr Kurs um 19.30 Uhr oder um 20
Uhr (gegebenenfalls auch schon um 19 Uhr) starten. Selbstverständlich sind auch
Vormittags- beziehungsweise Nachmittagskurse für bestimmte Zielgruppen denkbar.
Referent/innen: Ein auswärtiger Referent[3] kann unvoreingenommener auftreten
und hat eher die Freiheit zu pointierten und ungeschützten Aussagen. Außerdem
entlastet er das örtliche Team bei der Vorbereitung. Nach dem Besuch eines Einführungsseminars ist es aber jederzeit möglich, dass Hauptamtliche und erfahrene

---

[2] Wichtige Hinweise zur Gestaltung finden Sie auch in Kap. 7.1 SPUR8 gestalten.
[3] Die sog. Tandem-Lösung hat sich hervorragend bewährt. Namen und Kontaktdaten möglicher
Referenten erhalten Sie z.B. über die Missionarischen Dienste der Landeskirchen. Siehe
www.spur8.de.

Ehrenamtliche die Referate untereinander aufteilen. Ehrenamtliche auf diese Weise zu fordern und zu fördern kann ein großer Segen für eine Gemeinde sein.

Umfang der Bewirtung: Als Minimum sollten Sie Getränke und Knabbereien auf den Tischen vorsehen. Manche Gemeinden beginnen mit einem Steh-Imbiss, andere sogar mit einem richtigen Abendessen. Die Wirkung, die großzügige Gastfreundschaft auf Außenstehende hat, kann kaum hoch genug eingeschätzt werden. Eventuell lassen sich andere Gemeindegruppen oder Hauskreise dafür gewinnen, die Bewirtung für das Gemeindeseminar zu übernehmen.

Öffentlichkeitsarbeit: Zumindest bei der Werbung gilt: Viel hilft viel. Sparen Sie also nicht. Die Homepage www.spur8.de informiert Sie über die gängigen Werbemittel. Zu diesem Zeitpunkt reicht es, wenn Sie sich über Stückzahlen und Verteilmöglichkeiten verständigen.

Teams: Um die Aufgaben auf verschiedene Schultern zu verteilen, sollten Sie Teams bilden beziehungsweise Verantwortlichkeiten für folgende Bereiche festlegen:

- Gesprächsleitung
- Musik
- Bewirtung
- praktische Dienste / Technik
- Öffentlichkeitsarbeit
- Finanzen
- Begrüßung
- eventuell Büchertisch / Verkauf von Tonaufnahmen

Es muss klar sein, wer die (geistliche) Leitung hat. Oft ist es günstig, daneben noch eine Person zu haben, die als Organisator/in den Leiter oder die Leiterin unterstützt – etwa beim Erstellen der Protokolle und Einladungen oder beim Führen von diversen Listen.

Nehmen Sie sich als Trägerkreis auch Zeit fürs Gebet. Beten Sie für Ihre Gemeinde und für einzelne Menschen. Seien Sie offen dafür, wie Gott Sie führt. Erwarten Sie, dass Gott wirkt und Ihren Dienst segnet. Vielleicht bilden Sie ein eigenes Gebetsteam, das im Vorfeld und vielleicht sogar während der Seminarabende für das Team und die Teilnehmenden betet.

Es gibt Gemeinden, die für die Zeit nach dem offiziellen Ende der Seminarabende (z.B. von 22.00 Uhr bis 22.45 Uhr) mit einem Gebets- und Seelsorgeteam für diejenigen Gäste bereitstehen, die noch Gesprächsbedarf haben oder dankbar sind für ein persönliches Gebet. Auf diese Weise können die Gesprächsgruppenleiter und -leiterinnen auch entlastet werden.

Schritt 5: Erste gemeindeinterne Vorankündigung / Hindernisse überwinden

Jetzt ist es an der Zeit, im Gemeindebrief, auf der Gemeinde-Homepage und anderswo das Gemeindeseminar und die ausgewählten Termine bekannt zu geben. Verbinden Sie die Ankündigung mit ersten Grundinformationen über SPUR8. Falls noch Mitarbeiterinnen und Mitarbeiter gesucht werden, könnte das in diesem Zusammenhang ebenfalls genannt werden.

Mit Bekanntwerden des Projekts werden sicher auch skeptische Stimmen zu hören sein. Aufgabe des Trägerkreises ist es, mit Fantasie mögliche Hindernisse zu überwinden. Werben Sie für SPUR8, bauen Sie Vorurteile ab, laden Sie persönlich ein, wagen Sie es, auch ungewöhnliche Wege einzuschlagen.

Schritt 6: Zweites Treffen des Trägerkreises – zum Beispiel an einem Samstag (Themen: Gesprächsführung, Einladungspraxis, Gestaltung des Abschlussgottesdienstes, Weiterarbeit)

Das zweite Treffen dient in erster Linie dazu, die Mitarbeiterinnen und Mitarbeiter zu schulen und für ihre Aufgabe zu sensibilisieren.

a) Gesprächsführung

Es ist sinnvoll, das ganze Team mit der Art und Weise, wie wir die Gespräche führen, vertraut zu machen. Wählen Sie aus Ihrem Team aber nur solche Personen für die Gesprächsmoderation an den Tischen aus, denen Sie ohne Vorbehalte Ihre Gäste anvertrauen können. Geistliche Reife, Sensibilität und die Fähigkeit, sich selbst zurücknehmen zu können, sind unabdingbare Voraussetzungen für eine gelingende Gesprächsführung.

Anregungen zur Gestaltung des Gruppengesprächs

1. Die Teilnehmerinnen und Teilnehmer am Gemeindeseminar sind unsere Gäste. Wir sollten ihnen so begegnen, als hätten wir sie persönlich zu uns nach Hause eingeladen. Sie sind uns willkommen und wir freuen uns über ihr Hiersein. Gehen Sie gelassen und unverkrampft in die Gesprächsrunde.

2. Wenn eine Gesprächsgruppe von zwei Mitarbeitenden begleitet wird, dann sollten diese nicht nebeneinander sitzen, sonst wirkt es wie ein Gegenüber zur restlichen Gruppe.

3. Bei der ersten Station gibt es eine Vorstellungsrunde. Der / die Leitende stellt sich zuerst selbst vor. Gehen Sie mit gutem Beispiel voran und machen Sie's kurz und knapp. Name, Vorname und Funktion in der Gruppe beziehungsweise in der Gemeinde reichen durchaus. An diese Stelle gehört auch ein Hinweis auf die Vertraulichkeit der Gesprächsbeiträge. Gemeinsame Absprache: Persönliche Aussagen werden nicht aus der Gruppe getragen.

4. Bemühen Sie sich um eine angstfreie Atmosphäre. Niemand muss etwas sagen, wenn er es nicht will. Weisen Sie am Anfang darauf hin, aber werben Sie auch um Offenheit und Vertrauen. Im Laufe des Seminars wird es Ihre Aufgabe sein, „Dauerredner" liebevoll und deutlich zu „bremsen" und „Dauerschweiger" liebevoll zu ermuntern.

5. Gesprächsimpulse finden Sie in Kapitel 7. Sollte das Gespräch nicht in Gang kommen, so stoßen Sie das Gespräch gegebenenfalls mit offenen

Fragen an: „Was meinen Sie zu diesem Thema?", oder: „Was empfinden Sie dabei?"

6. Sie moderieren das Gespräch, das heißt, Sie steuern es unauffällig und lassen die Gäste reden statt selbst zu große Redeanteile zu haben. Bevor Menschen hören wollen, was wir zu sagen haben, wollen sie erleben, dass wir an ihnen interessiert sind. Auch dann wollen sie nichts übergestülpt bekommen, sondern als gleichwertige Partner respektiert werden.

7. Bewerten oder beurteilen Sie keinen Gesprächsbeitrag und versuchen Sie auch zu verhindern, dass dies durch andere geschieht. Selbst wenn ganz „schräge" Ansichten vertreten werden, fahren wir niemandem über den Mund, sondern hören aufmerksam zu. Wir versuchen das Gruppengespräch so zu lenken, dass biblische Einsichten zur Sprache kommen. Gespräche sind dann erfolgreich, wenn das Gegenüber von selbst zu einer neuen Erkenntnis oder Einsicht findet. Blaise Pascal sagte: „Menschen sind leichter durch Gründe zu überzeugen, die sie selbst entdeckt haben, als durch Gründe, die andere gefunden haben."

8. Seien Sie ehrlich und authentisch. Auch Mitarbeitende sind Menschen mit Zweifeln und Fragen, die nicht auf alle Fragen des Lebens und des Glaubens eine Antwort haben. Lassen Sie das Unerklärbare stehen. Wir müssen den Glauben nicht verteidigen, sondern bezeugen das, was wir verstanden haben und was uns der Glaube bedeutet.

9. Gebrauchen Sie „normales Deutsch", nicht fromme Ausdrücke oder „Sprache Kanaans".

10. Haben Sie Mut, auch Momente des Schweigens zuzulassen.

11. Manchmal passiert es, dass sich neben dem Gespräch in der Tischrunde separate Zweiergespräche entwickeln. Das sollten Sie nicht laufen lassen, sondern baldmöglichst alle wieder ins Gruppenplenum „zurückholen".

12. Bei Problemen in oder mit Ihrer Gesprächsgruppe können Sie – unter Beachtung der Vertraulichkeit – Rücksprache mit dem Trägerkreis nehmen.

13. Gelingende Gespräche sind ein Geschenk des Heiligen Geistes. Im Gebet bitten wir um solche Geistesgegenwart.

b) Einladungspraxis

Faltblätter, Plakate und Pressemitteilungen sind gute und notwendige Mittel, um für das Gemeindeseminar zu werben. Erfolgreich wird diese Öffentlichkeitsarbeit aber nur in Verbindung mit persönlichen Einladungen. Der Trägerkreis hat darum die Aufgabe, nicht nur das Seminar vorzubereiten, sondern auch Personen gezielt einzuladen. Allein aus diesem Grund schon ist es gut, wenn auch der Trägerkreis ein gewisses Alters- und Bildungsspektrum abdeckt.

Ermutigen Sie die Mitglieder des Trägerkreises, in der Zeit vor Beginn des Gemeindeseminars ihre persönlichen Beziehungen zu nutzen und zu intensivieren. Für mögliche Gespräche im Vorfeld gilt:

- sich bewusst machen: Gott will durch uns Menschen erreichen und segnen
- die anderen Menschen sind nicht Gegner, sondern von Gott Erwählte
- Gott schickt uns in vorbereitete Verhältnisse (Gott hat schon lange vorher begonnen zu wirken)
- nicht recht behalten wollen, sondern den anderen mit den Augen Gottes sehen, das heißt ihn lieben
- sich Zeit nehmen und Zeit geben
- den Anknüpfungspunkt für das Gespräch über geistliche Themen suchen
- Glaubenshindernisse behutsam aufspüren
- eigene Fehler, Schwächen, Lernbedürftigkeit zugeben
- Alltagserlebnisse als Glaubenserfahrungen interpretieren und weitergeben
- wach sein für Gottes Stunde
- für die Menschen, mit denen wir in Beziehung stehen, beten
- mit Gottes langem Atem rechnen

c) Gestaltung des Abschlussgottesdienstes

Wenn Sie genügend Zeit für dieses zweite Treffen vorsehen, dann können Sie bereits jetzt den Abschlussgottesdienst planen. Spätestens zur Hälfte des laufenden Seminars sollten Sie sich mit dem Abschlussgottesdienst befassen. Anregungen hierzu finden Sie in Kapitel 7.

d) Weiterarbeit

Machen Sie sich frühzeitig Gedanken darüber, welche Angebote Sie interessierten Gästen nach Ende des Gemeindeseminars machen können. Ideen dazu finden Sie im 5. Kapitel.

Schritt 7: Herstellung der Einladungsprospekte und Plakate – Einladungsphase

Auf der Homepage www.spur8.de erfahren Sie alles über die gängigen Werbematerialien. Für die Einladungsphase gelten die oben unter 6b) genannten Hinweise. Neben einer großflächigen Verteilung von Faltblättern (zum Beispiel als Beilage zum Gemeindebrief) und persönlichen Einladungen im Bekanntenkreis sind weitere kreative Werbeaktionen gefragt.

- Besuchen Sie beispielsweise eine bestimmte Zielgruppe (30- bis 40-Jährige) persönlich und laden sie zum Gemeindeseminar ein – vielleicht mit einem kleinen Mitbringsel.
- Werben Sie mit einem Infostand auf dem Wochenmarkt, Weihnachtsmarkt oder vor einem großen Einkaufszentrum (Genehmigung einholen!). Servieren Sie dazu eine Kleinigkeit.
- Stellen Sie die Daten zum Gemeindeseminar auf Ihre Gemeinde-Homepage.
- Veröffentlichen Sie Pressemitteilungen im Gemeindebrief, Amtsblatt und in der Tageszeitung.
- Bringen Sie eine Fahne (Banner) am Gemeindehaus oder an der Kirche (Kirchturm) an.

- Informieren Sie die Gemeinde in Ihren Gottesdiensten. Schön ist es, wenn der Trägerkreis im Rahmen eines Gottesdienstes für seinen Dienst ausgesandt und gesegnet wird.
- Begleiten Sie alle Aktionen im Gebet.

Schritt 8: Drittes Treffen des Trägerkreises für letzte Absprachen

Das letzte Treffen vor Beginn des Seminars dient dazu, sich zu vergewissern, dass alle Aufgaben verteilt sind und zuverlässig bearbeitet werden. Gehen Sie dafür die nachstehende Checkliste durch:

Für den Referenten / die Referentin:

Große Leinwand oder weiße Wand;
Beamer, Laptop und Tisch für die Projektion der Bilder und gegebenenfalls Liedfolien;
Stromanschluss, Verlängerungskabel mit Mehrfachstecker;
Redner-Pult, Beleuchtung;
Lautsprecher-Anlage;
Eventuell Gerät zum Aufzeichnen der Vorträge.
Bitte überprüfen Sie die Technik auf Kompatibilität.

Einladende Raumgestaltung:

Tischgruppen: Tischdecken, Blumen, Kerzen, Getränke;
Anordnung der Tischgruppen: optimaler Blickwinkel auf Leinwand;
Heizung, Belüftung, Beleuchtung;
Eventuell Dekoration passend zum jeweiligen Thema;
Imbiss oder Knabbereien, Getränke;
Eventuell Büchertisch / Tisch zum Bestellen von Tonaufnahmen (mit Bestell-Liste);
Verantwortlicher für die Verteilung der Teilnehmer-Hefte;
Vorbereitung der Gruppenräume (Beschilderung mit Symbolen);
Kasse und/oder Spendenbüchse.

Musikalischer Rahmen:

CD-Player mit Hintergrundmusik zur Begrüßung;
Ortsübliches Liederbuch oder Folien;
Musikalische Begleitung: Instrumente, Auswahl der Lieder, Überleitungen.

Gesprächsgruppen:

Gesprächsgruppenbegleitung (Zweier-Teams);
Symbole für die Gruppenaufteilung, Gesprächsbegleiter/innen sitzen bereits an den Tischen;
Teilnehmer-Materialien in die Gruppen mitnehmen;
Getränke in den Gruppen;
Wann findet das Treffen des Trägerkreises vor dem Abend statt (ca. 45 Minuten vor Beginn)?

Einladungs-Schlussphase:
Erinnerungsanruf oder -karte;
Zeitung, Abkündigungen, Gemeindebrief, Plakate;
Verheißungsorientiert beten;
Last-Minute-Einladung für Kurzentschlossene;
Fahr- und Babysitter-Dienste (damit können Sie weitere Zielgruppen erreichen:
junge Familien, Alleinerziehende, Senioren).

Struktur des Eröffnungsabends:
Grundgedanke: Gastfreundschaft leben;
Begrüßungs-Komitee / Musikalische Einstimmung (CD);
Stehempfang mit Willkommensgetränk (Sekt, O-Saft), evtl. Imbiss;
Begrüßung, Miteinander vertraut werden, gemeinsames Singen;
Interview mit dem Referenten / Lied;
Referat mit Gruppengespräch an den Tischen;
Ansagen / Lied / Verabschiedung.

Neben letzten Absprachen können Sie sich Zeit fürs gemeinsame Singen und Beten nehmen. Und jetzt dürfen Sie sich freuen und gespannt sein auf den Start von SPUR8 in Ihrer Gemeinde!

Müssen bei einer Wiederholung des Gemeindeseminars alle Schritte nochmals gegangen werden?
Die Schritte 3 bis 8 sollten sie unbedingt jedes Mal miteinander gehen! Natürlich wird es einige „alte Hasen" geben, die sagen „wir wissen schon, wie's funktioniert". Doch ein Glaubenskurs ist etwas anderes als ein Kletterparcours, bei dem es vielleicht tatsächlich reicht, einmal eingeführt zu werden. Jeder klettert für sich. Das Gemeindeseminar SPUR8 ist ein Gemeinschaftsunternehmen. Es lebt von dem Geist, der in jedem einzelnen Mitarbeiter, aber eben auch in einer Gesamtgruppe lebendig ist und oft auch abgespürt werden kann.
Zu dieser Gesamtgruppe gilt es jedes Mal neu zusammenzuwachsen. Idealerweise werden bei einem zweiten, dritten oder zehnten Durchgang jeweils neue Mitarbeiterinnen und Mitarbeiter an den Start gehen. Oft geschieht es, dass Gäste so begeistert sind, dass sie beim nächsten Kurs gerne mitwirken möchten. Es reicht nicht, wenn nur die „Neuen" angeleitet werden. Mit jeder neuen Person ändert sich das Gesamtgefüge eines Trägerkreises. Wie bei einem Mobile muss das Ganze wieder austariert werden. Man geht aufeinander zu, lernt einander kennen, entdeckt Stärken und Schwächen, entdeckt sich selber in der Begegnung neu. In der Begegnung mit „Neuen" werden auch bewährte Mitarbeiterinnen und Mitarbeiter herausgefordert, sich deren Fragen zu stellen und gegebenenfalls ihren Glauben nochmals neu zu formulieren. Diese Form der „Frischzellentherapie" hat eine belebende Wirkung.
Zum Pflichtprogramm der Vorbereitung gehören ja lediglich drei Treffen. Reden

und Essen, Beten und Singen, gezielte Information und geistliche Zurüstung –
davon leben nicht nur die Schulungen, sondern SPUR8 im Ganzen. Insofern sind
die Schulungen auch so etwas wie das Warmlaufen eines Fußballspielers vor dem
Spiel. Letztlich können wir den „Erfolg" eines Gemeindeseminars nicht machen. Es
ist so, wie wir es in einem Lied singen: „Ausgang und Eingang, Anfang und Ende
liegen bei dir, Herr, füll du uns die Hände" (EG 175).

7.   Mitte – SPUR8 durchführen

Geht es in Kapitel 6 schwerpunktmäßig um die Schritte des Vorbereitungsweges, so sind in Kapitel 7 einzelne Aspekte, die dabei eine Rolle spielen, detailliert aufgeführt. Wichtig ist bei allen Überlegungen und Entscheidungen die Beteiligung des Trägerkreises. Gerade Ehrenamtliche entwickeln bei solchen Prozessen eine hohe Kreativität und bereichern mit ihrer Sachkompetenz die Entscheidungen!

7.1.   SPUR8 gestalten

Ablauf der Abende

a) Grundform:

Zeit	Inhalt	Verantwortlich
40 Min. vor Beginn	Gemeinsame Einstimmung - kurzer Rückblick - Hinweis auf die anstehende Station - Gebetsrunde	Referent/in und Trägerkreis
10 Min.	Begrüßung – Einstimmung (besonders am ersten Abend)	Mitarbeiter/in (oder Pastor/in der Ortsgemeinde)
30 Min.	1. Impuls – Referat (Entfaltung des Themas)	Referent/in
30 - 45 Min.	Gesprächsphase in Kleingruppen	Mitarbeitende (aus Trägerkreis)
20 - 30 Min.	2. Impuls – Referat (thematische Weiterführung)	Referent/in
5 Min.	Ansagen (wenn nötig) – Verabschiedung	Mitarbeiter/in (oder Pastor/in der Ortsgemeinde)

Gesamtdauer: ca. 2 Stunden (nicht überschreiten!)

b) Mit Imbiss

Eine halbe Stunde vor Beginn kann man ankommen und wird mit einem einfachen Imbiss willkommen geheißen. Die Art und der Aufwand dafür sollte kreativ und auf den Anlass bezogen vom Trägerkreis entschieden werden. Neben gelebter Gastfreundschaft ist ein Motiv für diese Form, den zeitlich belasteten erwerbstätigen Menschen die Teilnahme so leicht wie möglich zu machen.

c) An anderen Orten

Zur Durchführung des Seminars in einer anderen Situation als in einer Gemeinde, etwa im Gefängnis (siehe Bericht von Dr. Peter Böhlemann, Schwerte „Eindrücke aus dem Glaubenskurs „Christ werden – Christ" bleiben im Gefängnis") siehe CD-ROM.

Möglichkeiten der Raumaufteilung und -gestaltung

a) Die Teilnehmenden sitzen an **Tischen** (zu etwa 6-8 Personen). Die Tische sind so gestellt, dass man sich durch einfaches Drehen des Stuhls sowohl zur Leinwand als auch zur Gruppe wenden kann. Die Teilnehmenden bleiben zum Gruppengespräch am Tisch. Die Tische sind ggf. mit Symbolen einer Reise (Karten, kleine Rucksäcke, Kompass usw.) sowie Getränken, Gläsern und Gebäck gedeckt. Hinweis auf Anregungen zur Raumdekoration finden sich im Materialteil.

b) Es stehen **Stuhlreihen** mit Blick zur Leinwand. Die Aufteilung der Teilnehmenden in Gruppen (incl. Raumwechsel) geschieht zu Beginn der Gesprächsphase. Bei dieser Form ist es gut, im Foyer Stehtische zu haben, an denen man sich beim Ankommen zu einer zwanglosen Kommunikation einfinden kann (ein Glas mit einem Getränk kann ggf. auf dem Tisch abgestellt werden).

Der Raum sollte in seiner Gesamtheit einen (gast-)freundlichen, einladenden Charakter haben. Nach Möglichkeit sollten an den Abenden von SPUR8 keine anderen Gruppen oder Veranstaltungen im Haus stattfinden, die ein freies Kommen und Gehen der Teilnehmenden stören könnten.

Technik

Ein Hinweis zur Technik: SPUR8 ist für eine Visualisierung mit Notebook (PowerPoint-Präsentation) und Beamer konzipiert. Zu beachten ist, dass die Technik vorher auf Funktionstüchtigkeit hin geprüft werden sollte. Die Tücke liegt oft im Betriebssystem und der Kompatibilität der einzelnen Medien! Bitte achten Sie auch darauf, eine möglichst aktuelle Version von Microsoft PowerPoint zu verwenden. Einzelne Präsentationsfolien können unter Umständen mit älteren Versionen oder anderen Programmen wie OpenOffice nicht korrekt dargestellt werden.
Eine gute Sicht von allen Plätzen auf die Leinwand sollte gewährleistet sein!

Die Gruppenphase (vgl. in Kapitel 6 „Trägerkreis")

- Gruppenbildung: bei Raumvariante a) setzen sich die Teilnehmenden frei an einen Tisch. Es sollte sichergestellt sein, dass die beiden Gesprächsbegleiter aus dem Trägerkreis ihre Plätze in der Tischgruppe bekommen können. In der Regel bleibt die Gruppe so zusammen, wie sie sich am ersten Abend eingefunden hat. Das ist eher Zufallsprinzip als Einteilung. Wer sich in der Zusammensetzung am Tisch nicht wohlgefühlt hat, wechselt von selbst in eine andere Gruppe. Man kann die Gruppenbildung auch steuern durch farbige Symbole (oder Karten, oder...) Wir empfehlen, an der Stelle keinen großen Aufwand zu betreiben. Pfiffige Ideen, die es allen spielerisch leicht machen, sich in einer Gruppe einzufinden sind jedoch immer willkommen!

- Gesprächsbegleiter/innen: Die Gruppe soll eine Hilfe sein, um über das Gehörte ins Gespräch zu kommen. Die Mitarbeitenden sind Begleiter/innen, nicht Gesprächsführer/innen! Sie haben die Funktion von Gastgebenden und sind dafür verantwortlich, dass die Menschen sich in der Gruppe angenommen und wohl fühlen. Aus dem Impulsreferat ergibt sich von selbst genügend „Drive" für ein Gespräch. Die Begleitenden sollen darauf achten, dass jede Person die möchte, ausreichend zu Wort kommt. Eine Grundregel ist: persönlich reden! – Die Mitarbeitenden an den Tischen sorgen auch dafür, dass die Hefte ausgegeben werden. Dazu muss im Trägerkreis vorher entschieden werden, wann das geschehen soll. Wir empfehlen, jeweils zu Beginn der Gruppenphase das Heft für den Abend zu verteilen. Außerdem sorgen die Begleiter/innen für Getränkenachschub.
- Tipps zur Gesprächsführung finden Sie in Kapitel 6.
- Den Impulsfragen für die Gespräche in den Kleingruppen ist ein eigener Abschnitt in Kapitel 7 gewidmet: **7.3 Impulse für die Gesprächsgruppenbegleiter.** Damit diese auch ausgedruckt den Gesprächsbegleitern zur Verfügung gestellt werden können, finden sie sich auch als Datei auf der CD-ROM. Sollten andere Fragen oder Formulierungen gewünscht sein, können die Vorschläge auch verändert werden.

Notwendige Klärungen in der Vorbereitungsphase

Anmeldung
Im Trägerkreis muss die Entscheidung getroffen werden: Sollen sich die Teilnehmenden anmelden oder nicht? Für eine Anmeldung spricht: Man kann besser planen (Räume, Stühle, Imbiss usw.). Die Einladenden erwarten eine höhere Verbindlichkeit zur Teilnahme an allen Abenden, wenn die Teilnehmenden sich angemeldet haben. Gegen eine Anmeldung spricht: Die Menschen sollen möglichst geringe Hürden verspüren; es soll ihnen leicht gemacht werden, sich spontan zur Teilnahme zu entscheiden. Eine Verbindlichkeit zur Teilnahme entsteht durch die Faszination der „Reise". Wenn man sich für ein Anmeldeverfahren entscheidet, sollte ein entsprechender Abschnitt (mit Adresse etc.) in den Flyer eingearbeitet oder beigelegt werden.

Festlegung der Uhrzeit

Bewährt hat sich 20 Uhr als Beginn. Immer wieder wird diskutiert, ob das nicht zu spät sei, vor allem im Winter für ältere Menschen. Es zeigt sich, dass Menschen mit Beruf und Familie (kleine Kinder brauchen ihr Abendritual) durch einen früheren Beginn (fast) ausgeschlossen sind. Ältere lassen sich in der Regel nicht abschrecken. Sie werden erfinderisch, die Möglichkeit zur Teilnahme zu organisieren (Fahrdienst). Darum der Rat: I m m e r von der Zielgruppe her denken!

Soll der erste Abend als „Schnupperabend" angelegt werden?

Dann gibt es eine gute Möglichkeit, die Teilnehmenden zu einer Anmeldung zu verlocken: Am Ausgang stehen zwei Körbe. Der eine ist leer; in dem anderen befindet sich eine größere Anzahl weißer Kieselsteine (oder andere leicht handhabbare Gegenstände). Wer am Gemeindeseminar nach dem Schnupperabend weiter teilnehmen möchte, wird gebeten, einfach einen Stein aus dem einen in den anderen Korb zu legen. Auf diese Weise bekommt die Vorbereitungsgruppe eine ungefähre Teilnehmerzahl mitgeteilt.

Freier Eintritt oder Kostenbeitrag?

Es gibt gute Gründe dafür (was nichts kostet, ist nichts...) und dagegen (Teilnehmende sollen Kirche einmal nicht mit aufgehaltener Hand erleben). Gute Erfahrungen wurden damit gemacht, gegen Ende des Seminars ein Körbchen aufzustellen, um denen, die sich finanziell beteiligen wollen/können, eine Gelegenheit dazu zu geben.

Erarbeitung der Referate[1]

- Es liegen sieben unterschiedliche Textvorlagen als Dateien auf der CD-ROM vor, um Pluralität und Bedeutung der persönlichen Aneignung durch den Referenten, die Referentin zu unterstreichen. Unabdingbar ist die persönliche Durchdringung von Inhalt und Sprache. Ausdrücklich sei vor einem bloßen Ablesen der Textvorlagen gewarnt!
- Umgang mit Beispielen: Die abgedruckten Beispiele sind in der Regel aus dem persönlichen Erleben der Autoren. Sie sind durch eigene Beispiele zu ersetzen. Die Beispiele können ähnlich sein, sollten aber einen eigenen Erlebnishorizont haben!
- Wer sich die Inhalte zu eigen machen will, nehme sich ausreichend Zeit. Bei der ersten Erarbeitung wird man um mindestens einen kompletten Arbeitstag nicht herumkommen! Der eigene Referattext sollte dialogisch und möglichst in freier Rede vorgetragen werden.

---

[1]   Vgl. auch Kapitel 10 - Materialien.

7.2.   Gottesdienst

Der Abschlussgottesdienst unter dem Thema „**WIR FEIERN DAS FEST DES LEBENS**" bündelt die im Seminar gewonnenen Einsichten und Erfahrungen und stellt sie ins Licht der Gegenwart Gottes. Er lädt zu konkreten Schritten ein, (wieder neu) mit dem Glauben anzufangen. Diese Schritte werden als Angebote vorgestellt, zu der sich die Teilnehmenden in frei gewählter Nähe oder Distanz verhalten können.

Der Gottesdienst hat einen geschlossenen bzw. halboffenen Charakter. Er ist zuerst für die Teilnehmenden des Seminars gedacht. Wir stellen den Teilnehmenden frei, eine Person ihrer Wahl mit einzuladen, damit z.B. ein/e Partner/in auch Gelegenheit hat, an dem Erlebten teilzuhaben.
Der Gottesdienstort ist in der Regel die Kirche oder der Gottesdienstraum der Gemeinde. Die Teilnehmer sitzen – wenn möglich – im Halbrund um den Altar.
Auf den Plätzen liegen:
- eine aus Pappe ausgeschnittene Frucht
- ein Kugelschreiber
- ein Liedblatt oder Gesangbuch
- ein Vordruck mit dem Antwort-Gebet
- (evtl. eine Bildkarte)

Als Predigttexte eignen sich z.B. Matthäus 14,22-23, Markus 2,13-17 oder eine Meditation zum Abendmahlsbild der Christusbruderschaft Selbitz (siehe CD-ROM).

Gottesdienstmodelle

Ausgehend von drei Grundmodellen kann die jeweilige Gestaltung des Abschlussgottesdienstes variiert werden. Alle Grundmodelle gestalten ein zentrales Stichwort:
- Segen
- Abendmahl
- Tauferinnerung

Die verschiedenen Grundmodelle können auch miteinander kombiniert werden. Hierüber entscheidet der Trägerkreis.

SEGEN	ABENDMAHL	TAUFERINNERUNG
Musikalische Eröffnung	Musikalische Eröffnung	Musikalische Eröffnung
Begrüßung	Begrüßung	Begrüßung
Lied	Lied	Lied
Früchtebaum-Aktion	Früchtebaum-Aktion	Früchtebaum-Aktion

- Stifte und ausgeschnittene Früchte mit Fäden liegen auf den Plätzen. Die Teilnehmenden werden gebeten, den Ertrag des Seminars in einem Stichwort oder Satz auf die Frucht zu schreiben und an einem in einer Bodenvase stehenden Strauch aufzuhängen.

Lied	Lied	Lied
Psalm 32	Psalm 32	Psalm 32
Lied	Lied	Lied
Briefaktion	Briefaktion	Briefaktion

- Einladung zur Abgabe der Briefe am Altar/ Einladung zum stillen Gebet für die, die keinen Brief geschrieben haben
- Stille
- meditative Musik oder gemeinsames Kyrie (z.B. 178.9) während die Briefe abgelegt werden
- Zuspruch der Vergebung
- Gebet um Ausheilung von Verletzungen und um Befreiung von Ängsten und Zweifeln.

Lied	Lied	Lied
Predigt	Predigt	Predigt
Lied	Lied	Lied
Antwortgebet	Antwortgebet	

- Hinführung
- Gebet mit denen, die es mitsprechen wollen.

Segnung	Abendmahl	Tauferinnerung
• durch mehrere Segnungspaare an verschiedenen Stellen in der Kirche • unter Handauflegung (nach Absprache auf Kopf oder Schulter) und biblischem Zuspruch	• gefeiert nach der jeweils gültigen Liturgie • nach dem Segenszuspruch im Kreis vor dem Altar können Bibelspruchkarten verteilt werden	• Einführung durch Taufhomilie mit Eingießen des Wassers in das Taufbecken • Antwort-Gebet • Zeichenhandlung mit Wasserkreuz an Stirn oder Hand und biblischem Zuspruch (z.B. Jesaja 43,1)
Schlussgebet mit Vaterunser	Schlussgebet	Schlussgebet mit Vaterunser
Lied Segen	Lied Segen	Lied Segen

Einladung zum Essen und festlichen Zusammensein.

- Verbrennen der Briefe
- gemütliches Beisammensein im Gemeindehaus mit kaltem Buffet, zu dem alle Teilnehmenden etwas mitbringen

Kurzerläuterung zu einzelnen gottesdienstlichen Elementen

1. Früchtebaum-Aktion

Hierbei handelt es sich um eine Art „geistliches Feedback" im Eingangsteil des Gottesdienstes. Die Teilnehmenden notieren auf ihren „Früchten" den wichtigsten persönlichen Ertrag des Seminars. Die Früchte werden an Zweige in einer Boden-vase gehängt, die im Altarraum steht.
Es gibt die Möglichkeit, ausgewählte „Früchte" im Rahmen des Präfationsgebetes beim Abendmahl oder im Dankteil des Schlussgebetes zu verwenden.

2. Entlastungsbrief

Die Teilnehmenden sind in der Station 7 gebeten worden, einen „Brief an Gott/Jesus" zu schreiben. Als „Entlastungsbrief" kann er Schuld, Verletzungen, Ängste und Zweifel enthalten. Den Teilnehmenden ist zugesichert worden, dass nie-mand ihren Brief liest. Die Briefe werden verschlossen und ohne Aufschrift zum Altar gebracht und unter dem Altarkreuz abgelegt (Zeichenhandlung/Beichte). Für den Schuldanteil der Briefe wird Absolution erteilt. Für die Verletzungen, Ängste und Zweifel wird ein Gebet um Heilung und Befreiung gesprochen. Die Briefe wer-den im Anschluss an den Gottesdienst im Beisein der Teilnehmenden verbrannt.

3. Antwortgebet

Nach der Predigt wird zu einer persönlichen Vertiefung des Bekenntnisses zu Gott in Gestalt eines Antwortgebetes eingeladen. Das kann verstanden werden als Tauf-erinnerung oder Erneuerung des Konfirmationsversprechens. Wichtig ist, dass das Sprechen des Gebetes nicht als eine Art Zugabe oder Verzierung gesehen wird, son-dern als Ziel- und Höhepunkt des Seminars. Innerhalb der Breite der oben vorge-stellten Konversionstypologie (siehe Kapitel 5) geht es um die „Inszenierung einer Antwort"[2] auf Gottes Angebot.
Das Gebet ist den Teilnehmenden am Ende der 5. Station bekannt gemacht worden (siehe Teilnehmerheft bzw. in diesem Kapitel unter Materialien und Hinweise).
Es gibt verschiedene Möglichkeiten, das Sprechen des Gebetes zu gestalten.

---

[2]   Jens Martin Sautter hat in seinem Buch „Spiritualität lernen. Glaubenskurse als Einführung in die Gestalt christlichen Glaubens", BEG 2, Neukirchen-Vluyn ³2008, den Begriff der „Inszenierung einer Antwort" geprägt (S. 157 und 161ff). Glaubenskurse haben zum Ziel einen geklärten Glauben der Teilnehmenden. Dazu gehören Einstiegshilfen in den Glauben.

Folgende drei Möglichkeiten haben sich in der Praxis gut bewährt:

1. Das Gebet wird von allen am Gottesdienst Teilnehmenden (wenn möglich: stehend) gebetet. Die Einführung des Gebetes kann sich mit der Bitte verbinden, nur die Teile mitzusprechen, die man sich persönlich zu Eigen machen möchte und die anderen Teile stumm zu übergehen.

2. Eine Person spricht das Gebet laut von vorne. Wer will, betet leise mit.

3. Diejenigen, die ein Gebet sprechen wollen, treten in Gruppen zu 3 – 5 Personen nach hinten an zwei oder drei vorbereitete Stellen oder in ein Seitenschiff. Dort werden sie von zwei Menschen aus dem Trägerkreis erwartet. Auf einem kleinen Tisch oder Papphocker mit Deckchen stehen eine kleine Blume und eine Kerze. Die kleine Gruppe stellt sich um das Tischchen herum. Es bilden sich „Schutzräume". Das Gebet wird gemeinsam von der jeweiligen Gruppe gesprochen. Während der Gebetsphase singen die auf den Plätzen Gebliebenen Lieder nach Angabe des für die musikalische Begleitung Verantwortlichen.

Im Zusammenhang mit dem Thema „Lebenshingabe" bzw. „Inszenierung einer Antwort" ist auf zweierlei hinzuweisen:

1. Auf dem Weg des Christwerdens brauchen Menschen seelsorgerliche Begleitung. Christ werden meint eine tiefgreifende, grundlegende Veränderung von Menschen, ist also nicht ein Zusatzprogramm, das andere Bereiche des Lebens unangetastet ließe. Manchmal ist es verbunden mit schmerzhaften Veränderungsprozessen, z.B. einem Sich-Lossagen von Bindungen oder Fremdbestimmungen. Deshalb brauchen Teilnehmende Angebote der Seelsorge bzw. der Beichte.

2. SPUR8 nimmt ernst, dass der Weg zum Christsein ein langer sein kann. Deshalb kann es Sinn machen, dass Gemeinden als Veranstalter über den Abschlussgottesdienst hinaus, z.B. nach acht oder zehn Monaten noch einmal einen gemeinsamen Tag, ein Wochenende o.ä. anbieten, wo der Glaube zur Welt kommen kann.

4. Zeit für Segnung, Tauferinnerung und Gebete

An das Gebet kann sich eine Segnung anschließen. Je nach den örtlichen Gegebenheiten können in einem Seitenschiff der Kirche oder im hinteren Kirchenraum Nischen für kleine Gruppen gestaltet werden: Ein Tischchen mit Kerze und Blume (ggf. Sitzgelegenheiten für 3 Personen). Die Person, die gesegnet werden möchte kommt dorthin und wird von zwei Personen, möglichst Mann und Frau, empfangen; sie fragen, ob ein besonderes Anliegen mitgebracht wird. Sie sprechen ein persönliches Gebet, das das Anliegen aufnimmt. Der Segen erfolgt mit Handauflegung und einem biblischen Zuspruch.

Wenn Möglichkeit 2 für die Gestaltung des Antwortgebetes gewählt wird, kann die Segnung damit kombiniert werden.

Möglich ist auch eine zeitliche Kombination von Segnung und einer Tauferinnerung (siehe Materialteil) an unterschiedlichen Orten in der Kirche. Die Teilnehmenden

haben so die Gelegenheit, beide Angebote wahrzunehmen. Dieser ähnlich wie die „offene Zeit" bei der **Thomasmesse** (siehe: *http://www.gemeindekolleg.de/projekte/thomasmesse/index.html*) gestaltete Gottesdienstteil kann durch eine Fürbittenstation (mit Teelichtern und Fürbittekarten o.ä.) ergänzt werden. Hier können Fürbitten formuliert werden. Wo möglich, können diese in das Schlussgebet einfließen. Zur Tauferinnerung, Bitten und Dank siehe auch Materialteil.
Ein Lied schließt diesen offenen Teil mit unterschiedlichen Angeboten an verschiedenen Stationen in der Kirche ab.

5. Abendmahl
Danach folgt die Abendmahlsfeier in einer einfachen Form. Es hat sich bewährt, wenn die ortsübliche Form ohne lange Liturgieteile verwendet wird. Der Trägerkreis ist bei der Gestaltung zu beteiligen.

6. Festmahl
Im Anschluss an den Gottesdienst findet ein gemütliches Beisammensein mit Buffet („bring and share") statt. Jede/r Teilnehmer/in bringt dazu etwas mit. So klingt der intensive Gottesdienst im festlichen Ambiente aus und unterstreicht die vielfältigen Begabungen des „Leibes Christi" kulinarisch. „Schmeckt und sehet, wie freundlich der Herr ist."

Alle Teile des Gottesdienstes werden im zweiten Teil der siebten Seminarstation ausführlich mit den Teilnehmenden besprochen. Daher gibt es für die, die zum Gottesdienst kommen, keinerlei Überraschungsmomente. Erfahrungsgemäß nehmen die Meisten die Angebote dankbar an.

7.3   Ein ausgearbeiteter Gottesdienstentwurf

Gottesdienst zum Abschluss von SPUR8: Wir feiern das Fest des Lebens

Begrüßung:
Eingangswort – Gebet
Lied: *Ich lobe meinen Gott, der aus der Tiefe mich holt* (EG 673)[3]

---

[3]   Die Liednummern beziehen sich auf das Evangelische Gesangbuch (EG), Rheinische Ausgabe.

Früchtebaum-Aktion	Stifte u. ausgeschnittene „Früchte" mit Faden liegen auf den Plätzen. TN werden gebeten, den Ertrag des Seminars auf die Frucht zu schreiben und an einem in einer Bodenvase stehenden Strauch aufzuhängen.
Lesung:	**Psalm 32** (Gute Nachricht)
Lied:	*Liebe ist nicht nur ein Wort* (EG 665)
Briefaktion:	• Erläuterung, anknüpfend an das, was am letzten Abend dazu gesagt wurde • Einladung zur Abgabe der Briefe am Altar / Einladung zum stillen Gebet für die, die keinen Brief geschrieben haben • Stille • Anstimmen des „**Kyrie**" (EG 178.9) während die Briefe abgelegt werden • Zuspruch der Vergebung • Gebet um Ausheilung von Verletzungen und um Befreiung von Ängsten und Zweifeln
Lied:	*Ich lobe meinen Gott von ganzem Herzen* (EG 272 / 2mal)
Predigt	*z.B. zu Markus 2,13-17*
Lied:	*Strahlen brechen viele* (EG 268)
Gebet des Vertrauens	Hinführung Gebet mit denen, die es mitsprechen wollen Einladung zur Segnung
Segnung:[4]	Durch mehrere Segnungspaare an verschiedenen Stellen in der Kirche. Bei der Segnung bekommt die Person, die um Segnung bittet, zunächst einen biblischen Zuspruch durch eine Person des Segnungspaares. Dann legen beide die Hand auf – nach Absprache auf die Schulter oder den Kopf – und eine/r spricht das Segenswort.
Gemeinsame Lieder während der Segnung	z.B. einfache Taizé-Chorusse

---

[4] Hier ggf. die Tauferinnerung einbauen.

Abendmahlsfeier:	Gebet
	Einsetzungsworte
	Vaterunser
	Austeilung
	Dankgebet
Gemeinsames Lied:	*Bewahre uns Gott* (EG 171)
Segen	

Einladung   zum Essen und festlichen Zusammensein

**Nach dem
Gottesdienst:**

- Verbrennen der Briefe

- Gemütliches Beisammensein im Gemeindehaus mit Buffet, zu dem alle TN etwas mitbringen. Die gastgebende Gemeinde stellt die Getränke.

Zu klären:

- Wer wirkt mit bei der Liturgie?
- Musikalische Begleitung
- Liedauswahl
- Wer liest die Psalm-Lesung?
- In welcher Form wird das Gebet des Vertrauens gesprochen?
- Wer segnet?
- Wer teilt das Abendmahl aus?
- Briefverbrennung – wo? – wie? – wer?
- Raumgestaltung – Tischdecken etc.

7.4   Materialien und Hinweise

Entlastungsbrief – Anregungen zur Gestaltung

„Am liebsten würde ich mir einmal meine Not von der Seele schreiben ...“
Das Schreiben eines sogenannten „Entlastungsbriefs“ kann eine praktische Hilfe zum Umgang mit Blockaden im Leben sein.
In den folgenden Zeilen finden Sie dazu eine kleine Anleitung, die sich bewährt hat. Die Anleitung dient als Hilfe, den eigenen Vertrauensblockaden auf die Spur zu kommen. Sie ist kein Lasterkatalog, der uns vor Augen führen will, wie „schlecht“ wir sind.
Die Anleitung birgt die Gefahr in sich, das Verhältnis zu Gott entgegen der Inten-

tion des Kurses wieder mit einem moralischen Sündenbegriff zu verbinden. Insofern bleibt es der Verantwortung der Kursleitung überlassen, ob und in welcher Form die Anleitung ausgegeben wird. Wo darauf bewusst verzichtet wurde, hat dies nicht zu einer deutlich niedrigeren Zahl von „Entlastungsbriefen" geführt.

Wenden Sie sich in Ihrem Brief so an Gott, als ob Sie an eine lebendige, vertrauenswürdige und verständnisvolle Person schreiben.

Schreiben Sie so, wie es Ihnen ums Herz ist. Auf Schönschrift oder Rechtschreibung kommt es hier nicht an.

Nennen Sie Jesus Christus Ihre persönlichen Nöte, Konflikte und Lasten und erhoffen Sie sich Erleichterung und Hilfe, Entlastung und Befreiung.

Machen Sie sich bewusst, was Sie bedrückt und quält, indem Sie über Ihr Leben nachsinnen, und fragen Sie sich, auf welchem Gebiet Ihre Probleme liegen:

1. Was belastet mein Gewissen und quält mich als Schuld?

Schreiben Sie in diesem Fall konkrete Schuld, Handeln gegen die zehn Gebote und die Rechte anderer auf, die Ihnen bewusst sind.

Bedenken Sie, wo Sie Mitmenschen übersehen, belächelt und verachtet haben, wo Sie andere gekränkt, verletzt, hintergangen und fälschlich beschuldigt, angeklagt oder belastet haben, wo Sie andere nicht mit den Augen Christi gesehen haben, ihnen die nötige Ehrfurcht und Liebe, das Verständnis, den Trost, die Hilfe und das gute Wort schuldig geblieben sind; z.B.: Ich bin schuldig geworden an .... (Namen des betreffenden Menschen), weil ich ....

Der Apostel Johannes versichert:

„Wenn wir unsere Sünden bekennen, so ist er treu und gerecht, dass er uns die Sünden vergibt und reinigt uns von aller Ungerechtigkeit." (l. Johannes 1,9)

2. Wo liegen die Zerrissenheiten und Brüche meines Lebens?

Z.B. innere Verletzungen, seelische Verwundungen, schlimme Erinnerungen, Kränkungen, Beleidigungen, Demütigungen, die uns andere Menschen angetan haben und als mögliche Folge davon Misstrauen, Verbitterung, Groll, Wut, Zorn, Hass, Schwermut, innere Lähmungen, Selbstvorwürfe, Selbstbeschuldigungen oder Selbstanklagen.

Schreiben Sie auch auf, wenn Sie sich vom Schicksal oder von Gott benachteiligt und ungerecht behandelt fühlen, wenn Sie ein schweres Leid, eine schlimme Enttäuschung und Ähnliches zu tragen haben. Scheuen Sie sich nicht, ein „ernstes" Wort mit Gott zu reden. Er gibt Ihnen Raum zur Klage.

Nennen Sie den oder die Namen von Menschen, die an Ihnen schuldig geworden sind und versuchen Sie, diesen bewusst und innerlich zu vergeben. Dazu kann Ihnen die Gebetsvorlage zur Vergebung auf Seite III/10 des Teilnehmerheftes helfen.

Denken Sie auch daran, Ihnen bewusste Schwüre oder innere Selbstfestlegungen zurückzunehmen, z. B. „Ich werde nie wieder dies oder das Haus betreten, mit dem oder mit diesem oder jenem werde ich nie wieder reden etc." Schreiben Sie: Diesen Schwur nehme ich jetzt zurück.

Jesus Christus lädt uns ein: „Kommt her zu mir alle, die ihr mühselig und beladen seid, ich will euch erquicken." (Matthäus 11,28)

3. Was bindet mich so, dass ich in würdeloser Abhängigkeit leben muss?

Schreiben Sie z.B. auf: Ich gestehe mir ein und bekenne Gott, dass ich in ungesunder Weise abhängig bin von ... z.B. Tabak, Alkohol, Drogen, Tabletten, Süßigkeiten, Sex, Arbeitssucht, okkulten Praktiken, Hass, Ängsten, Sorgen, Zweifeln, Fehlern, Versagen, ungesunder Abhängigkeit von Menschen usw.

Manchmal ist es nötig, sich bewusst von Dingen „loszusagen", die uns gefangen nehmen und innerlich besetzen. Insbesondere bei okkulter Belastung (z.B. Wahrsagerei, Tischrücken, Pendeln, Geisterbeschwörung etc.). In solchem Falle schreiben Sie z.B.: „Ich sage mich los und wende mich ab von...!"

Dies sollten sie auch tun, wenn Sie in würdeloser Weise von Menschen abhängig sind und unterdrückt werden. Wenn Sie davon innerlich frei geworden sind, sollten Sie später auch eine Aussöhnung und Ausheilung dieser Beziehung anstreben. Dies kann in einem Gespräch erfolgen – evtl. mithilfe eines Seelsorgers oder Therapeuten.

Der Apostel Paulus ermutigt uns: „Zur Freiheit hat uns Christus befreit! So steht nun fest und lasst euch nicht wieder das Joch der Sklaverei aufladen." (Galater 5, 1)

Anmerkung: Es gibt Süchte im Leben, bei denen eine medizinisch-therapeutische Behandlung unumgänglich ist. Wenden Sie sich in diesem Fall an einen Therapeuten/eine Therapeutin und nehmen Sie dazu bei Bedarf die Vermittlung Ihres Ortspastors/in in Anspruch.

4. Was mit dem Brief geschieht

Nun stecken Sie Ihren Briefbogen in den neutralen Umschlag und kleben ihn zu. Ohne Absender und ohne Anschrift versehen bringen Sie ihn bitte mit zum Gottesdienst des Gemeindeseminars.

Wir werden die Briefe dann symbolisch Gott übergeben und damit auch innerlich abgeben. Vergebung der Schuld, Heilung innerer Zerrissenheit und Befreiung von Lasten wird uns im Namen Gottes zugesprochen. Kein Mensch wird Ihren Brief öffnen. Die Briefe werden unmittelbar nach dem Gottesdienst in einem kleinen „Osterfeuer" an der Kirche verbrannt.

Das Schreiben eines solchen Briefes und dessen symbolische Übergabe an Gott im Gottesdienst sind erste Schritte. Es ist gut möglich, dass Sie bald eine Entlastung spüren. Oft dauert es eine Zeit, bis Sie Verbesserungen bemerken. Scheuen Sie sich auch nicht, ggf. eine/n Seelsorger/in oder einen Menschen Ihres Vertrauens aufzusuchen, um sich beraten zu lassen.

Gebet des Vertrauens

Gott,
Du kommst mir entgegen wie ein Vater.
Du gehst mir nach wie eine Mutter.
Ich danke Dir, dass Du mich nicht vergessen hast,
obwohl ich Dich oft vergaß,
du bist mir in Jesus entgegengekommen.
Ich traue Dir. Ich vertraue mich Dir an.

Jesus Christus,
Du sprichst mich frei von belastender Vergangenheit.
Du nimmst mich an, wie ich bin.
Dafür danke ich Dir.
Du schenkst mir lebenslange Gemeinschaft mit Dir.
Das sagst Du mir in der Taufe zu.
Dieses Geschenk nehme ich im Glauben an.
Im Vertrauen darauf, dass Du JA zu mir sagst,
antworte ich mit meinem JA zu Dir.

Heiliger Geist,
Du Kraft Gottes, komm und erfülle mich!
Gib mir Bereitschaft, meine Gaben und Fähigkeiten
da einzusetzen, wo Du mich brauchst.
Weil Du mich führst, will ich meinen Weg versuchen.
Amen.

Segnung
Auf der CD-ROM finden sich ausführliche Praxisimpulse für die Arbeit mit Gruppen zum Thema Segnung. Diese können – je nach zur Verfügung stehender Zeit – in den Vorbereitungsprozess des Trägerkreises einbezogen werden.

Stimmen von Teilnehmenden
Beispiele für Voten auf den Früchten bisheriger Teilnehmer
* In mir sind die Einsicht und das Gefühl gewachsen, dass der Glaube an Gott in meinem Leben wieder eine Rolle spielen soll!
* Der Unterschied zwischen mir und den Christen ist kleiner als ich dachte.
* Vertrauen und Sicherheit, dass ich nicht allein bin!
* Geborgenheit in einer Gemeinschaft.
* Einladung zur Taufe.
* Neues Vertrauen in Gottes Dasein in meinem Alltag.
* ...eine gut gelegte Spur, der ich gut folgen konnte, mit vielen Anregungen und Denkanstößen.

- Ich freue mich, dass ich als Christ ein Leben lang auf der Suche sein darf.
- Es ist o.k., so zu sein wie man ist! Gott akzeptiert mich so, wie ich bin! Es ist schön, ihm ein Stück näher zu kommen!
- Ich habe Gottes Liebe zu uns spüren können und danke ihm dafür, dass er mir näher gekommen ist.
- Ich bin nicht allein. Ich fühle, dass mir mein Rückgrat gestärkt wird (ich gehe wieder aufrecht). Mein Horizont erweitert sich.
- Von Gott umarmt – dies habe ich wieder neu gespürt.
- Loslassen und gewinnen: neue Sichtweisen, Inspiration
- Ich danke dir, mein Gott, dass ich in all den Abenden des Kurses in meinem Glauben bestärkt wurde. Ich fühle mich wieder geborgen „zu Hause".
- Ich bin froh, dass ich Gott für mich gefunden habe.
- Ich habe eine Vertiefung und Bestärkung meines Glaubens an Gott und Jesus erfahren. Bin nun aufgeschlossener.
- Ich habe Sicherheit erfahren. Sicherheit, zu meinem Glauben zu stehen, auch vor Menschen, die Gott anzweifeln.

7.5   Impulse für die Gesprächsgruppen

Die Gesprächsgruppen im Anschluss an den ersten Referatsteil bieten die Möglichkeit, das Gehörte im Gespräch zu vertiefen, sie bieten aber auch Raum für Widerspruch, alternative Positionen zur Diskussion zu stellen, eigene Erfahrungen mit dem Glauben einzutragen oder aber sich abzugrenzen. Neben der vereinbarten Vertraulichkeit dieser Gespräche ist es wichtig, dass sie in einer angstfreien Atmosphäre geführt werden. Niemand muss sich beteiligen, aber es darf alles ohne Zensur gesagt werden.
Die Impulsfragen für diese Gesprächsgruppen helfen den Gesprächsbegleitern, das Gruppengespräch zu moderieren.

I. Gott – wie diese Reise mein Bild verändern kann

Nach dem siebten Bild im Referat kann eine **Kennenlernrunde** in den kleinen Tischgruppen erfolgen. Für den Austausch über Erwartungen an das Gemeindeseminar werden folgende Impulsfragen vorgeschlagen:

1. Was erwarte ich von der Reise im Land des Glaubens?
2. Was erhoffe ich?
3. Was befürchte ich?

Bitte ergänzen Sie: *Gott ist für mich, wie ...*

II. Sinn – wie ich ihm auf die Spur komme

Gruppengespräch:
1. Was hat Sie beim Hören des Referates am meisten angesprochen?
   An welchem Bild oder Stichwort sind Sie hängen geblieben?

2. Was empfinden Sie, wenn Sie diesen Text hören?

„Das kann doch nicht alles gewesen sein,
das bisschen Sonntag und Kinderschrein.
Das muss doch noch irgendwo hingehn – hingehn!

Die Überstunden, das bisschen Kies,
und abends inne Glotze – das Paradies!
Darin kann ich doch keinen Sinn sehn – Sinn sehn.

Das kann doch nicht alles gewesen sein,
da muss doch noch irgendwas kommen!
Nein, da muss doch noch Leben ins Leben, eben!"   *Wolf Biermann*

In welcher Situation hat sich für Sie die Frage nach dem Sinn des Lebens gestellt?

Alternativ:
- Können Sie die Unterscheidung von Sinn und Ziel nachvollziehen?
- Wo stehe ich in der Gefahr, die Frage nach dem Sinn des Lebens von einem Ziel zum anderen weiterzuschieben (Verschiebespiel)?
- Welche Erfahrung machen wir, wenn wir die Frage nach dem Sinn des Lebens von einem Ziel zum anderen weiterschieben?
- Wie sind Sie selbst bisher mit der Frage nach dem Sinn des Lebens umgegangen?

Didaktischer Hinweis: Lebensziele niemals schlechtmachen!

III. Glaube – wie ich trotz Hindernissen weiterkomme

Gruppengespräch:
1. Welche der im Referat erwähnten Argumente gegen den Glauben oder Gott sind Ihnen schon begegnet? Was halten Sie von Ihnen?
2. Wie geht es Ihnen mit der These, die eigentlichen Glaubenshindernisse gehen nicht vom Kopf, sondern vom Herzen aus?
3. Wo sind Ihnen Menschen mit inneren Verletzungen begegnet?
4. Warum fällt es uns oft schwer, über unsere Verletzungen zu sprechen?
5. Welche Hilfen gibt es, mit erlittenen Verletzungen umzugehen?

Alternativ:
- Wie sehen Sie das: Kopf oder Herz – welches ist das größere Glaubenshindernis?
- Können Sie die Behauptung nachvollziehen, dass „innere Verletzungen" den Zugang zum Glauben blockieren?
- Auf welchem Gebiet liegen Ihrer Erfahrung nach am häufigsten innere Verletzungen?

Als Möglichkeit zur Veranschaulichung der inneren Verletzungen liegen Zettel (ausgeschnittene Tränen) auf dem Tisch. Sie können mit dem Gruppengespräch verbunden werden:
- Die Teilnehmenden beantworten die Fragen schriftlich (auf den ausgeschnittenen Tränen) und kommen anschließend ins Gespräch.
- Die Teilnehmenden schreiben im Anschluss an das Gespräch eigene innere Verletzungen auf die Tränen und legen sie am Ende des Abends anonym in eine am Ausgang bereitgestellte Schale oder einen Krug. Die Tränen können im Rahmen der Früchtebaumaktion beim Abschlussgottesdienst aufgenommen werden („Die mit Tränen säen, werden mit Freuden ernten." Psalm 126,5).

IV. Sünde – was es damit auf sich hat

Gruppengespräch:
Lesen Sie die Geschichte vom Vater und seinen beiden Söhnen (Bibel, Lukas 15,11-32 – Textblatt!!) für sich persönlich durch. (Der Vater in dieser Geschichte steht für Gott. Die beiden Söhne zeigen zwei Möglichkeiten auf, sich zu Gott zu verhalten.)

- Unterstreichen Sie Wörter, Sätze oder Satzteile, die Sie besonders ansprechen.
- Stellen Sie Ihre Wörter, Ihre Sätze oder Satzteile den anderen vor.
- Tauschen Sie sich über das aus, was Sie beim Lesen oder Hören berührt hat.

Alternativ:
Lukas 15,11-32 wird im Plenum gelesen, und zwar in einer anderen Übersetzung als die Lutherübersetzung
- Impulse 1-3 siehe oben
- Wie verhält sich das Bild, das die Geschichte von Gott zeigt, zu dem Gottesbild, das bisher in Ihnen lebendig war?
- Rollenspiel

Variante A – Kurzes Anspiel der Geschichte durch einzelne Teilnehmende.

Variante B – Gespräch in der Tischgruppe mit folgender Rollenvorgabe:
Ein fiktiver dritter Sohn – oder eine fiktive Tochter tritt auf und bittet ebenfalls um das Erbe. Wie reagieren Sie als:

- älterer Sohn?
- jüngerer Sohn?
- Vater?

Variante C – Der jüngere Sohn kommt nach Hause, aber der Vater ist nicht da.
An der Tür begegnet er seinem älteren Bruder.
Was sagt der jüngere dem älteren Bruder?
Was sagt der ältere dem jüngeren Bruder?

V. Jesus – wo Himmel und Erde sich berühren

Gruppengespräch:
1. Wie erleben Sie die Sehnsucht nach dem Himmel auf Erden im religiösen Bereich, in Ihrem Berufsumfeld und in Ihren Beziehungen?

Lesen Sie sich die Texte (Johannes 4 / Lukas 19) durch. Welche Verbindungen entdecken Sie zum heutigen Referat?

Johannes 4
Jesus und die Frau am Brunnen
Der Weg führte Jesus auch durch Samarien, unter anderem nach Sychar. Dieser Ort liegt in der Nähe des Feldes, das Jakob seinem Sohn Josef geschenkt hatte. Dort befand sich der Jakobsbrunnen. Müde von der langen Wanderung setzte sich Jesus an den Brunnen. Es war gerade Mittagszeit. Da kam eine Samariterin aus der nahe gelegenen Stadt zum Brunnen, um Wasser zu holen. Jesus bat sie: „Gib mir etwas zu trinken!" Die Frau war überrascht, denn normalerweise wollten die Juden nichts mit den Samaritern zu tun haben. Sie sagte: „ Du bist doch ein Jude! Wieso bittest du mich um Wasser? Schließlich bin ich eine samaritische Frau!" Jesus antwortete ihr: „Wenn du wüsstest, was Gott dir geben will und wer dich hier um Wasser bittet, würdest du mich um das Wasser bitten, das du wirklich zum Leben brauchst. Und ich würde es dir geben." „ Aber Herr", meinte da die Frau, „du hast doch gar nichts, womit du Wasser schöpfen kannst, und der Brunnen ist tief! Wo willst du denn das Wasser für mich hernehmen?" Jesus erwiderte: „Wer dieses Wasser trinkt, wird bald wieder durstig sein. Wer aber von dem Wasser trinkt, das ich ihm gebe, der wird nie wieder Durst bekommen. Dieses Wasser wird in ihm zu einer Quelle, die bis ins ewige Leben hinein fließt." „Dann gib mir dieses Wasser, Herr", bat die Frau, „damit ich nie mehr durstig bin und nicht immer wieder herkommen und Wasser holen muss!" Jesus entgegnete: „Geh und ruf deinen Mann. Dann kommt beide hierher!" „Ich bin nicht verheiratet", wandte die Frau ein. „Das stimmt", erwiderte Jesus, „verheiratet bist du nicht. Fünf Männer hast du gehabt, und der, mit dem du jetzt zusammenlebst, ist nicht dein Mann. Da hast du die Wahrheit gesagt." Erstaunt sagte die Frau: „Ich sehe, Herr, du bist ein Prophet!"

Lukas 19,1-10
Jesus bei Zachäus
Jesus zog mit seinen Jüngern durch Jericho. Dort lebte ein sehr reicher Mann namens Zachäus, der oberste Zolleinnehmer. Zachäus wollte Jesus unbedingt sehen; aber er war sehr klein, und die Menschenmenge machte ihm keinen Platz. Da rannte er ein Stück voraus und kletterte auf einen Maulbeerbaum, der am Weg stand. Von hier aus konnte er alles überblicken. Als Jesus dort vorbeikam, blickte er zu ihm auf. „Zachäus, komm schnell herab!", rief Jesus. „Ich möchte heute dein Gast sein!" Eilig stieg Zachäus vom Baum herunter und nahm Jesus voller Freude mit in sein Haus. Die anderen Leute empörten sich über Jesus: „Wie kann er das nur tun? Er lädt sich bei einem Gauner und Betrüger ein!" Zachäus aber sagte zu Jesus: „Herr, ich werde die Hälfte meines Vermögens an die Armen verteilen, und wem ich am Zoll zu viel abgenommen habe, dem gebe ich es vierfach zurück." Da sagte Jesus zu ihm: „Heute hat Gott dir und allen, die in deinem Haus leben, Rettung gebracht. Denn auch du bist ein Nachkomme Abrahams. Der Menschensohn ist gekommen, Verlorene zu suchen und zu retten."

---

2. Was haben Sie neu an Jesus entdeckt?
3. Was hat Sie besonders berührt?
4. Welche Fragen bleiben?

Alternativ:

1. Wo hat der erste Teil des Abends Ihr bisheriges Bild von Jesus ins Schwanken gebracht?
2. Was haben Sie neu an Jesus entdeckt?
3. Was hat Sie an seiner Geschichte besonders berührt?
4. Welche Fragen bleiben?

Andere Formulierungen:

* Was habe ich durch diesen Abend neu an Jesus entdeckt?
* Welche Gefühle sind mit dieser Entdeckung verbunden?
* Was könnte diese Entdeckung für mein Leben und meinen Glauben bedeuten?

VI. Christ werden – wie Gott mit mir anfängt

Gruppengespräch:
1. Was bedeuten (ggf.) Ihnen Ihre Taufe und Ihre Konfirmation? Können Sie sich an Ihren Tauf- und Konfirmationsspruch erinnern?
2. Im Referat war von „Klopfzeichen Gottes" die Rede. Hat es so etwas in Ihrem bisherigen Leben gegeben?
3. Mein Ja – wie sieht das aus? (vgl. Heft 6, S.7 + 8)

Alternativ:

Statt 2: Der Referent/die Referentin hat ein Bild benutzt: Er/sie hat gesagt: „Ein Christ ist, wer Jesus Christus die Tür seines Lebens öffnet."

Er/sie hat weiter ausgeführt: Jesus klopft an die Tür unseres Lebens und will, dass wir ihm öffnen.

Können Sie mit diesem Bild etwas anfangen?

Oder, falls das Gespräch hierzu nicht ergiebig ist:

Am Anfang wurde die Frage gestellt: Wer ist ein Christ? Haben Sie auf diese Frage eine Sie befriedigende Antwort erhalten? (Eingehen auf fünf Missverständnisse, Taufverständnis.)

VII. Christ bleiben – wie Gottes Geist uns trägt

Gruppengespräch:

Sehen Sie sich die Bilder des Heftes 7 (die **vier „Gs"**) noch einmal an. Es geht um Hilfen zum Christsein.

1. Welche der genannten Hilfen zum Christsein leuchtet Ihnen unmittelbar ein?
2. Mit welchem Angebot haben Sie Schwierigkeiten?
3. Wie müsste eine kleine Gruppe aussehen, in der Sie Lust hätten, praktische Schritte des Glaubens auszuprobieren?
4. Nehmen Sie sich einen aktuellen Gemeindebrief. Welche Angebote können Sie locken? Was fehlt Ihnen? Was wünschen Sie sich von der Gemeinde?

8.   Ende – SPUR8 abschließen

Sportler setzen am Ende eines Laufes noch einmal zum Endspurt an. So ist das auch am Ende eines Glaubenskurses: Ein guter Abschluss ist für Teilnehmende und Mitarbeitende wichtig. Dazu kann es helfen, wenn noch etwas Kraft und Zeit für diesen Teil reserviert wurde.

Mit dem Abschlussgottesdienst endet die Reise in das Land des Glaubens. Teilnehmende haben die Freiheit, nun weitere Entdeckungsreisen anzuschließen oder davon abzusehen.

Davor steht noch die Frage: „Was hat es gebracht?" Sich selbst und Anderen am Ende eines gemeinsamen Weges Rechenschaft zu geben, ist mehr als eine gute Gewohnheit.

Eine Evaluation dient der rückblickenden Wirkungskontrolle. Sie unterstützt aber auch die weitere Planung: Was sollte bei einer Fortsetzung beibehalten, was sollte verändert werden? Und schließlich hilft eine Evaluation beim Verständnis von didaktischen Situationen, Prozessen und Problemen.

8.1.   Abschluss für die Teilnehmenden

Teilnahmebestätigung
Eine standardisierte Zertifizierung ist bei SPUR8 nicht vorgesehen. Dennoch kann es am Ende des Kurses sehr hilfreich sein, mit einer Teilnahmebescheinigung ein sichtbares Zeichen für das Ende des Kurses zu setzen. Es zeigt den Teilnehmenden: Ich habe etwas geschafft und zu Ende gebracht. Manche Menschen, besonders wenn sie häufiger Erwachsenenbildungsmaßnahmen besuchen, erwarten vielleicht sogar eine solche Bescheinigung. Eine mögliche Teilnahmebestätigung befindet sich bei den Materialien auf der Daten-CD.

Evaluationsbogen für Teilnehmende[1]
Im Sinne einer qualitativen Evaluation wird am Ende von SPUR8 nach Erfahrungen und Einschätzungen zum Kurs gefragt. Dabei kann der Befragte individuell antworten und muss sich nicht an vorgegebene Antwortkategorien halten. Natürlich wird die Auswertungsarbeit dadurch aufwändiger als bei rein quantitativen Erhe-

---
[1]   Den Evaluationsbogen für Teilnehmende finden Sie als Datei auf der CD-ROM.

bungen. Manche Einschätzungen der Teilnehmenden sind sicher auch bereits aus der Früchtebaumaktion des abschließenden Gottesdienstes zu erhalten (s. Kapitel 7). Doch sollten die Äußerungen der Früchtebaumaktion das bleiben, was sie sind: isolierte Einschätzungen im Rahmen eines Gottesdienstes.

Ein Evaluationsbogen kann idealerweise am Ende der siebten Einheit verteilt werden. Dann können Teilnehmende ihn entweder sofort ausfüllen oder zum Abschlussgottesdienst mitbringen. Die Kursleitung oder ein bis zwei Mitarbeitende werten die Ergebnisse bis zum Nachtreffen aus.

Evaluationsbogen für Teilnehmende

Was war für Sie am Kurs SPUR8 besonders wichtig?

_____

Das Highlight des Kurses war für Sie ...?

_____

Wie würden Sie den Ertrag des Kurses für sich beschreiben?

_____

Hat sich durch den Kurs etwas für Sie verändert? Möchten Sie es beschreiben?

_____

Was hätten Sie sich anders gewünscht?

_____

Was ist für Sie offengeblieben?

_____

Was möchten Sie noch weitergeben?

_____

Herzlichen Dank für Ihre Rückmeldung!

Materialien für die Weiterarbeit

Besteht bei den Teilnehmenden der Wunsch nach einer vertieften Auseinandersetzung mit den Inhalten des Kurses oder nach mehr Information, so bietet sich das Buch von Burghard Krause, Reise ins Land des Glaubens (Neukirchen-Vluyn), an. Wie es nach dem Kurs für Teilnehmende weitergehen kann, beschreibt auch ausführlich das Kapitel 5.

Weitere Hinweise und Materialien zum Kurs und zur Weiterarbeit werden im Internet auf der Seite www.spur8.de gesammelt.

8.2.   Abschluss für die Mitarbeitenden

Für die Mitarbeitenden bildet das Nachtreffen (etwa zwei Wochen nach dem Gottesdienst) den Abschluss des Kurses. Hier können sie ihre Erfahrungen einbringen. Hier sollte aber auch Zeit bleiben, den gemeinsamen Prozess der Gruppe miteinander und vor Gott abzuschließen. Sie haben manches durch direkte oder indirekte Kontakte während und nach dem Kurs gehört. Hier sollten diese Informationen einfließen. Manchmal sind es ja gerade die informellen Kontakte der Mitarbeitenden, die die wirklich interessanten Rückmeldungen zutage bringen.
Wirtschaftsunternehmen leisten sich zur Überprüfung ihrer Ziele professionelle Marktforschung. Kirchliche Institutionen haben demgegenüber eine eigene Stärke: „Über die konkrete Veranstaltung hinaus besitzen Kirchengemeinden, Gruppen und Kreise ein (für andere „Anbieter" beneidenswert) dichtes Netz informeller Kontakte. Man redet auf dem Heimweg vom Gottesdienst, geht gemeinsam etwas trinken, trifft sich in der Nachbarschaft …"[2]
Wenn Kursleitung und Mitarbeitende nach dem Kurs hier feinfühlig zuhören, können sie eine Menge kostbarer Informationen erhalten.

Evaluationsbogen für Mitarbeitende[3]
Eine gute Vorbereitung auf das Nachtreffen bietet der Evaluationsbogen für Mitarbeitende. Dieser kann nach dem letzten Abend oder dem Gottesdienst verteilt werden. Eine Auswertung wie bei den Teilnehmerbögen ist nicht vorgesehen. Sollten Mitarbeitende beim Nachtreffen verhindert sein, könnten sie jedoch diesen Evaluationsbogen schriftlich der Kursleitung zur Verfügung stellen.

Evaluationsbogen für Mitarbeitende

Was war für mich am Kurs SPUR8 besonders wichtig?

_____

Das Highlight des Kurses war für mich …?

_____

Wie würde ich den Ertrag des Kurses für die Teilnehmenden beschreiben?

_____

Wie würde ich den Ertrag des Kurses für mich beschreiben?

_____

---

[2]   „Von der Idee bis zur Auswertung. Projekte systematisch planen, erfolgreich durchführen, wirksam auswerten.", Amt für Gemeindedienst, Nürnberg 2002, S. 48.
[3]   Den Evaluationsbogen für Mitarbeitende finden Sie auch als Datei auf der CD-ROM.

Was hätte ich mir anders gewünscht?

_____

Was ist für mich offengeblieben?

_____

Was möchte ich noch weitergeben?

_____

Zur persönlichen Vorbereitung des Nachtreffens oder zur Weitergabe an die Kursleitung.

Ablauf des Nachtreffens

Das Nachtreffen hat drei Schwerpunkte:

- Erfassen und Bewerten der Rückmeldungen zum Kurs sowie Absprachen über evtl. nötige weitere Angebote,
- das Ritual „Entlassen und Entlasten",
- Dank an das Team und Zeit für einen gemütlich-festlichen Ausklang.

Zeitlicher Ablauf:

Begrüßung durch die Kursleitung	5 Min.
Vorstellung der Evaluationsergebnisse der Teilnehmenden	10 Min.
Gegenseitige Information der Mitarbeitenden über ihre Erfahrungen	20 Min.
Austausch	30 Min.

Diese „weichen Daten" müssen interpretiert werden und sie laden zu einer subjektiven Deutung ein. Dafür soll hier Gelegenheit sein. Die Ergebnisse sollten für eine spätere Verwendung in geeigneter Weise festgehalten werden! An dieser Stelle wird auch anzusprechen sein, welche konkreten weiteren Angebote evtl. nötig sind.

Das Ritual „Entlassen und Entlasten"	15 Min.

Für jeden Teilnehmenden wird dabei eine Kerze entzündet und ein kurzes Gebet gesprochen. Wünsche, Befürchtungen, Dank und die Bitte um Vergebung im Blick auf die Teilnehmenden können hier angesprochen und vor Gott abgelegt werden.

Dank der Kursleitung an das Team	10 Min.

Vielleicht eine Blume, einige anerkennende Worte oder eine nette Geste als Dank für das Engagement und die Mitarbeit an dem Kurs. Schließlich ist „ein Arbeiter seines Lohnes wert" – Lukas 10,7.

Gemütlich-festlich klingt das Nachtreffen aus.

Die Arbeit des Trägerkreises endet hier. Auch für Mitarbeitende darf ein Kurs zum Glauben einen klaren Anfang und ein berechenbares Ende haben. Bei einer Neuauflage des Kurses kann sich der Trägerkreis in ähnlicher oder neuer Zusammensetzung (vielleicht ergänzt durch ehemalige Teilnehmende) neu finden.

8.3.   Dokumentation und Berichterstattung

„Tue Gutes und rede darüber." Dieser Satz aus der Werbung sollte auch für einen Glaubenskurs gelten. Im Gemeindeblatt, der örtlichen Zeitung, im Internet (Homepage der Gemeinde) oder an anderen geeigneten Stellen sollte nun über den Kurs berichtet werden. Durch die starke Dominanz der Nachrichtenmedien hat in unserer Gesellschaft nur das wirklich stattgefunden, was in der Zeitung zu lesen ist. Es macht den Glaubenskurs für mögliche zukünftige Teilnehmende interessant. Wo es geht, sollte die Berichterstattung auch Äußerungen von Teilnehmenden enthalten. Hilfreich ist es, dabei die sieben Ws[4] zu beachten:

- Wer hat etwas getan?
- Was hat er getan?
- Wo ist das geschehen?
- Wer war noch dabei?
- Warum wurde es veranstaltet?
- Wie hat es sich abgespielt?
- Wann (von wann bis wann) hat es stattgefunden?

8.4.   Jedes Ende ist ein Anfang

SPUR8 unterscheidet sich von – fast – allen anderen Gemeindeangeboten dadurch, dass Form, Inhalt und Präsentation bei einer Wiederholung im Wesentlichen gleich bleiben. Das ist untypisch und manchmal auch gewöhnungsbedürftig. Manche Menschen werden nach einer Fortsetzung oder nach einem anderen Kurs fragen. Doch eine – zumindest auf einige Jahre hin angelegte – längerfristige Arbeit mit SPUR8 bringt einige wichtige positive Entwicklungen:
Im Vergleich zur ersten Runde wird jede Wiederholung des Kurses einfacher. Zwar kann Routine auch zur Oberflächlichkeit verkommen, aber in erster Linie verringert sich der Vorbereitungs- und Planungsaufwand durch die Wiederholungen des Kurses enorm. Gerade vor dem Hintergrund mancher Überlastungsszenarien vor Ort bietet SPUR8 ein qualitativ hochwertiges Gemeindeentwicklungsmodul, das mit relativ wenig Aufwand durchgeführt werden kann.
Besonders interessant dürfte sich die Entwicklung der Teilnehmenden durch das wiederholte Anbieten von SPUR8 auswirken. Häufig ist eine Teilnehmerentwicklung zu beobachten, wie sie in der folgenden Grafik dargestellt ist.

---

[4]   Nach Gerd Rumler: Von der Kunst sich verständlich zu machen, Gießen, 1993, S. 62.

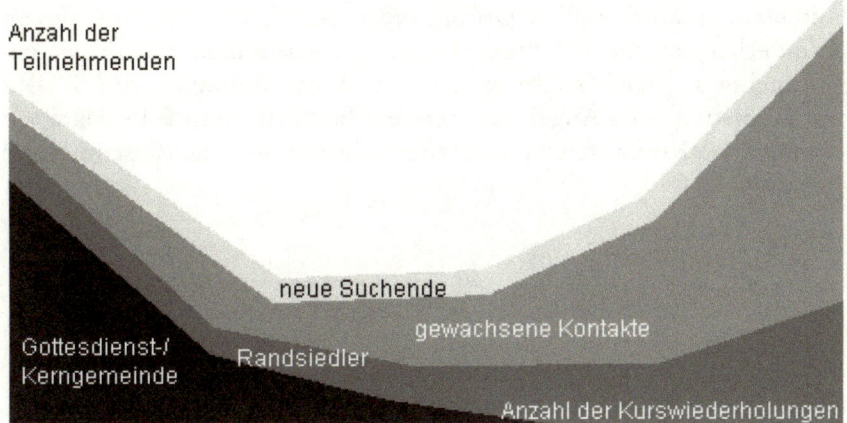

Die Teilnehmenden aus dem Bereich der Kerngemeinde sind bei den ersten Kursen in der Regel häufig vertreten. Das führt auch dazu, dass die Premiere von SPUR8 meist mit erfreulich vielen Teilnehmenden durchgeführt werden kann. Die Zahl der Menschen aus diesem Segment nimmt dann aber mit den Wiederholungen deutlich ab. In der Grafik wird dieser Teilnehmerbereich durch die schwarze Fläche links unten dargestellt.

Die daran anschließende Gruppe sind Menschen, die bereits in Kontakt mit dem Veranstalter sind und immer wieder sporadisch an Angeboten teilnehmen. Ihre Zahl nimmt mit der Zeit leicht zu.

Wirklich spannend ist das Segment der Menschen, die sich durch gewachsene Kontakte neu zur Teilnahme an SPUR8 ansprechen lassen. Ihre Zahl ist am Anfang naturgemäß gering, nimmt aber mit den Wiederholungen des Kurses zu. Die hellgraue Fläche in der Grafik zeigt das zahlenmäßige „Wachstumspotential" dieser Gruppe.

Der helle Rand in der Grafik weist auf einige Teilnehmende hin, die aus unerfindlichen Gründen an SPUR8 teilnehmen. Oft sind es Einzelne, die schwer integrierbar sind, mit diffusen spirituellen Erwartungen teilnehmen oder sich unter einem Glaubenskurs etwas völlig anderes vorstellen.

Da vielfach nicht in gleicher Zahl Menschen von den Rändern und über gewachsene Kontakte dazukommen, nimmt fast immer auch die Gesamtzahl der Teilnehmenden bei den ersten Wiederholungen von SPUR8 ab. Sie steigt dann nach einiger Zeit durch die zunehmende Zahl von Menschen, die über ehemalige Teilnehmende und die gewachsenen Kontakte gewonnen werden können. Es bildet sich also nicht (wie etwa bei Gottesdiensten) eine gewisse Stammgruppe heraus. So bleibt die Herausforderung von Kursleitung und Mitarbeitenden, sich jeweils neu um Teilnehmende jenseits der gewohnten Kerngruppen zu bemühen. Das könnte z.B. dadurch geschehen, dass jeweils auch besondere Zielgruppen (Konfirmandeneltern, Taufpaten, Neuzugezogene, ...) angesprochen werden.

Gleichzeitig entwickelt ein Kurs wie SPUR8 durch diese Grundstruktur auch seine besondere missionarische Stärke: Eine Gruppe oder Gemeinde lernt mit diesem Kurs, sich kontinuierlich um fernstehende Menschen zu bemühen und für sie ein ansprechendes Angebot zu machen. So werden die Wiederholungen von SPUR8 nicht einfach nur Dubletten eines Angebotes, sondern herausfordernde Projekte mit vielen neuen, spannenden Kontakten zu Menschen, die sich auf eine Reise im Land des Glaubens begeben.

9.   SPUR8 – die Referate

Station 1: Gott – wie diese Reise mein Bild verändern kann

Meine sehr verehrten Damen und Herren, guten Abend und herzlich willkommen zum Seminar SPUR8, Entdeckungen im Land des Glaubens.

Um ganz ehrlich zu sein: Eigentlich wüsste ich ganz gern, warum Sie gekommen sind. Ich kann mir ganz unterschiedliche Gründe denken:
• Vielleicht wollen Sie nur einmal reinschnuppern, haben sich innerlich noch gar nicht festgelegt, ob Sie unseren gemeinsamen Weg mitgehen werden.
• Vielleicht sind Sie hier, weil Sie momentan auf der Suche nach einer neuen Lebensorientierung sind.
• Vielleicht versprechen Sie sich von diesem Seminar Antworten auf lang aufgestaute Fragen.
• Vielleicht ist Ihre Glaubensgeschichte irgendwann abgebrochen oder liegen geblieben, sodass Sie hoffen, mit diesem Seminar den Faden wieder aufnehmen zu können.
• Und eventuell sind Sie heute Abend auch nur deshalb hier, weil Sie dem Charme eines Menschen nicht widerstehen konnten, der Sie immer wieder eingeladen und auf dieses Seminar aufmerksam gemacht hat.
Aus welchem Motiv Sie auch gekommen sind: Ich gratuliere Ihnen zu Ihrer Entscheidung! Denn was auch immer für Sie am Ende bei diesem Seminar herauskommt: Es ist in jedem Fall sinnvoll und gut, wenn man sich einmal den Luxus leistet, über Fragen des Glaubens etwas intensiver nachzudenken.

Wir möchten Sie heute und, wenn Sie mögen an den folgenden Seminarabenden, auf eine ungewöhnliche Reise einladen, zu einer Entdeckungsreise im Land des Glaubens.

Für manche Menschen ist es ein weithin unbekanntes Land. Vielleicht haben Sie als Kind einmal eine Stippvisite in diesem Land gemacht, es dann aber als Erwachsener gemieden. Manche Menschen kennen das Land des Glaubens nur vom Hörensagen.
Ich will Ihnen nicht zu viel versprechen, aber aus eigener Erfahrung kann ich sagen: Das Land des Glaubens ist ein faszinierendes Land. Und ich wünsche Ihnen, dass Sie an diesen Abenden viel vom Land des Glaubens entdecken.

Für unsere Reise in das Land des Glaubens möchte ich mich Ihnen als Reisebegleiter anbieten. *[Hier ist evtl. eine persönliche Vorstellung nötig.]*
Ein Reisebegleiter kann auf besondere Sehenswürdigkeiten hinweisen. Er kann versuchen, Zusammenhänge verständlich zu machen.
Nun will ich gern zugeben: Ich bin in Bezug auf das Land des Glaubens nicht neutral. Das haben Sie vielleicht auch nicht erwartet. Ich lebe gern in diesem Land. Ich bin leidenschaftlich gerne Christ und gestalte diese Abende mit Ihnen in der Hoffnung, dass Sie vielleicht selbst im Land des Glaubens Ihre Zelte aufschlagen, dass Sie selber Lust am Glauben bekommen. Aber ich verspreche Ihnen trotz meiner Parteilichkeit ein „Fair play". Es ist eine Reise ohne Manipulation, ohne Tricks und Fallen.
Denn im Land des Glaubens herrscht Freiheit. Und darum werden Sie Ihre Freiheit vom ersten bis zum letzten Abend behalten.

Wer sich auf eine Reise begibt, hat Erwartungen und vielleicht auch Befürchtungen. Gleichzeitig stürmen viele neue Eindrücke auf einen ein, die mit anderen geteilt werden wollen. Dieser Austausch ist wichtig. Deshalb laden wir Sie ein, an jedem Abend auch miteinander ins Gespräch zu kommen und sich über die Erfahrungen und Erlebnisse unserer Reise auszutauschen.

„Betrachtungen" nennen wir diesen Teil unserer Reise. Dazu werden wir uns in der Mitte der Abende in Gesprächsgruppen aufteilen. Diese Gruppen sollten in ihrer Zusammensetzung gleich bleiben.
[Hier muss darüber informiert werden, wie sich die Gesprächsgruppen vor Ort bilden. Evtl. erfolgt an dieser Stelle eine erste Kennenlernrunde.]
So kann die Vertrautheit von Abend zu Abend wachsen. Wie bei einer Wandergruppe, die am Gipfelkreuz das gemeinsame Erlebnis und den Blick ins Tal miteinander teilt.

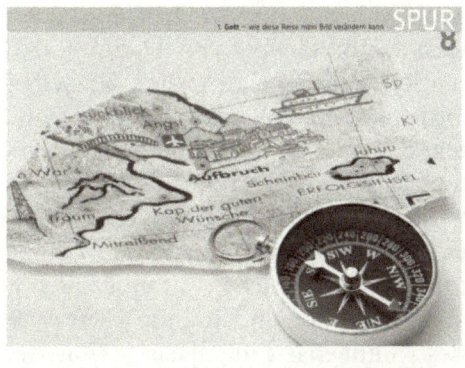

Wer aufbricht, noch dazu in ein vielleicht unbekanntes Land, tut gut daran, eine Landkarte mitzunehmen. Sie verschafft den notwendigen Durch- und Überblick. So ist das auch bei unserer Reise. Vielen in unserer Kirche fehlt eine solche Karte. Sie halten bestenfalls noch Bruchstücke in Händen. Sie kennen das Gesamtbild nicht zu dem die Teile gehören. Vielleicht haben Sie zu Hause mit Ihrer Familie mal ein Fünftausenderpuzzle zusammengesetzt. Das macht so lange Spaß, solange Sie den Karton nicht verlegt haben, auf dem das Gesamtbild zu sehen ist. Ist der Karton weg, fehlt also das Gesamtbild, dann kann man mit den Einzelteilen kaum noch etwas anfangen.
Wenn Ihnen das Gesamtbild des Glaubens abhanden gekommen ist, muss das nicht unbedingt Ihre eigene Schuld sein. Weithin gelingt es unserer Kirche nämlich nicht mehr, ein solches Bild des Glaubens zu vermitteln. Darum können Sie dieses Seminar – wenn Sie wollen – als einen Wiedergutmachungsversuch Ihrer Kirche verste-

hen. Sie sollen nämlich an diesen Abenden einen Überblick über das Land des Glaubens bekommen, eine Landkarte sozusagen, die Ihnen später auch das eigene Reisen ermöglicht.

Als Reisender in einem fremden Land stoße ich immer wieder auf unbekannte Dinge: Sprache und Verhalten der Bewohner, Traditionen oder auch besondere Sehenswürdigkeiten.

Ich habe Ihnen beispielhaft eine Sehenswürdigkeit mitgebracht: Vielleicht haben Sie sie schon erkannt. Aber wenn Sie genau hinsehen: Schloss Neuschwanstein erscheint hier schwer zugänglich. Vielen Menschen erscheint der christliche Glaube so: Altehrwürdig und nur sehr schwer zugänglich. Und so stehen sie ratlos vor dem geschichtsträchtigen Bauwerk des christlichen Glaubens, weil sie keinen Zugang mehr finden.

Dazu kommt nicht selten eine kirchliche Tradition, die mehr verklärt als erklärt. Manches an sogenannter christlicher Tradition hat sich verselbstständigt und ein Eigenleben begründet.

Es ist nicht immer einfach, hinter kirchlicher Tradition und christlicher Konvention, hinter dem Gestrüpp an christlicher Belanglosigkeit und falsch verstandener Überlieferung etwas von der Schönheit des christlichen Glaubens zu erkennen.

Wir wollen heute und an den folgenden Abenden das Buschwerk von Tradition und Konvention zur Seite drücken, bis wir – hoffentlich nicht allzu spät – einen Eingang entdecken, eine Tür, durch die man hineinkommt. Und wenn Sie mögen, können Sie durch diese Tür auch hindurchgehen.

Dieses Seminar möchte Ihnen einen Zugang zum christlichen Glauben eröffnen. Es geht in diesem Kurs um Grundfragen des Glaubens. Eine Basis soll gelegt werden, auf der Sie später aufbauen können. Wir werden an diesen wenigen Abenden leider nicht alle wichtige Themen des Glaubens verhandeln können. Themen beispielsweise, die nach den ethischen Konsequenzen des Christseins fragen, können – so wichtig sie auch sind – auf unserer kurzen Reise ins Land des Glaubens höchstens gestreift werden. Um all die Schönheiten des Glaubens zu entdecken, braucht man etwas länger als ein ganzes Leben.

Auf unserer Reise in das Land des Glaubens wollen wir Sie aber nicht nur informieren. Ich möchte Sie zugleich zu neuen Erfahrungen mit dem Glauben, zu Erfahrungen mit Gott verlocken.

Auf den Rudern hier vorn auf dem Bild sehen Sie dazu zwei Stichworte: „Wissen" und „Erfahrung". Vielleicht wissen Sie einiges über Gott und die Welt, über Kirche und Christsein. Aber Ihnen fehlt die konkrete Erfahrung Gottes im alltäglichen Leben. Oder: Sie verfügen über umfangreiche spirituelle Erfahrungen. Aber Sie wissen wenig über das Christentum. Im Land des Glaubens gehören Wissen und Erfahrung ganz eng zusammen. Man kommt nur vorwärts, wenn man beide Ruder in aufeinander abgestimmtem Rhythmus bewegt. Für beides soll auf unserer gemeinsamen Reise Platz sein.

Noch eine gute Nachricht: Sie brauchen sich für unsere Reise ins Land des Glaubens nicht mit unnötigem Reisegepäck zu belasten. Weder Vorerfahrungen noch Vorkenntnisse sind erforderlich, um mitreisen zu können. Es reicht, wenn Sie sich selbst mitbringen und zwar möglichst jeden Abend. Denn unsere Reiseroute gleicht einem Weg, bei dem jede Station auf der vorhergehenden aufbaut. Darum ist es wenig sinnvoll, nur ab und zu mitzureisen.

Wir geben Ihnen ein Reisetagebuch mit. Es enthält einen Aufriss der Reiseroute und sozusagen als Erinnerungsfotos: viele der Bilder, die Sie an den Abenden sehen werden. Dieses Begleitheft bekommen Sie an jedem Abend. Es ist zum Nachblättern gedacht.

Daher unser Vorschlag: Gönnen Sie sich Abend für Abend frische Reiseeindrücke und nutzen Sie das Heft zur Nacharbeit.

Mit der Reise ins Land des Glaubens kann es Ihnen so ergehen wie mit diesem Bild. Darf ich Sie fragen, was Sie gerade sehen?

Es gibt Bilder, die „klappen um", wenn man sie lange genug betrachtet. Manche sehen sofort zwei Gesichter, andere einen kelchartigen Pokal und wieder andere können zwischen zwei Bildern hin und her springen.

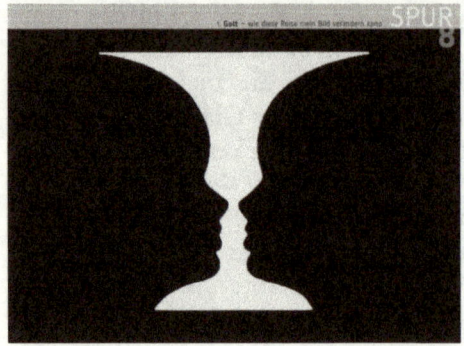

Das kann Ihnen an diesen Abenden auch passieren. Darum die Bitte: Halten Sie im Blick auf den Glauben nicht nur an alten Bildern fest, sondern seien Sie auch offen für neue Einsichten! Es kann sein, dass manche Bilder in Bezug auf das Land des Glaubens „umklappen".

Doch ob eine Reise wirklich gelingt hat man nicht in der Hand. Vielleicht ist es vergleichbar mit dem Versuch, einen Wal zu beobachten: Man kann sich über Wale informieren, man kann sich dorthin begeben, wo sie üblicherweise anzutreffen sind, aber ob es wirklich zu einer Begegnung kommt, hat man nicht in der Hand.
Sie können Ihr Reiseglück nicht einfordern, ganz besonders nicht im Land des Glaubens. Glaube und Liebe haben eines gemeinsam: Man kann beide nicht erzwingen. Bitte versuchen Sie, nichts für sich zu erzwingen.

Die Bibel erzählt immer wieder von Menschen, die sich auf eine Reise ins Land des Glaubens eingelassen und so Gott erfahren haben.
Abraham war so ein Mensch. Man könnte ihn als den Urvater des Glaubens bezeichnen, denn er war einer der ersten, die sich auf die Reise in das Land des Glaubens eingelassen haben.
Dabei waren die Begleitumstände für diese Reise alles andere als günstig: Mit seinen 75 Jahren wollte er sich wohl gerade „zur Ruhe" setzen. Er war Viehzüchter von Beruf und sein Leben verlief ohne große Höhepunkte. Das Leben war gelaufen. Was sollte noch Neues kommen? Sein größter Wunsch, den Betrieb in die Hände eines Kindes zu legen, war nicht erfüllt worden. Als kinderloser Pensionär war vom Leben nichts mehr zu erwarten.
Manch einer hat heute schon in jüngeren Jahren ähnliche Gefühle. Das Leben hat den Höhepunkt überschritten, besteht nur noch aus Wiederholungen, ist im Grun-

de gelaufen. Was soll da noch kommen? Wie bei Abraham hat sich das Leben längst aus dem Leben zurückgezogen. Doch da passiert es: Gott mutet diesem rüstigen Senior einen Aufbruch zu! Der Ruheständler wird zu einem heilsamen Unruhestand verlockt. In der Sprache der Bibel hört sich das so an:

„Und der Herr sprach zu Abraham: Geh aus deinem Vaterland und von deiner Verwandtschaft und aus deines Vaters Haus in ein Land, das ich dir zeigen will. Und ich will dich zu einem großen Volk machen und will dich segnen und dir einen großen Namen machen, und du sollst ein Segen sein" (1. Mose 12,2).

Abraham tritt diese Reise tatsächlich an. „Da zog Abraham aus, wie der Herr zu ihm gesagt hatte" (1. Mose 12,4), heißt es in der Bibel weiter. Und dann tritt das Versprochene ein: Abraham und seine Frau Sara werden Eltern eines Kindes. Gott segnet Sara und Abraham mit dem Geschenk neuen Lebens.

Natürlich kann man fragen: Was hat Abraham aufbrechen lassen? War es die Zusage, dass er und seine Frau trotz ihres hohen Alters noch Kinder bekommen sollten? Ich denke, es war mehr als diese doch reichlich unrealistische Ankündigung einer Nachkommenschaft. Ich denke, was Abraham zu dieser Abenteuerreise in das Land des Glaubens aufbrechen ließ, war eine Ahnung, eine Vermutung, dass mit diesem Aufbruch wieder Leben in sein Leben einzieht.

Auf seiner Reise in das Land des Glaubens macht Abraham konkrete Erfahrungen mit diesem Gott der ihn zum Aufbruch aufgefordert hat. Es entwickelt sich bei Abraham eine Vorstellung von Gott, ein Gefühl, eine Ahnung. Mit der Zeit entsteht ein Bild von Gott vor seinem inneren Auge.

So ist es auch vielen anderen ergangen, die sich auf den Weg in das Land des Glaubens aufgemacht haben. So ist es auch mir ergangen.

Heutige Menschen sagen das für sich vielleicht so: „Gott ist für mich Energie." Der Bergsteiger Reinhold Messner sagte in einem Interview: „Für mich ist die Natur, das All, ... der Kosmos ... die Dimension, die andere als Gott bezeichnen. Aber da ist keine Vorstellung von Gott. Dennoch ist das Göttliche immer und überall."

Wieder andere sprechen vom ewigen Werden und Vergehen.

Woher stammt eigentlich die Vorstellung, die wir von Gott haben? Wer hat uns unser Bild von Gott vor Augen gemalt?

Möglicherweise erinnern Sie sich jetzt gerade daran, einmal gelernt zu haben: „Du sollst Dir kein Bildnis von Gott machen!" Und es fällt Ihnen schwer, Gott überhaupt mit einer Vorstellung, einem Bild oder einem Gefühl zu verbinden.

Und – kann ich meiner Vorstellung von Gott trauen? Wenn Gott nun ganz anders ist, als ich ihn mir ausmale?

Bilder spielen in unserem Leben eine große Rolle. Sie stürmen von außen auf uns ein und sie steigen von innen in uns auf. Wir sind nicht nur Kopf – wir sind auch Seele. Und unser Innenleben ist angefüllt mit Bildern: Kindheitsbilder, Traumbilder, Angstbilder, Sehnsuchtsbilder, Hoffnungsbilder.

Nicht selten hat die Bilderwelt unserer Seele einen größeren Einfluss auf uns und unsere Lebensgestaltung als die Gedankenwelt unseres Kopfes.

Dabei gibt es eine innere Beziehung zwischen unserem Gottesbild und dem Bild, das wir von uns selbst haben: Wer sich selbst ablehnt, wird sich kaum vorstellen können, dass Gott ihn bedingungslos bejaht. Wer sich Gott als bedrohlich vorstellt, wird sich in seinem Selbstwertgefühl immer mickrig und klein erleben. Wer in Gott seinen Befreier sieht, wird sein Leben als Ruf zur Freiheit verstehen. Wer sich von Gott geliebt weiß, wird selber Liebe wagen.

Wer ins Land des Glaubens reist, der betritt auch ein Land der Bilder. Wo immer Menschen ihre Glaubensgeschichten erzählen, malen sie Bilder von dem, was ihnen heilig ist: Bilder vom gültigen, wahren Leben, vom neuen Himmel und einer neuen Erde, Bilder von der Verwandlung des Menschen. Und eben auch Bilder von dem Geheimnis, das wir „Gott" nennen.

Diese Bilder sehen höchst unterschiedlich aus.

Manche vielleicht so, wie dieses Kinderbild von Gott.

In diesem Bild sind Gott und die Welt miteinander verbunden. Beides gehört zusammen, beides bedingt sich gegenseitig: Mein Bild von Gott und meine Weltsicht. Wir sprechen ja auch von „Weltanschauung". Eine Weltanschauung ist kein naturgetreues Abbild der Wirklichkeit. Sie vermittelt lediglich eine ganz bestimmte Sicht der Dinge. Darum ist jede Weltanschauung (auch jede nicht religiöse) letztlich Glaubenssache. Und Glaube ist immer das Wagnis, die Wirklichkeit aus einer ganz bestimmten Perspektive zu betrachten und darauf zu vertrauen, dass dieser Blickwinkel der Wirklichkeit gerecht wird.

Die „Welt an sich" gibt es ja gar nicht. Es gibt immer nur eine „ins Bild gefasste", aus einer bestimmten Perspektive angeschaute Welt. Dabei kann mich gerade diese Perspektive auf eine bestimmte Welt- oder Menschensicht festlegen.

Ist Ihnen das auch schon passiert? Sie haben sich „ein Bild" von einem Menschen gemacht, und merken dann, dass dieses Bild die Wirklichkeit verfehlt, weil dieser Mensch ganz anders ist?

Bilder sind also auch mit Vorsicht zu genießen. Das gilt übrigens in ganz besonderem Maße auch für unsere „Gottesbilder". Nicht selten sind es gerade unsere Gottesbilder, die einer befreienden Begegnung mit Gott selbst im Wege stehen.

Darf ich Sie fragen: Welche Vorstellung von Gott lebt in Ihnen? Die Vorstellung von einem Gott, an den Sie nicht glauben wollen oder können – oder von einem Gott, an den Sie glauben möchten?

Wir laden Sie jetzt gleich zu einer ersten Betrachtung, einer ersten Gesprächsrunde[1] ein. Lernen Sie sich, soweit das nötig ist, zuerst ein wenig kennen. Sprechen Sie in einer überschaubaren Gruppe über das, was Sie jetzt, nach dem Hören des Referates unmittelbar bewegt. Es gibt dabei keine falschen oder richtigen Beiträge. Die Gesprächsbegleitung wird dafür sorgen, dass alle, die es wollen, auch zu Wort kommen. Noch eine Bitte: Respektieren Sie den Schutzraum der Gruppe und sichern Sie sich gegenseitige Vertraulichkeit zu. Alles, was in der Gruppe gesprochen wird, soll dort auch bleiben.

Wie die Gesprächsphase genau organisiert ist und wie es zeitlich weitergeht, sagt Ihnen nun der Moderator / die Moderatorin des Abends.

Ich wünsche Ihnen gute Gespräche!

Zweiter Teil:

Herzlich willkommen zum zweiten Teil dieses ersten Abends! Ich hoffe, Sie haben sich schon etwas kennengelernt, gut ausgetauscht, und vielleicht auch etwas über Ihre gegenseitigen Gottesbilder erfahren.

Ich lade Sie nun dazu ein, dass wir noch einen Moment bei der Vorstellung von Gott, die in uns lebt, bleiben. Dazu möchte ich mit uns einige Gottesbilder etwas genauer ansehen. Folgen Sie mir also durch diese besondere Galerie der Gottesbilder!

Der abwesende Gott

Das erste Bild, auf das wir bei unserem Rundgang treffen, könnte den Titel tragen: Der abwesende Gott.

Viele Zeitgenossen beklagen ja die Abwesenheit Gottes. Sie können nichts oder nicht viel über Gott sagen. Fest scheint nur zu stehen: Wenn es ihn überhaupt gibt, dann ist er weit weg, nicht erfahrbar – eben abwesend.

---

[1] Vgl. aber S. 114 u. 129.

Manch einer sagt: „Gott kommt in meinem Leben nicht vor. Er bleibt stumm, greift in mein Leben nicht ein. Mag sein, dass er auf irgendeiner fernen Wolke thront. Aber ich lebe hier auf der Erde. Auf so einen Gott, der weit weg ist und sich womöglich selbst genügt, kann ich gut verzichten."

Auch die Bibel kennt die Erfahrung eines abwesenden Gottes, der sein Gesicht verbirgt und anscheinend stumm bleibt. Doch die Menschen der Bibel wenden diesem abwesenden Gott nicht den Rücken zu – im Gegenteil. Sie bedrängen ihn mit Klagen und Bitten, weil sie ihn auch ganz anders erlebt haben. Denn die Bibel beschreibt immer wieder einen Gott, der sich leidenschaftlich für seine Geschöpfe interessiert, der Sehnsucht nach seinen Menschen hat, mit den Lachenden sich freut und mit den Weinenden weint.

Dieser Gott lässt sich nicht auf Knopfdruck ein- und ausschalten. Seine Anwesenheit in meinem Leben liegt nicht immer offen zutage. Gott wird erst erfahrbar, wenn er aus seiner Verborgenheit hervortritt und sich uns zeigt. Und er wird erfahrbar, wenn wir uns ihm nicht verschließen. Gott ist kein Stück der Welt, über das wir nach Belieben verfügen können.

Es gibt aber Orte, an denen sich Gott besonders entdecken lässt. Wir werden diese Orte im Laufe unserer Reise besuchen. Ich nenne die Wichtigsten hier schon mal: Gott will uns nahe kommen im Hören auf seine Stimme in der Bibel, im Zusammensein mit anderen Christen und im suchenden und erwartungsvollen Ausstrecken nach Gott, das wir Gebet nennen.

Wer sich an diese „Orte" begibt, wird Gott im eigenen Leben entdecken.

Der Notnagel-Gott

Ein zweites Bild, eine weitere Vorstellung von Gott aus dieser Galerie nenne ich den „Notnagel-Gott".

Diese Gottesvorstellung erinnert an eine Rettungsleitstelle: Ich nehme den Kontakt zu ihm nur im Notfall auf.

Gott ist dann so etwas wie eine „Erste-Hilfe-Adresse", auf die erst zurückgegriffen wird, wenn nichts anderes mehr hilft. Und mitunter kostet es dann noch Überwindung.

In vielen Menschen lebt dieses Bild von Gott: Sie haben vielleicht nicht einmal etwas gegen ihn. Aber solange sie ohne ihn auskommen, ist Gott entbehrlich.

Gott ist dann etwas für Alte, Kranke und Schwache, für Sterbende und solche, die ihre Probleme nicht mehr alleine lösen können. „Die Sache mit dem Glauben" ist dann konsequenterweise so lange nicht wichtig, wie es mir gut geht.

Himmlische Unterstützung zur eigenen Lebensbewältigung wird nur angefordert, wenn nichts mehr geht.

Treffend an diesem Bild ist: Es geht davon aus, dass Gott helfen kann und will. Ja, dass er mir gerade in ausweglosen Situationen zu Seite steht. Vielleicht sind gerade nach Katastrophen die Kirchen bei uns deshalb so voll. Schließlich sagt schon das Sprichwort: „Not lehrt beten."

Ich fürchte allerdings: Das Bild vom Notnagel-Gott ist ein verkürztes Gottesbild. Es reduziert Gott auf einen Problemlöser und Lückenbüßer. Und ich frage mich, ob die Rechnung mit dem Notnagel-Gott wirklich aufgeht: Viele Erfahrungen von Menschen, die „die Sache mit dem Glauben" auf solche Krisenzeiten verschoben haben, sprechen dagegen. Wer Gott nie auf der Höhe, im Zentrum seines Lebens erfahren hat, weiß häufig nicht, wo und wie er ihn suchen und finden kann, wenn er an seine Grenzen stößt.

Der Buffet-Gott

Wenden wir uns einem dritten Bild zu, das heute besonders wegen seiner Vielgestaltigkeit sehr beliebt ist.

Ich nenne es den „Buffet-Gott".

Manche haben vielleicht eine Vorliebe für italienische Vorspeisen. Andere bevorzugen Suppen, deftige Hausmannskost oder einen zuckersüßen Nachtisch. Und wieder andere erfreuen sich an einem wilden Durcheinander. Von allem ein wenig und möglichst nichts auslassen. Das Angebot ist reichhaltig und äußerst vielseitig. Und das nicht nur an Brotsorten, bei denen wir in Deutschland weltweit Spitzenreiter sind. Jeder kann am Buffet der Gottesvorstellungen auf seine Art und Weise selig werden. So wird aus der reichhaltigen Speisekarte unterschiedlicher Traditionen und Weltanschauungen nach Belieben ausgewählt und zusammengestellt.

Als Gottesbild wird akzeptiert, was mir „schmeckt". Die Wahrheitsfrage wird dabei nicht gestellt.

Auch in der Bibel wird Gott mit unterschiedlichen Bildern und Vorstellungen verglichen. Aber hier sind es dann immer unterschiedliche Ansichten des einen Gottes. Ein religiöses Buffet, mit dem ich meinen Gotteshunger nach Belieben stillen kann, ist der Gott der Bibel nicht.

Er zeigt sich als ein Gegenüber mit unterschiedlichen Gesichtern, der mich nicht nur bestätigt, sondern auch irritieren und herausfordern kann. Beim Buffet-Gott begegne ich nur immer wieder mir selbst und meinen Bedürfnissen. In der Begegnung mit dem lebendigen Gott geht es um mehr als nur um mich – und gerade das ist meine Chance, nicht nur im Alten bestätigt zu werden, sondern in Neues aufbrechen zu können.

Der Kontrolleur-Gott

Im Kopf nicht weniger Menschen hat sich ein Gottesbild eingenistet, das ich als der „Kontrolleur-Gott" bezeichnen möchte: Gott – wie eine Radarfalle, die immer „aufblitzt", wenn ich eine Regel überschritten habe.

[Dieses Bild ist immer noch sehr verbreitet. Es kann jedoch auch sein, dass Menschen einem solchen Gottesbild nie begegnet sind. Sie kennen vielleicht nur den „lieben Gott", der immer gut ist und alles verzeiht. Evtl. ist es nötig, auch darauf einzugehen.]

Es ist eine heimliche und manchmal unheimliche Gottesangst in diesem Bild verborgen. Genährt von der Vorstellung, Gott würde wie ein himmlischer Buchhalter akribisch meine Verfehlungen auflisten, um sie dann gegen mich zu verwenden.

Gott, der große Kontrolleur – dieses Gottesbild entstand in vielen Seelen im Zuge einer „christlichen Erziehung", die hochgradig ungenießbar war. Da wurde Gott als Drohwort aufgebaut und Religion als Mittel zur Disziplinierung missbraucht. „Der liebe Gott sieht alles!" In einem autobiographischen Buch mit dem bezeichnenden Titel „Gottesvergiftung" klagt Tilmann Moser den Gott seiner Kindertage an: „Lieber Gott, ... fast zwanzig Jahre war es mein oberstes Ziel, dir zu gefallen. Das bedeutet nicht, dass ich besonders brav gewesen wäre, sondern dass ich immer und überall Schuldgefühle hatte ... Du wohntest in mir als mein Selbsthass ... Du hast mir so gründlich die Gewissheit geraubt, mich jemals in Ordnung fühlen zu dürfen, mich mit mir aussöhnen, mich o.k. finden zu können ... du hast so viel an mir verboten..."

Vielleicht lebt auch in Ihnen etwas von diesem Gottesbild. Der große Kontrolleur ist ein Gott, vor dem man sich wegducken möchte, weil er ständig fordert und überfordert.

Dieses Gottesbild macht krank. Es übt die Angst vor Gott ein. Es fördert das Misstrauen ihm gegenüber und – dieses Bild hat die Aussagen der Bibel gegen sich!

„Fürchtet euch nicht!", heißt es in der Weihnachtsgeschichte. Gott kommt uns mit seiner Liebe entgegen. Wir müssen sie uns nicht in kriecherischer Gottesangst erarbeiten. Gerade der Zusammenhang von Angst und Freiheit Gott gegenüber wird uns auf unserer Reise noch beschäftigen.

Gott, typisch Mann

Ein letztes Gottesbild, an dem vor allem Frauen immer wieder Anstoß nehmen: Gott als Mann!

Traditionelle Gottesvorstellungen haben Gott in der Tat immer wieder männlich gezeichnet.

Gottes Eigenschaften entsprachen männlichen Wunschbildern: Absolutheit, Unabhängigkeit, Stärke.

Die feministische Bewegung hat dieses patriarchalische Gottesbild sehr deutlich und zu Recht hinterfragt. Und obwohl im biblischen Reden von Gott männliche Attribute überwiegen – denn auch die biblischen Gotteserfahrungen wurden in einer patriarchalischen Kultur gemacht – zeigt die Bibel auch deutlich die „weibliche", „mütterliche" Seite Gottes. „Ich will dich trösten, wie einen seine Mutter tröstet" (Jesaja 66,13), lässt Gott seinem Volk ausrichten.

Damit ist dieser kleine Gang durch die „Galerie der Gottesbilder" beendet. Vielleicht haben Sie zumindest gespürt, dass die Bibel unsere Gottesbilder teilweise kritisch hinterfragt. Gott ist immer nochmal anders als in unseren Vorstellungen.

Wie er ist, kommt für mich sehr schön in einer Geschichte zum Ausdruck, die ich Ihnen kurz skizzieren möchte. Sie wird uns im zweiten Buch Mose erzählt. Obwohl es eine alte, archaische Erzählung ist, erscheint mir Mose, die Hauptfigur, recht modern, wie aus einem multireligiös-postmodernen Leben.

Mose ist als Hirte mit seinen Schafen unterwegs. Er hat ein wechselvolles Leben hinter sich: Auf wundersame Weise kam er als Baby an den Hof des ägyptischen Pharaos. Dort wurde er als Prinz erzogen. Dann musste er wegen eines Mordes seine Heimat verlassen und hat sich auf der Sinai-Halbinsel eine neue Existenz als Hirte aufgebaut. Eine vielfach gebrochene Biografie. Er kennt es, ganz oben, wie ganz unten zu sein. In dem Auf und Ab seines Lebens haben ihn unterschiedlichste Gottesbilder begleitet: Der Sonnengott „Ra" am ägyptischen Königshof; der Gott Abrahams seiner jüdischen Mutter; der midianitische Stammesgott seines Schwiegervaters. Welches Gottesbild ist richtig? Sind sie alle auf ihre je eigene Weise zutreffend? Welcher Gottesvorstellung ist zu trauen? Welcher Gott ist für mich da, steht mir im Leben bei, ist verlässlich?

In diese Gedanken versunken treibt Mose seine Herde weiter als sonst hinein in die Wüste. Plötzlich fesselt ein brennender Dornbusch seine Aufmerksamkeit. Die Flammen schlagen lodernd aus dem Busch und trotzdem verzehren sie ihn nicht. Als Mose näher tritt spricht ihn eine Stimme aus dem Dornbusch heraus an: „Ich bin der Gott, den deine Väter verehrt haben, der Gott Abrahams, Isaaks und Jakobs" (2. Mose 3,6).

Wie Abraham wird auch Mose aus der momentanen Ruhe seines Nomadendaseins in eine heilsame Unruhe versetzt. Auch hier ist es der Start einer abenteuerlichen Reise. Denn Mose erhält den Auftrag, das Volk Israel aus der Sklaverei der Ägypter zu befreien.

Um sich vor dem Volk ausweisen zu können, bittet Mose darum, den Namen Gottes zu erfahren. Er kann sich Gott nur so vorstellen – mit einem Namen.

Und Gott sagt zu ihm: Mein Name lautet „Ich-bin-da". „Sage zu den Israeliten: Der ‚Ich-bin-da' hat mich zu euch geschickt" (2. Mose 3,14).

Mit diesem merkwürdigen Namen gibt sich Gott zu erkennen. Trotz der eigenartigen Namensgebung Gottes kann eine Vorstellung von ihm entstehen. Aber: Er bleibt damit auch verborgen. Er offenbart und verhüllt sich zugleich. Keine Definition soll ihn festlegen und kein Bild ihn fixieren. Gott lässt Mose – und uns – wissen: „Ich bin da, ich bin für euch da. Ihr sollt mich in eurem Leben erfahren. Ihr könnt mit mir rechnen und mir vertrauen. Ihr dürft euch eine Vorstellung von mir machen, aber: Ihr bekommt mich nicht in die Hand."

Nun sagen Sie vielleicht am Ende dieses Abends: „Dass unsere Gottesbilder mit Vorsicht zu genießen sind, habe ich verstanden. Aber wohin soll ich denn nun eigentlich sehen, wenn ich etwas Verlässliches von Gott erkennen will?"

1. Gott – wie diese Reise mein Bild verä

Christen lassen sich einladen, auf Jesus zu sehen, wenn sie Gott zu Gesicht bekommen wollen. Denn Jesus hat von sich selbst gesagt: „Wer mich sieht, der sieht den Vater" (Johannes 14,9).

Christen sind Menschen, die beschlossen haben, nicht ihren eigenen Gottesvermutungen und Gottesbildern nachzulaufen, sondern dem Bild zu vertrauen, das Gott in Jesus Christus von sich selbst gezeichnet hat.

Darum darf es Sie nicht verwundern, wenn in den folgenden Stationen unserer Reise immer wieder von Jesus die Rede sein wird. Man entdeckt die Sehenswürdigkeiten dieses Landes, wenn man auf ihn sieht – in konkreter wie in übertragener Weise.

- Für heute zunächst:
- Vielen Dank fürs Zuhören,
- ich freue mich auf unseren nächsten Abend und
- eine gute Nacht!

Station 2: Sinn – wie ich ihm auf die Spur komme

Da treffen sich zwei Männer nach Dienstschluss an der Theke einer Kneipe. Sie trinken ein Bier, ein zweites, ein drittes, kommen miteinander ins Gespräch, ordnen die Weltgeschichte. Sie kennen das sicher: Einfache Stammtisch-Lösungen für schwierige Probleme! Und so nach dem fünften Bier rückt der eine etwas näher, bekommt einen nachdenklichen Gesichtsausdruck und fragt seinen Gesprächspartner plötzlich unvermittelt:

„Du, sag mal, hast du 'ne Ahnung, was man hier soll?"
„Wo denn?"
„Na hier, auf der Welt."
„Logisch: groß werden!"
„Und dann?"
„Verdienen!"
„Für wen verdienen?"
„Für deine Kinder!"
„Und was soll'n die?"

Der Gefragte stutzt einen Moment und sagt dann:
„Na, logisch: auch groß werden!"
„Und dann?"
„Verdienen!"
„Für wen verdienen?"
„Na, für ihre Kinder!"
„Und was soll'n die?"

Nun wird der Gefragte richtig ärgerlich:
„Mensch, natürlich auch groß werden, und dann verdienen ... für ihre Kinder!"
„Und was soll'n die?"

Merken Sie etwas? Die beiden drehen sich bei ihrem Gespräch ständig im Kreis. Sie kommen in der Antwort auf ihre Frage keinen Schritt voran.

Übrigens: Die beiden Herren an der Theke diskutieren gerade eine grundlegende Lebensfrage. Die Frage, um die ihr Gespräch kreist, ist im Kern die Frage nach dem Sinn ihres Lebens.

Ich möchte Sie heute Abend einladen, dass wir miteinander über diese Frage nachdenken.
Welchen Sinn hat mein Leben?
Das ist eine sehr persönliche Frage. Und auf persönliche Fragen gibt es auch nur ganz persönliche Antworten, sozusagen maßgeschneiderte Antworten, die zu Ihnen und Ihrem Leben passen! Deshalb möchte ich heute Abend mit Ihnen zusammen diese Frage stellen – und vielleicht eine Richtung aufzeigen, der sie weiter nachspüren können:
Welchen Sinn hat mein Leben?
Wir müssen sie stellen, oder besser gesagt: Wir Menschen dürfen sie stellen. Wir haben ein Recht dazu, so zu fragen.
Viele allerdings machen von diesem Grundrecht ihres Lebens keinen Gebrauch. Sie leben unter ihren Möglichkeiten.
Die Frage nach dem Sinn des Lebens kommt nicht jeden Morgen automatisch auf den Tisch wie die Tasse Kaffee zum Frühstück. Im Alltag geht sie leicht unter. Denn der fordert uns in vielfältiger Weise. Wir jonglieren mit Partnerschaft, Beruf und Kindern und geraten dabei oft genug an unsere Grenzen. Da fehlt oft die Zeit und die Kraft, das eigene Leben mit Abstand anzuschauen und Visionen für die Zukunft zu entwickeln. Viele schieben daher die Frage nach dem Sinn ihres Lebens auf Eis – und zwar so lange, bis das Eis bricht, bis sie in eine Situation geraten, wo alles sinnlos zu sein scheint. „Was hat mein Leben jetzt noch für einen Sinn?", fragte mich ein Freund beim Besuch im Krankenhaus. Der Arzt hatte ihm mitgeteilt, dass er nach der Operation seinen 30 Jahre lang ausgeübten Beruf als Tischler an den Nagel hängen muss. Ich denke, es ist hilfreich, die Frage nach dem Sinn des Lebens nicht nur in einer Sinnkrise zu stellen, sondern bereits schon früher – z.B. heute Abend.

Ich möchte versuchen, Ihnen diese Frage zunächst ein wenig aufzuschlüsseln. Die Sinnfrage bedrängt uns Menschen nämlich auf sehr unterschiedliche Art und Weise. Sie ist eine Frage mit vielen Facetten.

Mithilfe von drei Bildern will ich Ihnen im Folgenden zeigen, dass in der Frage:

„Welchen Sinn hat eigentlich mein Leben?" mindestens drei andere Fragen stecken
– spannende Fragen, wie Sie gleich entdecken werden.

Das, was Sie auf diesem Bild sehen, nann-
ten wir früher „Rummel", andernorts sagt
man „Kirmes" oder „Jahrmarkt". Als
Kind bin ich gern auf den Jahrmarkt
gegangen. Ich bekam von meinen Eltern
3,– D-Mark, das war damals eine Menge
Geld, aber natürlich auch nicht die Welt.
Deshalb bin ich immer zuerst einmal über
den Platz gelaufen, ohne einen Pfennig aus-
zugeben. Ich wollte sehen, was es alles gibt,
wollte rauskriegen, wofür sich der Einsatz
meines kleinen Kapitals lohnt. Ein verwirrend buntes Angebot mit vielen Attraktionen – und nur ein begrenztes Budget! Irgendwann fiel dann die Entscheidung: für
die Losbude oder den Autoscooter oder die Zuckerwatte. Und manchmal habe ich
auch ein höchst reizvolles Angebot übersehen. Dann stand ich plötzlich – den
Mund voller Zuckerwatte – mit sehnsuchtsvollen Augen davor. Aber das Geld war
bereits ausgegeben.

Ich denke, das Bild vom Jahrmarkt spiegelt eine Wahrheit unseres Lebens wider. Sie
und ich, wir befinden uns nun seit 20, 30, 40 oder mehr Jahren auf dem Jahrmarkt
des Lebens. Ein unglaublich spannendes und attraktives Angebot umgibt und
umwirbt uns: unendlich viele Möglichkeiten, das Leben zu gestalten.
Und auch Sie halten ein Kapital in Ihren Händen: Wir haben Zeit und Kraft, Geld
und Besitz, Fantasie und Ideen, berufliche, vielleicht auch familiäre Gestaltungsräu-
me. Und die Frage heißt: „Wofür lohnt es sich, dieses Kapital zu investieren?" Das
Kapital ist begrenzt. Darum müssen wir unter mehreren Alternativen auswählen.
Und es will ausgegeben werden, dieses Kapital. Wir Deutschen sind ja berühmt
für's Sparen. Aber das Leben kann man nicht sparen. Unsere Lebenszeit lässt sich
nicht auf die hohe Kante legen. Jeden Tag erleben wir nur einmal. Er ist wie ein
Kapital, das ausgegeben werden will. Aber wofür lohnt sich eigentlich der Einsatz
meines Lebenskapitals? Wofür lohnt es sich zu leben? Wozu bin ich eigentlich da,
auf diesem verwirrenden Markt der Möglichkeiten?

Wozu bin ich eigentlich da? Irgendwann, wenn wir ein paar Runden gezogen haben
auf dem Jahrmarkt des Lebens, holt uns diese Frage ein. Wozu? Und je mehr Kapital wir bereits ausgegeben haben, desto bedrängender wird die Frage. Die „Wozu"-
Frage ist eine Form, in der uns die Frage nach dem Sinn unseres Lebens begegnet.

Aber in der Sinnfrage steckt noch eine zweite Frage. Um die soll es jetzt gehen. Das menschliche Leben von heute gleicht einem Ozeandampfer. Die komplizierten Maschinen funktionieren gut, die Passagiere tanzen zur Bord-Musik, in den Küchen wird ausgezeichnet gebraten und gekocht, alle sind vergnügt und tätig. Nur der Anker fehlt. Und die Navigation funktioniert nicht.

Das Schiff treibt hilflos auf dem Ozean. Es ist nur eine Frage der Zeit, wann es an einem Eisberg oder an einer Klippe zerschellen wird.

Dieses Bild trifft auf viele Einzelbiografien zu. Manche Lebensreise hat keinen klar identifizierbaren Kurs, gleicht einem steuerlosen Schiff auf seiner Fahrt ins Ungewisse. Wo aber die Gesamtausrichtung unseres Lebens unklar ist, da wird das Leben zu einem riskanten Unternehmen – auch wenn man mit Udo Jürgens singt: „Wir haben alles im Griff auf dem sinkenden Schiff."

Natürlich: Auf einem manövrierunfähigen Dampfer lassen sich immer noch viele scheinbar sinnvolle Dinge tun. Man kann z.B. 1. oder 2. Klasse fahren, über die Menü-Qualität diskutieren, überlegen, ob das Schiff nicht lieber rot statt weiß angestrichen sein sollte. Aber die ganze Fahrt des Schiffes ist ein in sich wenig sinnvolles Unternehmen. Denn keiner weiß: Wohin geht eigentlich die Reise?

Haben Sie sich selbst diese Fragen einmal gestellt:

Wohin geht eigentlich meine Lebensreise? In welche Richtung läuft mein Leben und wer steuert es? In welchen Zielhafen soll mein Lebensschiff einmal einlaufen?

Wer nach dem Sinn seines Lebens fragt, der fragt nicht nur: „Wozu bin ich da?" Er fragt auch: „Wohin gehe ich?" Die „Wohin"-Frage ist eine zweite Gestalt, in der uns die Frage nach dem Sinn unseres Lebens begegnet.

Und noch eine dritte Frage verbirgt sich in der Sinnfrage. Kennen Sie das auch? Haben Sie schon einmal gestaunt über den faszinierenden Sternenhimmel? Es ist atemberaubend: diese unendliche Weite, diese Geschichte von Milliarden von Jahren. Manche Sterne die ich am Himmel ausmache, existieren schon nicht mehr. Aber ihr Licht ist noch zu uns unterwegs. Ein schwindelerregender Anblick!

Manchmal fühle ich mich in solchen Situationen wie ein mickriges Staubkorn in der

Weite des Universums. Fragen überfallen mich: Bin ich überhaupt wichtig? Wer hat mich gewollt? Ist mein Leben vielleicht nur ein Spielball des Zufalls, ein überflüssiges, bedeutungsloses Glied in einer langen Evolutionskette?
Bin ich ein austauschbares Rädchen im Getriebe der Weltgeschichte? Und plötzlich ist sie da, die Frage:
„Woher komme ich eigentlich?" Wüssten Sie eine Antwort darauf?

Sicher – man kann die biologische Auskunft geben: „Irgendwann haben meine Eltern nicht aufgepasst. Daher komme ich." Aber reicht Ihnen diese Antwort? Mir nicht. Die Fragen bohren weiter: Bin ich von „irgendwoher" gewollt – außer vielleicht von meinen Eltern? Bin ich nur ein kleiner Wicht oder irgendwem wichtig? Von woher empfängt mein Leben einen bleibenden Wert? Wer gibt ihm eine Bedeutung? Woher komme ich eigentlich?

Vielleicht spüren Sie, wie die zunächst abstrakte Frage nach dem Sinn unseres Lebens Farbe bekommen hat:
Wozu bin ich eigentlich da? Wofür lohnt es sich zu leben? Wohin ist mein Lebensschiff unterwegs? In welchen Zielhafen soll es einmal einlaufen? Und woher komme ich eigentlich? Von woher bin ich gewollt?

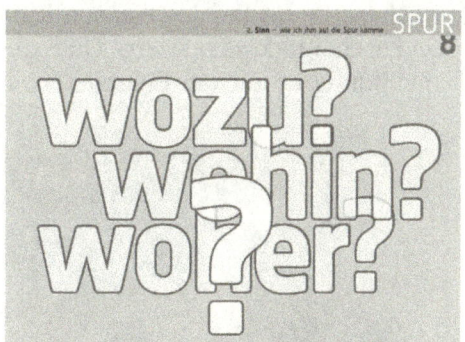

Man kann mit diesen Fragen seines Lebens sehr unterschiedlich umgehen. Einige der häufigsten Möglichkeiten möchte ich Ihnen jetzt zeigen. Und ich sage gleich vorab, dass mich diese Möglichkeiten mit der Sinnfrage umzugehen nicht überzeugen.

Unser Leben gleicht einem Weg, den wir durchlaufen. Nicht ohne Grund sprechen wir von unserem „Lebenslauf". Der Weg besteht in der Regel aus verschiedenen Stationen, die wir meist nacheinander (manchmal auch gleichzeitig) durchschreiten. Die Stationen sind wie Teilziele, wie Etappen unseres Lebensweges. Um diese Teilziele zu erreichen, investieren wir häufig viel Kraft und Zeit.

Da ist z.B. der Lebensabschnitt „Schule". Viele heranwachsende Kinder beschäftigt diese Lebensphase, außer in den Ferien, rund um die Uhr – und die Eltern mit.

Oder nehmen Sie den Bereich „Berufswahl und Berufsausbildung". In einer Gesellschaft, in der die Arbeitsplätze knapper werden und Arbeit mehr ist als Broterwerb, ist die richtige Berufsentscheidung von großer Bedeutung für ein Leben. Wer sich selbst nicht mehr an die kritische Phase der eigenen Berufswahl erinnern kann, wird spätestens bei den eigenen Kindern wieder damit konfrontiert. Und die Berufsausbildung kostet viel Energie.

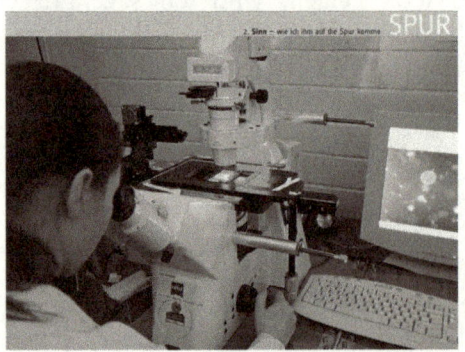

Geburt, Schule, Berufsausbildung – drei wichtige Etappen auf unserem Lebenslauf, die weitere Schritte nach sich ziehen.

Da ist das Thema „Partnerwahl" – es kann, wie wir alle wissen, einen ganzen Lebensabschnitt völlig ausfüllen und alles Übrige an den Rand drängen. Mit wie viel Lust und Frust, Freude und Schmerz, Sehnsucht und Erfüllung dieser Lebensschritt immer wieder verbunden ist, füllt ganze Bibliotheken und Filmarchive.

Auch das Leben als Single – egal ob gewählt oder vom Leben aufgenötigt – will bewusst gestaltet werden. Es bietet besondere Freiräume, fordert aber auch viel Energie.

Die Gründung einer Familie ist ein weiteres Teilziel. Peter Townsend, Gitarrist und Rockopa der Gruppe „The Who" meinte dazu: „Das einzig Revolutionäre in unserer Zeit der zunehmenden Vereinzelung ist es, eine Familie zu gründen." Und man muss kein Wissenschaftler sein, um zu wissen, dass diese Revolution ebenso reizvoll wie anstrengend sein kann.

Sicherlich, dieser Lebensbogen wirkt sehr schematisch und wird der Vielfalt heutiger Lebensentwürfe nicht mehr gerecht. Lebensetappen verschieben oder wiederholen sich. Ein Studentenpärchen wird bereits während des Studiums zur Familie mit Kindern. Andere verschieben den Kinderwunsch auf den Zeitpunkt nach dem erfolgreichen Berufseinstieg für Mann und Frau. Nach einer Scheidung und Zeiten als Single folgt die nächste Phase mit einer Patchworkfamilie. Unterschiedliche Formen der Partnerschaft machen deutlich, wie vielfältig allein der Bereich der Beziehung gelebt wird. Ganz zu schweigen von Quereinstiegen im Beruf, Familienarbeit und natürlich leider auch immer wieder Erfahrungen der Arbeitslosigkeit.

„Besitzerwerb" – auch dieses Teilziel des Lebens kann uns für Jahre ganz ausfüllen. Für den Traum vom Eigenheim gehen nach wie vor viele Menschen große finanzielle Risiken ein. In Ostfriesland – übrigens der Gegend mit der größten Eigenheimdichte in ganz Deutschland – gehört es zum sozialen Prestige, mit dreißig Jahren in den eigenen vier Wänden zu leben.

Ein weiterer markanter Schritt auf unserem Lebenslauf ist der Eintritt in den Ruhestand. Trotz gesetzlich angehobenem Renteneintrittsalter wartet der Schritt aus der Erwerbsarbeit auf die meisten Menschen noch vor dem Erreichen des 60sten Lebensjahres. Mit der Generation 55 plus stellen sich neue Herausforderungen und Chancen. Wie gestalte ich mein Leben ohne die Bestätigung über Leistung und Geld?

Mit dem Eintritt in den Ruhestand verbindet sich auch in der Partnerschaft eine neue Findungsphase. Das gilt auch für das Verhältnis zur eigenen Familie „An meinen Enkeln kann ich nun nachholen, was ich bei meinen eigenen Kindern versäumt habe", heißt es oft. Das mögen die eigenen Kinder vermutlich nicht so gern hören.

Und dann das Ziel „Gesundheit". Irgendwann, wenn die ersten Zipperlein kommen, tritt es unnachgiebig in den Vordergrund. Vorher hat man dem Körper das Letzte abverlangt – jetzt bangt man um ihn.
Es soll Leute geben, die rennen bis 50 hinterm Geld – und ab 50 mit dem Geld hinter dem Arzt her.

Ja, und dann das vorläufig letzte Ziel: der Tod – in der Regel nicht bewusst angesteuert. Und doch ist unser Sterben die einzige Etappe unseres Lebens, von der wir von vornherein „todsicher" sagen können, dass wir sie auch wirklich erreichen.

Irgendwo haben Sie sich jetzt vermutlich selbst wiederentdeckt auf diesem Weg, den wir Lebenslauf nennen.

Risse, Brüche und Neuanfänge bleiben auf diesem Weg nicht aus. Umso mehr stellt sich die Frage, wer oder was diesen bunten Lebensbogen mit seinen sehr unterschiedlichen Etappen zusammenstellt und zusammenhält.

Damit sind wir wieder bei Frage nach dem Sinn des Lebens. Nach dem Sinn fragen heißt zu fragen: Was verbindet die vielen Teilziele zu einem Ganzen? Was ist die Klammer, die alle Etappen zusammenhält? Was gibt meinem Lebenslauf eine Ausrichtung? Was ist die koordinierende Mitte aller meiner Lebensstationen? Die Antwort auf diese Fragen hat sehr praktische Auswirkungen auf mein Leben. Welchen Sinn ich auch immer für mein Leben wähle – er bestimmt den Umgang mit jeder Lebensstation meiner Biografie. Was ich zum Sinn, d.h. zum letzen Inhalt und Ziel meines Lebens mache, das entscheidet darüber, wie ich mit den Teilzielen meines Lebens umgehe.

Einige Beispiele zur Illustration. Wenn Sie z.B. sagen: „Der Sinn meines Lebens besteht darin, möglichst viel Geld zu verdienen" – ich sage das ganz wertfrei – dann wird jede Lebensetappe, die Sie anpeilen, heimlich oder offen von diesem Sinn gesteuert. Das hat Konsequenzen – von der Berufsentscheidung bis hin zur Partnerwahl. Wenn Sie den Sinn Ihres Lebens darin sehen, möglichst viele Menschen glücklich zu machen, dann werden Sie die Stationen Ihres Lebens unter dieser Sinnperspektive ansteuern und gestalten. Welchen Beruf Sie wählen und wie Sie mit Ihrem Besitz umgehen, entscheidet sich von daher. D.h.: Das, was ich zum Sinn meines Lebens erkläre, wird zur Grundlage der Entscheidungen, die ich zu treffen habe.

Und nun möchte ich Sie gern auf zwei Gefahren aufmerksam machen – zwei Gefahren im Umgang mit der Sinnfrage, denen wir häufig erliegen.

Die erste Gefahr besteht darin, dass wir eine beliebige Lebensstation mit dem Sinn unseres Lebens gleichsetzen, eine Etappe auf unserem Lebensweg zum Sinn unseres Daseins erklären, ein Teilziel für das Gesamtziel unseres Weges halten.

Was ist daran gefährlich? Wenn Sie die Etappe, die Sie mit dem Sinn ihres Lebens gleichgesetzt haben, erreichen (also z.B. Ihre Schule abgeschlossen, Ihren Beruf gefunden, Ihr Haus gebaut haben), dann ist Ihr Lebenssinn erfüllt. Sie müssen sich, wollen Sie sinnvoll weiterleben, nach einem neuen Lebenssinn umschauen. Sie sind also genötigt, nach jeder Teilstrecke Ihres Lebens den Sinn zu wechseln. Das ist wahnsinnig anstrengend und kaum jemand hält das durch.

Wenn Sie aber das Ziel, das sie mit dem Sinn Ihres Lebens gleichgesetzt haben, nicht erreichen – was ich Ihnen nicht wünsche – bricht das ganze Sinngefüge, das Ihr Lebenshaus bisher wie ein Fundament getragen hat, wie ein Kartenhaus in sich zusammen. Und Sie zerbrechen mit.

Da ist z.B. ein Junge, dessen Eltern sagen: „Du sollst es besser haben als wir: Du machst Abitur." Das Ziel „Abi" bekommt bei Eltern und Sohn einen unglaublich hohen Stellenwert. Der Junge quält sich durch die Schule, in den Gedanken verrannt: „Schule, Abi machen – darauf kommt es an. Alles andere ist unwichtig!" Und dann fällt er durch.

Am nächsten Tag liegt ein Zettel auf dem Küchentisch: „Liebe Mutti, lieber Vati! Ich habe es nicht geschafft. Nun hat alles keinen Sinn mehr!"

Was ist passiert? Da hat jemand ein schönes, erstrebenswertes Ziel seines Lebens mit dem Sinn seines Lebens verwechselt. Das kann lebensgefährlich sein.

Eine Frau, Mitte 40, sucht den Arzt auf. Sie klagt über Schlafstörungen, nervöse Unruhe, Depressionen. „Ich weiß gar nicht, was plötzlich mit mir los ist", sagt sie,

„als ob ich in ein tiefes Loch gefallen wäre." Der Arzt tippt auf Wechseljahre, verschreibt zunächst ein paar Pillen. Aber bei näherem Zusehen stellt sich heraus: Es geht um etwas ganz anderes bei dieser Frau. Vor Kurzem hat das letzte ihrer drei Kinder das Haus verlassen. Nun sind die Kinderzimmer leer. Bisher ist diese Frau vor allem und mit ganzer Hingabe Mutter gewesen. Sie ist in dieser Rolle völlig aufgegangen. Anders gesagt: Sie hat eine schöne Etappe Ihres Lebensweges mit dem Sinn ihres Lebens verwechselt. Und nun, wo das letzte Kind das Haus verlässt, bricht für die Frau eine Welt zusammen.

Jedes Teilziel auf unserem Lebensweg verdient Beachtung, will angesteuert und erkämpft werden, erfordert den Einsatz von Zeit und Energie. Das ist auch gut so. Aber wir sollten aufpassen, dass wir es nicht heimlich zu unserem „Ein und Alles" werden lassen und mit dem Sinn unseres Daseins verwechseln.

Noch auf eine zweite Gefahr im Umgang mit der Sinnfrage möchte ich Sie gern aufmerksam machen. Sie besteht darin, dass wir die Sinnfrage vor uns herschieben – von einer Station unseres Lebens auf die nächste. Wir beantworten also die Sinnfrage nicht, sondern vertagen sie ständig – nach dem Motto: „Das kriegen wir später! Das Eigentliche kommt erst noch!" Es gibt Menschen, die erwarten die Erfüllung ihres Lebens immer von dem Lebensabschnitt, der noch vor ihnen liegt. Erreichen sie ihn, ohne dass sich diese Erwartung erfüllt, dann verschieben sie ihre Erwartung einfach auf die nächste Etappe. Da wiederholt sich dann dasselbe Spiel.

Dieses Verschiebespiel beginnt oft schon sehr früh. Bereits im Kindergarten denken Kinder: „Wenn ich erst in der Schule bin, dann wird alles besser." Und dann sind sie in der Schule und sagen: „Wenn ich hier bloß schon wieder raus wäre ... Ach, wenn ich erst die blöde Penne hinter mir hätte..." Dann ist endlich der Schulabschluss erreicht. Aber nicht die ersehnte Freiheit, sondern der berühmte Ernst des Lebens fängt an. Das Verschiebespiel geht weiter: „Wenn ich erstmal meinen Beruf habe, dann beginnt das Leben!" Und dann steht man im Beruf und überlegt, ob nicht was anderes doch besser gewesen wäre. „Wenn ich erst mal meine Frau gefunden habe..." Und dann finden sie sich und heiraten. Und es wird eine ganz normale Ehe – gar nicht so besonders aufregend, wie sie es sich vorher erträumt hatten. Ich spreche natürlich nicht von Ihnen, sondern von den anderen Leuten... „Wart' mal ab, bis das Kind da ist, dann geht's noch einmal neu los mit uns beiden", sagt die Frau. Und dann kommt das Kind. Und nun geht's wirklich los – nur ganz anders, als sich das beide vorgestellt hatten.

„Du", sagt er ein paar Jahre später abends beim Glas Wein, „wenn die Kinder erst mal aus dem Haus sind, dann holen wir alles nach, was jetzt nicht möglich ist – vor allem das Reisen, das wir immer wieder verschoben haben." Und dann sind die Kinder aus dem Haus, und plötzlich merken die beiden: Es wird ein bisschen langweilig. „Wenn wir erst mal das Haus renoviert haben", sagt sie, „dann kann das Leben noch einmal schön werden!" Wenn, wenn, wenn...

Und am Ende sitzen die beiden da – wenn sie es noch erleben – und blicken verklärt zurück: „Weißt du noch damals?", sagt sie über dem aufgeschlagenen Fotoalbum. Und beide bilden sich ein, sie hätten damals erfüllt gelebt.
Dabei haben sie damals (!) immer nur gesagt: „Das Eigentliche kommt erst noch!", haben die Sinnfrage vor sich her geschoben, ein ganzes Leben lang vertagt und nie beantwortet. Die Sinnfrage als Verschiebespiel! Es ist zum Schmunzeln und tragisch zugleich. Wenn die beiden diese Wahrheit ertragen könnten, müsste man sie im Grunde fragen: „Wann habt ihr eigentlich wirklich gelebt? Wann habt ihr sinnerfüllt gelebt?"

Der Liedermacher Wolf Biermann hat ein kleines Lied geschrieben („Lied vom Donnernden Leben"). Darin heißt es:

„Das kann doch nicht alles gewesen sein,
das bisschen Sonntag und Kinderschrein.
Das muss doch noch irgendwo hingehn – hingehn!

Die Überstunden, das bisschen Kies,
und abends inne Glotze – das Paradies!
Darin kann ich doch keinen Sinn sehn – Sinn sehn.

Das kann doch nicht alles gewesen sein,
da muss doch noch irgendwas kommen!
Nein, da muss doch noch Leben ins Leben, eben!"

Da muss noch Leben ins Leben – ein Satz voller Sehnsucht, der den Wunsch nach mehr, nach etwas Wesentlichem offenbart.
Da liegt ein Mensch auf dem Sterbebett. Sein Körper signalisiert, dass es zu Ende geht. Aber er kann nicht sterben: „Ich kann nicht loslassen", sagt er, „ich habe das Gefühl, ich habe noch gar nicht richtig gelebt!"

Liebe Teilnehmerinnen und Teilnehmer dieses Seminars zu Grundfragen des Glaubens:
Geben Sie sich bei Ihrer Suche nach dem Sinn Ihres Lebens nicht mit vorschnellen Lösungen zufrieden – auch nicht mit vorschnellen frommen Lösungen. Was für Ihr Leben sinngebend sein soll, das muss es mit Ihrem Tod aufnehmen können!

Aber nun suchen viele nach einem Sinn für ihr Leben – und finden ihn nicht. Müde schlendern sie über den Jahrmarkt des Lebens, aber keine der Attraktionen zieht sie an, kein Angebot ist Anreiz genug, das eigene Lebenskapital zu investieren.

Was passiert, wenn unsere Sinnsuche ergebnislos bleibt? Dann zieht in der Regel Langeweile in unser Leben ein. Sie fängt an, uns von innen her zu zerfressen. Es ist schon seltsam: Wir haben alles, sogar im Überfluss. Und das Leben wird immer langweiliger. Wir sind unglaublich reich und verarmen doch innerlich immer mehr. Wir sind vollgestopft, sind mit so unendlich vielem angefüllt – und sind zugleich total leer.

Vielleicht haben Sie schon einmal von Viktor Frankl gehört – einem 1997 verstorbenen Wiener Arzt und Psychotherapeuten.

Frankl hat die Entdeckung gemacht, dass viele Menschen gerade in den Konsum- und Überflussgesellschaften des Westens an einem abgrundtiefen Sinnlosigkeitsgefühl leiden – und nicht selten davon krank werden. Eine innere Verödung hat sie beschlichen, eine seelische Leere, eine Art „existentielles Vakuum", wie Viktor Frankl das nennt. Es ist wie ein Loch, das die unbeantwortete „Wozu"-Frage einem Menschen in die Seele frisst. In vielen Menschen wird diese Leere immer größer.

Löcher wollen gestopft werden – auch der leere Raum in unserer Seele schreit danach. Und kräftig unterstützt durch die Konsum-Industrie stopfen wir es – oder versuchen das zumindest. Unsere „neudeutsche" Sprache hat dafür einen sehr bildhaften Ausdruck geprägt. Er heißt: „Sich etwas reinziehen". Da werden Lebensmittel zur Lebensmitte, weil das eigentliche Lebenszentrum fehlt. „Reinziehen" kann man sich sehr viel, nicht nur Drogen oder Alkohol. Man kann sich auch Menschen „reinziehen". Es gibt Leute, die saugen einen geradezu auf, ziehen andere hinein in ihre innere Leere. Hauptsache, wir erleben etwas dabei. Übrigens: Sie können sich auch „Religion" in Ihre innere Leere „reinziehen". Der religiöse Markt ist voller Angebote. Man kann sich sogar ein solches Glaubensseminar mal eben „reinziehen".

Allerdings: Das mit dem „Reinziehen" hat einen Haken. Es macht nicht auf Dauer satt. Den großen Hunger jedenfalls stillt es nicht. Das schnelle Glück, die kurze

Lust, der berauschende Augenblick – das alles ist meist nicht von nachhaltiger Dauer. Am Tisch der Erlebnisgesellschaft werden wir nicht satt. Hier finden wir keine wirkliche Erfüllung für unser Leben.
Alles, was wir uns nur „reinziehen", überdeckt vielleicht für ein Weilchen unsere innere Ödnis. Aber es überwindet unseren eigentlichen Mangel nicht wirklich.

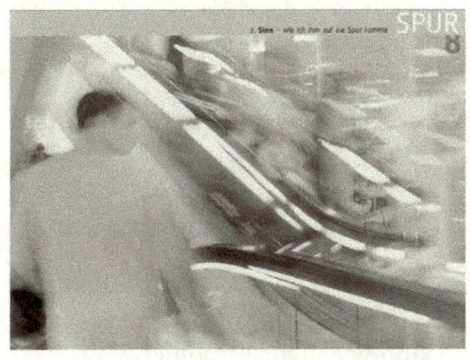

Es gibt noch eine andere, weit verbreitete Möglichkeit, mit dem bedrohlichen Gefühl von innerer Leere und Sinnlosigkeit umzugehen, nämlich: das Lebenstempo zu erhöhen. Wir leben ja alle oft wie Hamster im Laufrad: wahnsinnig hektisch. Wir hecheln von Termin zu Termin wie Getriebene, rasen, als hätten wir keine Zeit.
Könnte es sein, dass das irrwitzige Tempo, das wir an den Tag legen, der Versuch einer Selbstbetäubung ist? Dass wir so hektisch leben, weil wir auf der Flucht sind, auf der Flucht vor unserer inneren Verödung? Lassen Sie diesen Gedanken ruhig einmal an sich heran.

Viktor Frankl – noch einmal zitiere ich ihn – hat gesagt:
„Je weniger ein Mensch um so etwas wie einen Sinn seines Daseins und ein Ziel seines Weges weiß, umso mehr beschleunigt er das Tempo, in dem er diesen Weg durcheilt."

Ob das der Grund ist, warum wir so oft nicht zur Ruhe kommen? Viele Menschen wünschen sich das ja: endlich mal zur Ruhe zu kommen. Aber zugleich haben sie Angst davor. Denn manchmal entdeckt man in dem Moment, wo man wirklich zur Ruhe kommt, wie leer es in einem ist.

Ich unterbreche hier – in der Hoffnung, Ihnen fürs Erste genügend Gesprächsstoff geliefert zu haben.
Ich bin sicher: Irgendwo haben Sie sich wiederentdeckt bei dem, was Sie eben gehört haben. Manches wollen Sie vielleicht hinterfragen oder ergänzen, durch eigene Erfahrung illustrieren oder weiterdenken. Wir laden Sie jetzt zu einer Gesprächsrunde ein. Sprechen Sie in einer überschaubaren Gruppe über das, was Sie nach dem Hören des Referates bewegt.

Gute Gespräche wünsche ich Ihnen!

Zweiter Teil:

Welchen Sinn hat mein Leben? Vermutlich erwarten Sie jetzt im 2. Teil dieses Abends von mir eine Antwort auf diese Frage. Aber die Sinnfrage lässt sich nicht allgemein und theoretisch beantworten – und schon gar nicht für andere mit!

Sie ist – ich sagte das bereits – eine sehr persönliche Frage, die eben deshalb auch eine sehr persönliche Lebensantwort verlangt. Ich kann Ihnen diese Antwort nicht vorgeben. Aber vielleicht kann ich Sie auf dem Weg zu Ihrer Antwort ein Stück begleiten. Ich möchte Ihnen jetzt zumindest eine Richtung anzeigen, eine Fährte legen, auf der Sie zu einer Antwort auf die Frage nach dem Wesentlichen in Ihrem Leben kommen können.

Ich beginne mit einer kleinen Geschichte. Es ist Sonntagnachmittag. Einer jener Nachmittage, die sich zäh wie im Schneckentempo dahinziehen. Gelangweilt lümmelt der Sohn des Hauses auf dem Sofa. Alles ödet ihn an. Doch sein Vater lässt sich von der Null-Bock-Stimmung nicht abschrecken. „Was ist los mit dir?" „Ich weiß nicht, was ich machen soll. Es ist alles so langweilig", entgegnet der Sohn. „Ich habe eine Idee", sagt der Vater und sieht durchs Fenster auf die Rasenfläche im Garten. Seine Stimme lässt den Jungen aufhorchen. „Hast du Lust, mit mir raus zu gehen und Fußball zu spielen? Du wolltest doch den Trick lernen, mit dem ich früher im Verein reihenweise meine Gegenspieler habe aussteigen lassen."
„Den doppelten Übersteiger?" In den Augen des Jungen blitzt es auf. In seinen Körper kommt Bewegung. „Papas Super-Trick! Wenn ich den könnte, würden die in meiner Klasse aber gucken!", geht es ihm durch den Kopf. Die Vorstellung fasziniert ihn.

Er steht auf, zieht seine Schuhe an und schnappt sich einen Lederball. Auf dem Rasen geht es schnell zur Sache. Erst versucht er seinem Vater den Ball abzunehmen. Doch der lässt ihn immer wieder mit Körpertäuschungen ins Leere laufen. Dann übt er selbst den Trick.

Er ist hin und weg – und seine Langeweile auch. Stundenlang rennen die beiden mit dem Ball an den Füßen über den Rasen. Sie schauen nicht auf die Uhr. Die Zeit vergeht wie im Flug. Sie verlieren sich ans Fußballspielen. Als es dunkel wird, hat der Sohn es geschafft. Nun spielt er seinen Vater aus und zeigt ihm die Hacken. Ausgepowert aber glücklich sitzen sie abends im Wohnzimmer zusammen, reden mit Begeisterung über ihre gemeinsame Erfahrung. Die Augen des Jungen strahlen. „Vati", sagt er, „das war ein toller Tag!"

Was ist geschehen? Langeweile ist in Faszination umgeschlagen. Der Junge war für einige Stunden hin und weg. Etwas, das ihn fasziniert – Vaters Idee vom Fußballspielen – ist als Anstoß von außen auf ihn zugekommen. Daran hat sich der Junge verloren. Er hat eine erfüllte Zeit erlebt, die seine innere Leere vertrieben hat. Er hat sich für einen Nachmittag an etwas hingeben können.

Schon das bisher Gesagte zeigt: Der Sinn unseres Lebens fällt uns nicht einfach in den Schoß. Auf ihn können wir nicht warten wie im Märchen Sterntaler auf den Goldregen. Der Sinn unseres Lebens ist etwas, woran wir aktiv beteiligt sind.

Diesen Gedanken möchte ich im Folgenden noch etwas vertiefen. Dazu muss ich jetzt zunächst von einer Sehnsucht sprechen, die in uns Menschen wohnt. Wenn Sie tief genug in sich hineinhorchen, werden Sie darauf stoßen. In uns Menschen lebt die Sehnsucht, uns an etwas hinzugeben, das größer ist als wir selbst. Wir sind auf Hingabe angelegt. Das bedeutet zunächst: Wir sind darauf angelegt, nicht ständig bei uns selbst bleiben zu müssen.

Meine These heißt: Ein Mensch findet sich in dem Maße, in dem er sich an etwas verliert. Das klingt paradox und ist doch wahr. Sie können es selbst ausprobieren. Ich finde mich selbst immer da, wo ich mich an etwas verlieren kann, was mich zutiefst hinreißt und fasziniert. Ich finde mich in der Hingabe an etwas, was mich erfüllt.

Mit dem eben Gesagten haben wir nun auch eine Fährte entdeckt, auf der es sich lohnt, nach dem Sinn des eigenen Lebens zu suchen. Sie finden nämlich den Sinn Ihres Lebens nicht durch theoretische Überlegungen, nicht durch kluge Bücher oder philosophisches Grübeln. Sinnfindung geschieht höchst praktisch: Wenn ich etwas entdecke, an das ich mich schenken, an das ich mich verlieren und ausliefern kann, dann erfahre ich mein Leben als sinnvoll. Sinnfindung geschieht durch Hingabe.

Da hat sich z.B. jemand einer großen Aufgabe verschrieben, ist ganz erfüllt davon und findet darin den Sinn seines Daseins. Mich beeindrucken z.B. die Lebensgeschichten von Menschen, die mit ihrem Engagement anderen Menschen helfen, wie dem Gründer von Ärzte ohne Grenzen.
Oder jemand ist „hin und weg" von einer beflügelnden Idee, an die er sich verloren hat und die er umzusetzen versucht. Oder jemand ist „Feuer und Flamme", weil er sich in der Liebe zu einer anderen Person verschenkt und sich in diesem Akt neu findet.
Und ich habe noch nie ein jung verliebtes Paar gesehen, das eng umschlungen auf einem Sofa sitzt und klagt: „Es ist alles so sinnlos!" Denn Liebe – die wohl großartigste und waghalsigste Form der Hingabe – erfüllt unser Leben mit Sinn.

Hingabe heißt: Ich werde durch etwas Faszinierendes, das größer ist als ich selbst, dazu verlockt, mich loszulassen und mein Leben daran zu verschwenden. Ich glaube in der Tat: Sinnfindung ist ohne den Preis der Hingabe nicht möglich. Und das Sinnlosigkeitsgefühl, das Menschen immer wieder überfällt, hat nicht zuletzt auch etwas damit zu tun, dass sie sich nicht hingeben können oder wollen. Noch einmal: Das, woran wir uns in tiefer Faszination hingeben – heimlich oder offen – das wird zu unserem Lebenssinn.

Ist eine Hingabe vollzogen und gelungen, dann stellt sich in aller Regel etwas sehr Schönes ein: Wir erfahren Glück, Lebenslust, Daseinsfreude. Und danach haben wir eine tiefe Sehnsucht. Ich bitte Sie herzlich – was immer auch schiefgelaufen sein mag in Ihrem bisherigen Leben: Lassen Sie sich Ihre Sehnsucht nach Glück und Lebensfreude von niemandem madig machen – schon gar nicht im Namen des Christentums. Jesus zumindest ist der Meinung, dass Christsein und Lebensfreude zusammengehören. Er hat gesagt: „Ich bin gekommen, damit ihr das volle Leben, Leben im Überfluss habt."

Wirkliche Lebensfreude ist immer die Folge eines gefundenen Lebenssinns und damit eine Begleiterscheinung der Hingabe an diesen Sinn. Sie haben das alle schon einmal erlebt: Wo Sie sich an etwas verloren haben, das Sie ganz erfüllt hat, brach die Freude in Ihnen auf. Punktuelle Lust und kurze Beglückung kann man sich zur Not auf schnellem Weg „reinziehen" – aber tiefe und bleibende Lebensfreude gibt es nur auf dem Weg der Hingabe. Wer diesen Weg scheut, wird sich mit weniger zufriedengeben müssen als mit dem Glücklichsein, nach dem er sich sehnt.

Kleine Akte der Hingabe erleben wir übrigens fast jeden Tag. Man kann sie Teil-Hingaben oder bedingte Hingaben nennen. Bedingt deshalb, weil wir uns dabei nicht mit unserer ganzen Person und nicht auf Dauer investieren. Sie können sich z.B. an einen Sonnenuntergang hingeben. Haben Sie das mal erlebt im Urlaub? Man sitzt am Meer, die Zeit vergeht, keiner schaut auf die Uhr, der rote Feuerball versinkt langsam im Wasser, es ist berauschend schön, man hat sich total an diesen Anblick verloren – zumindest für eine gewisse Zeit.

Oder: Sie liegen im Bett, wollen nur noch kurz den Krimi anlesen, den Sie geschenkt bekommen haben – aber erst um 3 Uhr früh machen Sie das Licht aus. Sie haben sich verloren in einer spannenden Geschichte.

Wer aktiv Sport treibt, wird solche Momente ebenfalls kennen. Ob beim Walken oder Joggen – habe ich den Zustand erreicht, indem mein Körper seine Glückshormone ausschüttet, kann ich die Welt um mich herum vergessen.

Musik ist auch eine Welt für sich, an die man sich verlieren kann. Stundenlang Musik hören, ganz aufgehen in den Gefühlen, die dabei mitschwingen und klingen. Oder selbst ein Instrument in die Hand nehmen und sich den Frust von der Seele spielen.

Das sind kleine Teil-Hingaben unseres Lebens. Doch wer solche Momente festhalten und auf „Dauer" stellen will, wird feststellen müssen, dass sie uns wie Sand zwischen den Fingern zerrinnen. Am Strand setzt die Dämmerung ein – und der Krimi ist um 3 Uhr leider zu Ende gelesen.

Aber wir Menschen haben Sehnsucht nach noch mehr – und haben zugleich immer auch Angst davor. Wir sehnen uns über die kleinen und bedingten Akte der Hingabe hinaus nach einer unbedingten, unsere ganze Person umfassende Hingabe. Ich meine eine Hingabe, die alle Teil-Hingaben unseres Lebens umfängt und ihnen eine gemeinsame Ausrichtung gibt. Wir sind auf der Suche nach etwas, woran wir „unser Herz verlieren" können.

„Sein Herz verlieren" – ein schönes Bild für eine Hingabe unserer ganzen Person. „Herz" meint hier die Personenmitte, das Zentrum unserer Lebensbewegung und unserer Lebensentscheidungen. Jeder Mensch möchte etwas finden, das ihn so hinreißt, dass er sich ganz daran verschenkt, rückhaltlos und auf Dauer.
Erst wer sein Herz verliert, hat sich ganz gefunden. Wo mein Herz ist, da ist nämlich auch mein Zuhause, da gehöre ich hin.

Und vielleicht stoßen wir damit an das eigentliche Geheimnis unserer Sehnsucht nach Sinn: Wir möchten wissen, wo wir hingehören – im Gelingen und im Scheitern, auf den Höhen und in den Tälern unseres Daseins, im Leben und im Sterben. Wir möchten irgendwo ganz „zu Hause" sein. Kennen Sie diese Sehnsucht? Die Sinnfrage ist letzlich die Frage nach unserer „Heimat". Und unsere Sinnsuche hat offenbar etwas damit zu tun, dass wir Menschen in gewissem Sinn alle „Heimatvertriebene" sind.

Sein Herz zu verlieren – das ist jedoch immer mit Risiken und Nebenwirkungen verbunden. Es ist immer ein ungeheures Wagnis. Denn ich setze mich selbst aufs Spiel. Dabei kann ich alles gewinnen und alles verlieren. Ich hab' ja nur ein Herz. Wer sein Herz einmal an etwas verloren hat, das sich nicht lohnte, der scheut dieses Risiko. Im Dritten Reich hat Hitler ein ganzes Volk zu einer Hingabe verleitet, die nicht dem Leben diente. Und Millionen Menschen haben dabei nicht nur ihr Herz, sondern auch ihr Leben verloren. Ja, ich muss mir schon genau überlegen, woran ich mein Herz verliere. Denn das gewinnt Macht über mich, wird zur eigentlichen Autorität, der ich mich unterstelle, wird zur letzten sinngebenden Instanz, vor der ich mein Tun und Lassen verantworte.

Und nun möchte ich Sie gern mit einem Satz überraschen. Er stammt von Martin Luther und heißt:
„Woran du dein Herz hängst, das ist dein Gott."

Dein Gott?
„Wieso kommt hier plötzlich Gott ins Spiel?", werden Sie vielleicht fragen. Ich will versuchen, das zu erklären. Vielleicht kann man dieses Zitat von Luther etwas freier so übersetzen: „Woran du dein Herz hängst, das wird für dich zum Ein und Alles, zum eigentlichen Sinn deines Lebens. Woran du dein Herz hängst, davon erwartest du dein Glück. Dem vertraust du dich an. Daran bindest du dein Leben. Das trägt dich in guten und in bösen Tagen. Das betest du heimlich oder offen an. Woran du dein Herz hängst, worauf du dich verlässt, daran glaubst du. Das verehrst du und dem dienst du wie einem Gott."

Spüren Sie, sein Herz an etwas hängen, sich auf etwas verlassen – das hat eine religiöse Dimension, das ist letzlich ein Glaubensakt. So ist das gemeint, wenn Luther sagt: „Woran du dein Herz hängst, das ist dein Gott."

Vielleicht überrascht Sie das. Aber die Fragen nach dem Sinn unseres Lebens und die Fragen nach Gott hängen sehr eng miteinander zusammen. Denn in beiden Fragen geht es darum, ob es etwas gibt, an das man sich mit Gewinn verlieren kann.

Das Wort „Gott" und das Wort „Sinn" haben eins gemeinsam: Beide stehen für die Behauptung: Es gibt etwas, für das sich die Hingabe des Lebens lohnt. Beide Worte – das Wort „Sinn" und das Wort „Gott" - sprechen von dem, woher wir kommen, wohin wir gehen und wozu wir da sind. Wo ernsthaft vom Sinn des Lebens geredet wird, da wird von dem geredet, womit unser Leben steht und fällt. Das Wort „Gott" aber umschreibt in religiöser Sprache genau das, womit unser Leben steht und fällt. Das heißt: Die Sinnfrage hat eine religiöse Dimension. Sie ist im Grunde eine Glaubensfrage. Wer nach dem Sinn seines Lebens fragt, der wird automatisch in die Frage nach Gott verwickelt – ob er will oder nicht.

Aber kann man denn nicht auch ohne Gott sinnvoll leben? Natürlich kann ich meinem Leben einen Sinn geben, der mit dem Gott der Bibel nichts zu tun hat. Mein Herz kann ich an alles hängen. Aber indem ich mein Herz an etwas anderes hänge als an den lebendigen Gott, gehe ich eine Bindung ein, die der Bindung an Gott entspricht. Ich hänge mich dann an einen Gott-Ersatz. Ein Gott-Ersatz kann mir dasselbe versprechen, was mir Gott zusagt. Die Frage ist nur, ob er es auch hält. Denn wenn ich mich auf den Falschen verlasse, bin ich verlassen. Ein politischer Führer wird nur allzu schnell zum Verführer. Und auch die Macht des Geldes macht – wie die Finanz- und Börsenkrisen zeigen – immer wieder leere Versprechen. Gott oder Gott-Ersatz? Das ist die Alternative, um die es Luther in seinem Satz geht: „Woran du dein Herz hängst und worauf du dich verlässt, das ist dein Gott."

Wissen Sie, die viel diskutierte Frage, ob es einen Gott gibt oder nicht, hat mich eigentlich immer gelangweilt. Der Satz von Martin Luther überholt diese Frage durch eine viel spannendere. Sie lautet: „Wie heißt eigentlich mein Gott?" Wie heißt eigentlich Ihr Gott? Sagen Sie mir, woran Sie Ihr Herz hängen – und ich sage Ihnen, wie Ihr Gott heißt. Sagen Sie mir, an welchen Sinn Sie sich klammern – und ich sage Ihnen, woran Sie glauben. Ich behaupte einfach mal: Jeder Mensch glaubt an irgendetwas. Denn jeder Mensch gibt sich auf seiner Suche nach Sinn an irgendetwas hin. Früher oder später kann er gar nicht anders.

Wie kriegt man das denn raus, an welchen Gott man glaubt? Es gibt ein paar Schlüsselfragen. Fragen Sie sich doch einmal so ehrlich wie möglich:

An was denke ich, wenn ich sage: „Ich denk' grad an nichts?" Wo beginnen meine Augen zu leuchten? Was fasziniert mich zutiefst – heimlich oder offen? Wovon sind meine Lebensträume bestimmt?

Wenn ich mir mein eigenes Lebens anschaue:
Was möchte ich auf keinen Fall verlieren? Was ist mir konkurrenzlos wichtig? Worauf will ich keinesfalls verzichten?
Was ist die eigentliche Triebfeder meines Lebens? Worauf verlasse ich mich?

Gut, wenn Sie es wagen, diese Fragen einmal ganz nah an sich heran zu lassen. Gut, auch im Blick auf die Abende, die noch vor uns liegen.

Sie müssen nämlich wissen: Im christlichen Glauben geht es um eine echte Alternative zu den vielen Sinn-Angeboten, die uns das Leben macht. Sie werden an den kommenden Abenden einen Gott kennen lernen, der uns Menschen einlädt, uns nicht an irgendetwas, sondern an ihn hinzugeben – und zwar mit unserem ganzen Herzen. Und es könnte sein, dass sie dabei entdecken: Mein Herz ist bereits vergeben. Ich verlasse mich auf jemanden bzw. etwas – aber mein „Gott" heißt anders.

Im christlichen Glauben geht es um mehr als um ein paar religiöse Gefühle. Es geht um eine Hinwendung unseres Lebens zu Gott – und damit zugleich um eine Abwendung von jedem Gott-Ersatz. Warum? Weil unsere Sehnsucht nach Sinn zu groß ist, um sich mit einem Ersatz zufriedenzugeben, der nicht hält, was er verspricht.
Glauben meint dasselbe, was wir bisher Hingabe genannt haben. Glaube ist Hingabe an den Gott, den uns die Bibel bezeugt und der uns in Jesus sein Gesicht gezeigt hat. Glauben heißt: Sein Herz an diesen Gott verlieren und sich auf ihn verlassen.

Noch einmal. Welche Ausrichtung hat mein Leben? An dieser Stelle kommen wir noch einmal auf unsere Ausgangsfrage zurück: Was verbindet die Teilstationen meines Lebens zu einem sinnvollen Ganzen?
Was gewinnt man im Glauben? Die Antwort auf diese Fragen braucht mehr als einen Abend. Wir werden sie an den kommenden Abenden Schritt für Schritt entfalten.

Wer glaubt, gewinnt Sinn.
Er erfährt in der Hingabe an Gott, woher er kommt, wohin er geht und wozu er da ist.
Wer sich an Gott hingibt und durch Gott den Sinn seines Lebens erfährt, der glaubt. Glauben heißt: sich an Gott verlieren und bei ihm wieder finden.

Wahrscheinlich haben Sie das Wort „Glauben" bisher nicht so verstanden. In unserer Alltagssprache verwenden wir es ja auch anders. Umgangssprachlich bedeutet „Glauben": etwas vermuten, etwas nicht genau wissen. „Wird morgen wieder die Sonne scheinen?" – „Ich weiß nicht, aber ich glaube: ja." Christlicher Glaube ist aber nicht die ungewisse Vermutung, dass es einen Gott gibt, sondern die Gewissheit, dass Gott da ist und mir sinnerfülltes Leben gibt. Diese Gewissheit kann man sich nicht theoretisch erwerben – auch nicht durch ein Glaubensseminar. Diese Gewissheit erwächst in der Hingabe an Gott.

Jede Hingabe ist letztlich Vertrauenssache. Sie lässt sich nicht absichern. Glaube ist immer ein Wagnis. Er gleicht dem Betreten einer Brücke, deren Tragkraft man erprobt. Glauben heißt: vertrauen. Das ist die ursprüngliche Bedeutung dieses Wortes. Sinnvoll leben kann man nur im Vertrauen auf das, was Sinn verspricht. Im Vertrauensakt des Glaubens verlässt sich ein Mensch auf Gott. Auf unser Thema bezogen: Er verlässt das, was ihm bisher ein sinnerfülltes Leben versprach und verlässt sich darauf, was Gott ihm zusagt. Er traut Gott zu, dass er ihm zeigt, woher er kommt, wohin er geht und wozu er da ist. Er ver-lässt sich auf Gott. Er vertraut sich Gott an.

Gott schenkt dem, der sein Herz an ihn verliert, eine tiefe Gewissheit. Er sagt ihm:

Du bist von mir gewollt, bist keine Laune der Natur.
Du bist geliebter als du ahnst.
Du musst dir deinen Lebenssinn nicht selbst erarbeiten.
Du empfängst Wert und Würde durch mein Ja zu dir.

Du darfst aus meiner Liebe leben und sie weitergeben.
Ich stelle deine Füße auf weiten Raum.
Ich zeige dir lohnende Ziele.
Ich habe etwas vor mit dir. Lass dich von mir führen.
Auch im Scheitern und Leiden sollen deine Tage nicht sinnleer werden.
Du gehst nicht ins Ungewisse – ich begleite dich.
Und erwarte dich am Ziel deines Lebens.
Nichts kann und wird dich aus meiner Hand reißen.

Vielleicht sind Sie enttäuscht, dass die Antwort auf diese Frage heute Abend nur aus einer Fährte bestand, die ich Ihnen gelegt habe. Die Fährte heißt: Hingabe – sein Herz verlieren. Wir werden diese Fährte an den kommenden Abenden weiterverfolgen.

Station 3: Glaube – wie ich trotz Hindernissen weiterkomme

„Glaube – wie ich trotz Hindernissen weiterkomme" lautet unser Thema heute Abend. Wir betreten damit ein etwas unwegsames Gelände. Aber die Mühe wird sich lohnen.

Am letzten Abend ging es um die Frage: „Welchen Sinn hat eigentlich mein Leben?" Und dabei sind wir auf eine interessante Fährte gestoßen. Wir haben entdeckt: Sinnfindung hat etwas mit Hingabe zu tun. Sinnerfülltes Leben entsteht dort, wo sich ein Mensch an etwas verliert, das ihn zutiefst fasziniert. Im christlichen Glauben geht es um eine ganz ähnliche Bewegung. Glauben heißt: von Gott so fasziniert zu sein, dass man sich an ihn hingibt, sein Herz an Gott verliert. Wer glaubt, lässt sich die Frage nach dem Sinn seines Lebens von Gott beantworten.

[Evtl. können hier noch einmal Folien der Station 2 als Wiederholung aufgenommen werden]

Aber an dieser Stelle entstehen oft Probleme. Sein Herz Gott hinzugeben, das ist nicht unbedingt einfach. Wer es mit dem Glauben versucht hat, entdeckt sehr bald: In uns gibt es eine ganze Reihe von Hindernissen, die diese Hingabe erschweren. Einige dieser Glaubenshindernisse wollen wir uns anschauen.

Beginnen wir mit solchen, die von unserem Kopf ausgehen. Vier besonders wichtige intellektuelle Einwände gegen den Glauben an Gott sollen hier erwähnt werden:

Der erste Einwand lautet: „Gott kann man nicht beweisen!"

Das stimmt! Es ist zwar immer wieder versucht worden, Gottesbeweise aufzustellen. Aber sie sind alle gescheitert. Gott lässt sich nicht beweisen. Aber spricht das wirklich gegen ihn – oder nicht vielmehr gerade für ihn? Denn ein Gott, den man beweisen könnte, wäre kein Gott.

Beweisen können wir Dinge, derer sich unser Verstand bemächtigen kann. Unser Verstand allerdings ist an die Grenzen von Raum und Zeit gebunden. Soll das Wort „Gott" aber einen Sinn haben, dann meint es gerade nicht ein „Ding" innerhalb der Grenzen von Raum und Zeit, sondern eine Wirklichkeit, die unsere raumzeitliche Wirklichkeit umschließt. „Gott" ist nicht etwas, was wir begreifen, sondern Gott ist der, der uns umgreift. Seine Wirklichkeit ist das Ganze, unsere Wirklichkeit nur ein Teil davon. Nicht das Teilstück kann auf das Ganze zurückschließen, sondern die Bewegung müsste umgekehrt verlaufen: dass sich das größere Ganze dem Teil zu erkennen gibt, sich dort zeigt.

Die Bibel sagt, dass das geschehen ist und immer wieder geschieht. Sie nennt diesen Vorgang „Offenbarung". Offenbarung Gottes meint: Gott wird nicht durch Argumente plausibel, sondern dadurch, dass er uns in unserer menschlichen Lebenswirklichkeit begegnet. Gott wird nicht bewiesen, sondern erfahren.

Wenn uns eine Wirklichkeit nur durch Argumente erreicht, verändert das nicht viel. Aber da, wo wir eine Wirklichkeit mitten im Leben erfahren können, verändert sie alles und bringt unser Leben in Bewegung. Gott wird nie bewiesen. Aber er lässt sich erfahren.

Das zweite Argument gegen den Glauben an Gott heißt: Ist Gott nicht im Grunde nur ein Wunschtraum des Menschen? Religionskritiker haben diese Frage immer wieder gestellt. Sie haben gesagt: Weil der Mensch nicht gut sein kann, sehnt er sich nach der Güte Gottes. Weil hier auf Erden Ungerechtigkeit herrscht, entsteht der Wunsch nach einer ausgleichenden himmlischen Gerechtigkeit.

Nicht Gott erschafft den Menschen nach seinem Bilde, sondern es ist genau umgekehrt – der Mensch erschafft sich einen Gott nach seinem Bild. Er projiziert sozusagen seine Sehnsucht an den Himmel ...

... und dann betet er seine Projektion an und nennt sie „Gott".

Natürlich kann man das so sehen: Gott als Projektion menschlicher Sehnsucht, als Wunschtraum. Allerdings bleibt dann die Frage: Was meint dieser Traum eigentlich? Warum haben Menschen aller Epochen, aller Kulturen, in allen Völkern und Religionen bis zum heutigen Tag immer wieder diesen Traum „Gott" geträumt? Trotz Aufklärung und Wissenschaft gibt es ja auch bei uns eine neue Religiosität. Was meldet sich in der Sehnsucht nach Gott eigentlich zu Wort?

Wenn wir Hunger haben, meldet unser Körper eine Sehnsucht nach Nahrung an. Bilder von leckeren Speisen schießen uns durch den Kopf. Nur ein Wunschtraum? Ganz im Gegenteil! Hunger ist der deutliche Hinweis darauf, dass es so etwas wie Nahrung geben muss. Ob der Hunger nach Gott, der uns Menschen immer wieder überfällt, so etwas wie eine Selbsterinnerung Gottes ist?

Evolutionsbiologen tun sich schwer mit einer Begründung, warum es überhaupt Religion gibt. Religion dient nicht der unmittelbaren Fortpflanzung und schafft auch sonst keinen Vorteil. Vielmehr nimmt Religion Zeit und Kraft weg, die effektiver für die Nahrungsbesorgung, Haussicherung und sonstige lebensnotwendige Verrichtungen genutzt werden könnten. Alle Erklärungsversuche bisher sind sehr dürftig. (Ein Beispiel: Religion sei für den Menschen so etwas wie das Federrad beim Pfau: Der Mann, der sich neben der Jagd (Arbeit) auch noch Religion leisten kann, muss besonders stark sein und damit für die Weibchen für die Fortpflanzung besonders attraktiv. Darum, Männer, nicht nur wer Klavier spielen kann, sondern wer religiös ist, hat Erfolg bei den Frauen.)

Vielleicht könnte die Sehnsucht nach Gott, die sich immer wieder meldet, ja auch einfach ein Hinweis darauf sein, dass Gott da ist – als abgedrängte Realität unseres Lebens.

Ein drittes Argument gegen den Glauben fragt direkt danach, ob wir nicht ohne Gott sogar viel besser dran wären. (So z.B. die These des Biologen Richard Dawkins in seinem Bestseller „Der Gotteswahn" aus dem Jahre 2007.) Hierbei wird versucht, aus naturwissenschaftlich-materieller Sicht die Nicht-Existenz Gottes zu beweisen. Eine der Grundthesen dieses neuen Atheismus verleitete den Spiegel zur Titelseitenüberschrift: „Gott ist an allem schuld" (Mai 2007). Alle Kriege – so die These – würden im Namen Gottes und nur wegen des Glaubens geführt, aller Hass und menschliche Gegnerschaft rührten daher. Religiös begründet werden Frauen von Männern unterdrückt und gab es den Sklavenhandel. Jeder vernünftig denkende Mensch müsse daher eigentlich die Hypothese „Gott" ausschließen – dann würde alles besser.

Es ist tatsächlich so, dass viel Grausamkeit auf der Welt im Namen Gottes begangen wurde und wird. In vielen Kriegen beteten beide Seiten zu Gott um den Sieg und für die Vernichtung der Feinde. Immer wieder wurden und werden Gott und der Glaube an ihn missbraucht für die Durchsetzung menschlicher Interessen.

Der Missbrauch einer Sache ist aber natürlich noch kein Argument gegen die Sache selbst. Ein Beispiel: Nur weil Menschen schon aus Liebe gemordet haben, kann man nicht sagen, die Liebe sei ein gefährliches eingebildetes Gefühl und gehörte ausgemerzt. Vielmehr wäre die Frage angebracht, warum da ein Mensch das Gefühl der Liebe benutzt, um seine falschen Taten zu rechtfertigen.

[Hier könnte auf den Film Equilibrium hingewiesen werden. Der Science-Fiction-Film erzählt von einer Zukunft, in der mittels einer Droge alle Gefühlsregungen bei den Menschen ausgeblendet werden, da in ihnen die Ursache für Kriege etc. gesehen wird.]

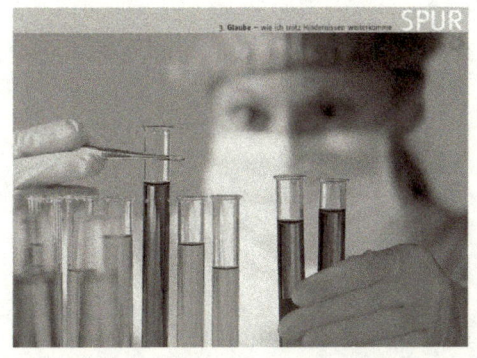

Ob der Glaube an Gott vernünftig oder unvernünftig ist, das lässt sich rein naturwissenschaftlich grundsätzlich nicht erörtern, weil sich Gott, der Schöpfer des menschlich erforschbaren Raumes, selber der menschlichen Erforschbarkeit entzieht. Deshalb gibt es auch keinen Gegensatz von naturwissenschaftlicher Forschung und Glaube. Im Gegenteil, sie ergänzen sich vielmehr. An Gott zu glauben bedeutet nicht, auf Vernunft zu verzichten, sondern aus der Einsicht einer glaubenden Vernunft zu handeln und zu leben. Das, was ich erforschen kann, kann ich dann als ein Lob des Schöpfers sehen.

Übrigens: Als der Schöpfungsbericht in der Bibel geschrieben wurde, da war er – was den naturwissenschaftlichen Stand angeht – nobelpreiswürdig.

Ob es vernünftig ist, an Gott zu glauben oder nicht, das entscheidet sich an der Frage, was es denn für einen Unterschied macht, ob wir davon ausgehen, dass es Gott gibt oder nicht.

Wenn es keinen Gott gibt, ist der Mensch auf sich selbst geworfen, dann ist der Mensch für sich das Maß aller Dinge – oder das, was er dazu macht, egal, ob er es dann Gott nennt oder Ethik oder Volk oder Nation.

Wenn es aber einen Gott gibt, dann gibt es noch eine jenseits allen Menschlichen

liegende Verantwortungsinstanz. Dann gibt es ein Woher und Wohin des Lebens, dann ist das uns Erforschbare nicht alles und dann dürfen wir mit dem Erforschbaren nicht einfach machen, was wir gerade wollen – denn es gehört nicht uns, sondern Gott.
Welche Vorstellung scheint Ihnen vernünftiger?

[Bei den folgenden Bildern ist wichtig, dass Zeit zur Betrachtung gelassen wird, weil sie sehr eindrücklich wirken.]

Damit sind wir bei einem vierten Einwand gegen den Glauben! Wenn es denn diese Verantwortungsinstanz gibt, müsste die Welt dann nicht anders aussehen? Spricht nicht das Elend dieser Welt gegen Gott? Erleben wir nicht eine Welt, in der uns Terrorismus und Gewalt durch Kriege und Hass begegnet?

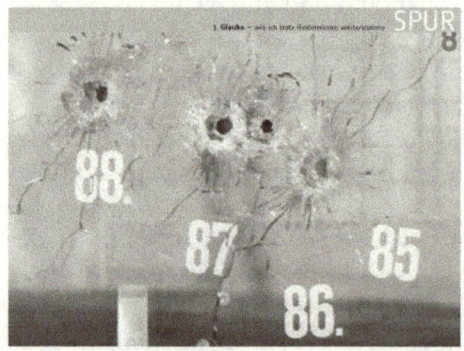

Regiert in unserer Welt nicht vielmehr oftmals die Unwägbarkeit der plötzlichen Katastrophe – z.B. durch Unfälle?
[Hier können alternativ Bilder aus dem lokalen Zusammenhang benutzt werden]

Sehen wir nicht tausendfaches Leid, auch durch Naturkatastrophen?
Müsste die Welt nicht anders aussehen, wenn man an einen Gott glauben sollte, der uns wirklich liebt?

Wie kann Gott das alles zulassen?
Dieses Bild entstand nach einem Amok-Lauf an einer Schule. „Gott, wo warst du?"
Ich bin sicher: Sie kennen diese Fragen auch aus Ihrem eigenen Leben.
Mich treiben diese Fragen auch um. Sie sitzen wie ein Stachel in meinem Glauben. Ich habe bis heute keine Antwort auf diese Fragen, die mein Denken wirklich zur Ruhe kommen ließe. Die Frage: „Wie kann Gott das zulassen?" ist für mich eine bleibende, bedrängende Frage. Auch dann noch, wenn ich bedenke, dass viele Übel auf diesem Globus nicht einfach schicksalhaft vom Himmel fallen. Viel Elend, das wir erleiden, ist „hausgemacht", d.h. von uns Menschen selbst produziert. Und es ist nicht fair, Gott Dinge in die Schuhe zu schieben, die wir verbockt haben und für deren Folgen wir keine Verantwortung übernehmen wollen.
Im Blick auf den Klimawandel wissen wir ja inzwischen ganz genau, wie sehr unser Lebensstil und unser Umgang mit der Welt Ursache dafür sind. Wir könnten jetzt

viele Lebensbereiche durchgehen und würden sehr oft auf dieses Phänomen stoßen. Nur noch zwei Beispiele:

Eigentlich bringt unsere Welt genug Nahrung für alle hervor. Dass dennoch täglich viele Menschen verhungern, ist eine Anfrage an unsere Art der Verteilung und nicht an den Schöpfer der guten Gaben.

Kriege, die geführt werden, werden von Menschen begonnen und geführt – selbst wenn sie sich dabei hinter Gott verstecken oder von heiligen Kriegen sprechen.

Viel Elend dieser Welt spricht nicht gegen Gott, sondern gegen uns. Es ist der Preis, den wir für das zahlen, was wir „unsere Freiheit" nennen. Gerade weil Gott uns liebt, degradiert er uns nicht zu Marionetten, die an seinen Fäden zappeln. Er gibt uns die Freiheit, auf dieser Erde seinem guten Willen zu entsprechen. Und wo wir diese Freiheit missbrauchen, da ist das Leid, das daraus resultiert, nicht Gott anzulasten.

Aber ich bin mir bewusst: Das ist keine hinreichende Antwort auf die Frage nach dem Leid.

Ich bin allerdings auch nicht sicher, ob uns eine theoretische Antwort auf diese Frage, eine einsichtige Erklärung des tausendfachen Leides dieser Welt, wirklich weiterhelfen würde. Wer drin steckt im Elend, braucht keine Erklärungen, sondern jemanden, der ihn herausholt oder sich zumindest an seine Seite stellt; jemanden, der den Schmerz mit aushält, der das Leiden teilt. Der Gott, an den wir Christen glauben, gibt keine theoretischen Erklärungen über das Leiden ab. Aber er teilt unser Leiden. Besonders sichtbar wird das an dem Leiden und Sterben von Jesus. Das Kreuz Jesu zeigt, wie sehr sich Gott mit den Leidenden solidarisiert – wir werden darüber an einer anderen Stelle des Seminars noch ausführlich reden.

Es gibt natürlich noch eine Reihe anderer intellektueller Einwände gegen den Glauben an Gott. Aber auch wenn es gelänge, sie alle zu entkräften, eins würde nicht geschehen, nämlich, dass Sie deshalb plötzlich anfangen, zu glauben. Denn Glauben heißt Vertrauen. Und Vertrauen ist nie einfach die Folge von guten Argumenten.

Wenn jemand Flugangst hat, dann nützt es ihm wenig, wenn man immer wieder erklärt, dass und wie Flugzeuge funktionieren. Statistiken über die Sicherheit helfen auch nicht. Er würde höchstens sagen: „Hört auf damit, dass weiß ich alles, ich glaub es nur nicht!"

Gute Argumente allein bewegen uns in der Regel noch nicht zum Vertrauen.

Viele Menschen meinen, dass ihre Hauptschwierigkeiten mit dem Glauben an Gott intellektuelle Schwierigkeiten sind – Kopfprobleme sozusagen. Ich bin mir da nicht so sicher. Vielmehr vermute ich: Die meisten Probleme, die ein Mensch mit Gott hat, liegen eine ganze Etage tiefer. Es sind „Herz-Probleme".

Vielleicht haben wir das gerade auch schon gemerkt, als wir über Leid nachgedacht haben. Ich kann auf Kopfniveau darüber diskutieren. Aber die Frage stellt sich tatsächlich noch einmal ganz anders, wenn sie mein Herz berührt.

Das Herz ist ein Sinnbild für die Personenmitte, für den Ort in uns, an dem unsere ganze Sehnsucht nach Leben entspringt. Das Herz, so könnte man sagen, ist das Zentrum unserer Hingabefähigkeit. Und im Glauben geht es ja im Kern um Hingabe.

Viele Menschen erleben in sich einen tiefen, inneren Riss zwischen sich und Gott. Sie wollen gern glauben – und können nicht mehr. Ihr Herz ist verschlossen. Ihre Vertrauensbereitschaft und Hingabefähigkeit sind blockiert. Was kann das sein, das einen Menschen Gott gegenüber so abriegelt?

Es gibt auf diese Frage sicher mehrere Antworten. Ich möchte an dieser Stelle auf eine zu sprechen kommen, die viele Menschen betrifft.

Nicht selten ist ein Mensch für den Glauben wie verschlossen, weil er innere Verletzungen mit sich trägt. Ich weiß, dies ist kein schönes Thema. Aber es gibt Dinge in unserem Leben, die sind wichtig – obwohl sie nicht schön sind. Ein Arztbesuch kann anstrengend und unangenehm sein, und ist doch unglaublich wichtig.

Wenn ich jetzt mit Ihnen über das Stichwort „Innere Verletzungen" nachdenke, dann nicht deshalb, weil ich Sie aufwühlen will, sondern weil ich tief davon überzeugt bin, dass innere Verletzungen wie Glaubensblockaden wirken. Sie zehren unsere Vertrauensbereitschaft auf, lähmen unsere Hingabefähigkeit, verschließen uns manchmal jahrelang für Gott. Sie verhindern, dass wir uns ihm vertrauensvoll zuwenden können.

Jeder Mensch lebt nicht nur in einer Außenwelt, die ihn umgibt, sondern er trägt auch eine ganze Welt in sich: eine Welt von Gefühlen, Stimmungen, Einstellungen – und vor allem eine fast unerschöpfliche Welt von Erinnerungen. Unsere Seele ist wie eine große Scheune. Täglich fahren wir neue Erinnerungen in sie ein und speichern sie dort. Diese Innenwelt bestimmt unser Leben häufig sehr viel intensiver mit, als es uns lieb ist. Diese Innenwelt ist mit entscheidend für unsere Stimmungen und Gefühle, für unsere Überzeugungen und Handlungen.

[Eventuell zusätzliche Folie: Fingerabdruck der Seele – vielleicht in das Herz eingefügt]

Manchmal sind ganze Zimmer unseres inneren Lebenshauses angefüllt mit schmerzhaften Erinnerungen an Personen, die uns Leid zugefügt haben. Viel Bitterkeit und Groll haben sich da angesammelt. Erfahrungen sind da abgespeichert, die wehtun, sobald wir daran denken: Erfahrungen mit Menschen, die uns verletzt haben. Und unser innerer Mensch ist mindestens so verwundbar wie unser äußerer. Da gibt es diese wunden Punkte, an die man möglichst nicht mehr rühren möchte. Man hofft, dass die Wunden langsam vernarben. Aber dann stößt doch wieder jemand dran – und die Narbe bricht erneut auf.

Diese wunden Punkte in uns, diese inneren Verletzungen können wie Glaubensblockaden wirken. Darum ist es wichtig und sinnvoll, hier darüber zu sprechen.

Wenn ich nun das Stichwort „Innere Verletzungen" etwas bebildere und konkretisiere, dann kann es sein, dass manches in Ihnen aufsteigt: vielleicht Erinnerungen an eigene Verletzungen, die in Ihnen wohnen. Lassen Sie das bitte zu, auch wenn es nicht angenehm ist. Über Verletzungen hinwegzusehen, so als ob sie gar nicht da wären, hilft auf die Dauer nicht weiter. Wir beschäftigen uns an dieser Stelle mit diesem Thema, weil innere Verletzungen und unser Zugang zum Glauben eng zusammenhängen.

Im zweiten Teil des Abends wollen wir dann fragen, wie wir mit Verletzungen, die wir empfangen haben, umgehen können, und wie solche Verletzungen ausheilen.

Die ersten und meist sehr nachhaltigen Verletzungen bekommt ein Mensch oft schon sehr früh: in seiner Kindheit. Durch die sogenannte pränatale Psychologie wissen wir, dass bereits ein Embryo verletzt werden kann, z.B. dadurch, dass die Mutter das Ungeborene ablehnt.

Kinder haben noch nicht gelernt, sich vor Verletzungen zu schützen. Was eine Kinderseele an Verletzungen speichert, kann das ganze weitere Leben beeinflussen. Der Titel eines Buches heißt: „In dir lebt noch das Kind, das du einmal warst." Das

stimmt. Wir haben unsere Kindheit nie einfach hinter uns, sondern tragen sie ständig auch in uns – samt unserer Kindheitsverletzungen.

Ich denke an Sätze, die sich in Kinderseelen eingraben, Sätze wie: „Aus dir wird sowieso nichts!", oder: „Du machst immer alles falsch!" Wie auf einem inneren Tonband werden solche Sätze gespeichert. Und wenn der Dreißigjährige dann einen Nagel krumm schlägt, setzt sich das Tonband wieder in Bewegung: „Du machst immer alles falsch!"

Eine Grunderfahrung, die viele Menschen in ihrer Kindheit gemacht haben, heißt: Ich bin nicht wirklich bedingungslos geliebt worden. Das hat uns tief verletzt.

Partnerschaftliche Beziehungen und Familien sind häufig Brutstätten sehr einschneidender Verletzungen. Manche Ehe gleicht einem Kampffeld mit täglichen Blessuren auf beiden Seiten. Dabei muss es nicht immer laut zugehen. Gerade in Partnerschaften gibt es viele schleichende Verletzungen, deren Schmerz erst nach und nach aufbricht: Verletzungen durch Unachtsamkeit, Gleichgültigkeit, Desinteresse oder schleichenden Liebesverlust.

Hier können auch Kinder ihre Eltern verletzen, indem sie ihr Vertrauen missbrauchen, ihre Zuwendung wie eine selbstverständliche Dienstleistung in Anspruch nehmen, auf ihre Rechte pochen – ohne sich auch nur im geringsten in familiäre Pflichten einbinden zu lassen.

Verletzungen gibt es auch im gesellschaftlichen Leben. Manche Freundschaft ist daran zerbrochen. Da vertraut sich jemand seinem Freund in einer sehr persönlichen Angelegenheit an – und am nächsten Tag erfährt er die Geschichte im Bäckerladen von einem Dritten. Missbrauchtes Vertrauen.

Oder nehmen Sie das Thema Mobbing (schon in der Schule geht das los). Auf einmal zerbrechen Beziehungen, weil mit unfairen Mitteln, mit übler Nachrede, Vitamin B und Ellenbogen gekämpft wird.

Ich möchte nicht verschweigen, dass es auch Verletzungen durch Christen und die Kirche gibt – gerade diese Verletzungen können Menschen oft lange Zeit für den Glauben verschließen.

Mancher hat eine sogenannte „christliche Erziehung" genossen, die hochgradig ungenießbar war. Da wurde Gott als Drohwort missbraucht. Religion als Druckmittel nach dem Motto: „Der liebe Gott sieht alles!"

Manchmal geschehen auch diese Verletzungen gar nicht absichtsvoll. Ein persönliches Beispiel: Einmal habe ich einer älteren Dame aus der Gemeinde – als ich sie in der Stadt traf – versprochen, sie demnächst zu besuchen. Ich hatte es dann vergessen, sie aber nicht. Und als ich nicht kam, war sie tief verletzt. Erst nach einem Jahr kam das heraus.

Ich denke auch an Gemeinden, in denen ständig ein kalter Krieg zwischen unterschiedlichen Frömmigkeitsstilen stattfindet.

Und nicht zuletzt denke ich daran, wie oft die Kirche das Evangelium verraten hat – nicht nur in Kreuzzügen, Inquisition und Hexenverbrennungen, wie oft sie geschwiegen hat, wo man im Namen Jesu Christi hätte reden müssen. Wie oft sie die Nachfolge Jesu verlassen hat, um zu Macht und Reichtum zu kommen. (Mich selbst als Mitarbeiter meiner Kirche verletzt das bis heute.)

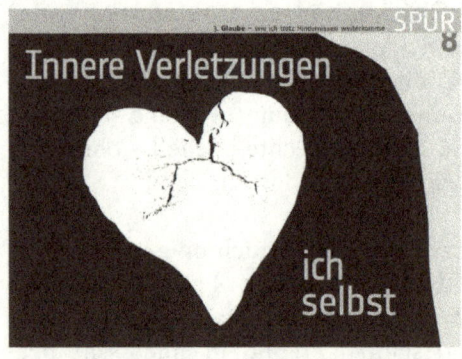

Ein Letztes: Wir verletzen uns auch ständig selbst! Reden Sie auch manchmal mit sich selbst – egal ob laut oder leise?

Über welche Themen reden Sie dann eigentlich innerlich mit sich selbst? Welche Inhalte haben Ihre Selbstgespräche? Klopfen Sie sich innerlich auf die Schulter und sagen: „Toll gemacht! Du bist Klasse!" In der Regel ist es so, dass viele Gespräche, die Menschen mit sich selber führen, einen negativen Inhalt haben.

„Ich habe aber auch nur noch Pech!", „Ich tauge zu gar nichts", „Ich bin überhaupt nicht mehr attraktiv!" Solche Reden verwunden unser Selbstwertgefühl, unser „Ich" liegt dann am Boden!

Und: Solche Sätze gewinnen eine ungeheure Macht über uns. Wo wir sie uns einreden, beleidigen wir uns selbst. Manche Menschen beherrschen das bis zur Perfektion.

Darf ich Sie etwas fragen? Sie müssen nicht darauf antworten. Ich möchte Sie gern fragen: Mögen Sie sich eigentlich? Haben Sie sich lieb? Was sehen Sie, wenn Sie morgens in den Spiegel gucken?

Es gibt ja Menschen, wenn die sich morgens im Spiegel sehen, dann sagen sie zu dem Gesicht: „Ich kennen dich zwar nicht, aber ich wasche dich trotzdem!"
Manchmal geht mir das auch so, aber irgendwann ist mir klar geworden, dass das, was im Psalm 139 in der Bibel steht, auch für mich gilt. Da steht: „Du bist wunderbar gemacht!" Da können nun andere denken, was sie wollen.
Gott hält uns für wunderbar. Und genau das zu glauben fällt uns oft schwer! Denn wenn ich „Nein!" zu mir sage, kann ich dann glauben, dass Gott „Ja!" zu mir sagt? Es ist merkwürdig, aber wahr: Wir verletzen uns auch immer wieder selbst.

Nun haben Sie vielleicht den Eindruck gewonnen, Sie sind in einem Psycho-Kurs gelandet, statt in einem Seminar zu Grundfragen des Glaubens. Der Eindruck trügt. Ich habe Ihnen diese Beispielpalette innerer Verletzungen gerade deshalb vorgeführt, weil ich davon überzeugt bin, dass viele Probleme, die ein Mensch mit dem Glauben, mit der Hingabe an Gott hat, mit solchen Verletzungsgeschichten zusammenhängen. Oft sind unsere Verletzungen ja wie auf einer Perlenschnur aufgereiht, eine lange Kette kann sich da in vielen Jahren bilden. Solche Verletzungen bestimmen unsere Gegenwart mit. Sie können unser ganzes Innenleben vergiften mit Bitterkeit und viel Groll.

Die Reaktion auf innere Verletzungen ist bei uns allen dieselbe: Ich baue Misstrauen auf. Misstrauen ist wie ein Schutzwall gegen neue Verletzungen, und deshalb auch eine verständliche und manchmal wichtige Reaktion. Allerdings kann sich das Misstrauen auch verselbstständigen: Plötzlich bin ich überall auf der Hut vor Negativem, rechne ich überall mit neuen Verwundungen. Im Extremfall erwarte ich so gar nichts Gutes mehr. Es gibt Menschen, deren Verletzungsgeschichte hat langsam, aber stetig einen dicken Stacheldrahtzaun des Misstrauens in ihnen entstehen lassen.
Manchmal haben sie sich an diesen Stacheldraht bereits gewöhnt, igeln sich dahinter ein, gehen auf Abwehr, ziehen sich verbittert zurück, lassen nichts zu dicht an sich heran.

Misstrauen ist wie eine Trennwand – nicht nur Menschen, sondern auch Gott gegenüber. Wir haben ja bereits gesehen: Glauben bedeutet Vertrauen. Wo aber das Misstrauen wie ein schleichendes Gift mein Innenleben durchzieht, frisst es die Kraft zum Vertrauen auf. Mein Misstrauen redet mir ein: „Wag' dich nur nicht zu weit raus im Vertrauen zu einem Gegenüber! Du ziehst nur den Kürzeren dabei!" Misstrauen wirkt wie eine Glaubensblockade. Es lähmt mein Herz, lässt meine

Hingabefähigkeit absterben, schließt mich in mich selbst ein. Das ist der Grund, warum viele verletzte Menschen nur schwer glauben können, obwohl sie sich vielleicht sehr danach sehnen.

Und noch etwas passiert, wenn wir verletzt werden. Wir legen dann in der Regel „innere Schwüre" ab. Da missbraucht jemand mein Vertrauen, und ich sage als innere Reaktion darauf: „Ich werde mich nie mehr jemandem anvertrauen!"

„Männer sind für mich gestorben – ein für allemal!", schwört sich eine Frau nach einer missglückten und leidvollen Beziehung zu einem Mann. „Mit dem rede ich kein Wort mehr!" – „In der Kirche wird mich nie mehr jemand sehen!" Diese inneren Schwüre, diese „Nie mehr-Sätze" binden uns, halten uns im Misstrauen fest, machen uns zu Gefangenen unserer unausgeheilten Wunden; ja, sie verhindern geradezu, dass diese Wunden heilen können. Unseren inneren Schwüren sind wir treu, obwohl wir dadurch unser Leben selbst einengen.

Sie kennen die Gruppengespräche schon von den letzten Abenden. Mit welchen Gefühlen mögen Sie heute Abend dort hinein gehen? Vielleicht haben Sie etwas Angst vor dem Gespräch – fürchten eventuell, nun genötigt zu werden, über Ihre Verletzungen zu sprechen. Das wird nicht geschehen. Sie bekommen einen Schutzraum in der Gruppe, müssen über nichts reden, über das Sie im Augenblick nicht sprechen können oder wollen. Allerdings kann die Gesprächsgruppe, in der Sie nun ja schon etwas vertrauter sind, auch eine Chance sein, den eigenen Glaubenshindernissen auf die Spur zu kommen.

Zweiter Teil:

Wie mag es Ihnen jetzt nach den Gruppengesprächen gehen? Auf das, was wir heute miteinander verhandeln, waren Sie ja nicht vorbereitet. Man kann sehr unterschiedlich darauf reagieren.

a) Vielleicht haben Sie gemerkt: Innere Verletzungen – das ist nicht mein Thema.

Wenn es Ihnen so geht, möchte ich Ihnen zunächst sagen: Ich freue mich von Herzen mit Ihnen, dass ihnen offenbar viel im Leben erspart geblieben ist. Und ich bitte sie: Lassen Sie sich auch keine inneren Verletzungen einreden, wo sie nicht sind. Dieses Seminar will Ihnen nichts einreden, was Sie nicht haben.

b) Eventuell sind Sie aber an einige wunde Punkte gestoßen. Und das hat sehr weh getan. Vielleicht sind Sie deshalb sogar innerlich aufgebracht und verärgert.
Allerdings befinden wir uns mit unseren „Entdeckungen im Land des Glaubens" auf einer Abenteuerreise. Zu der Spur, die wir verfolgen, gehört das schwierige Gelände dazu. Mir ist es ganz wichtig, dass deutlich wird: Der Glaube ist kein religiöser Zuckerguss, den wir einfach über den Kuchen unseres Lebens gießen. Der Glaube will in unser Leben hineinwirken, will es heilsam verändern, will ausheilen helfen, was in uns weint. Das führt manchmal durch Krisen hindurch.

Das chinesische Wort für Krise verwendet Schriftzeichen die aus den Worten Gefahr und Chance stammen. Krisen sind immer beides: Chance und Gefahr. Um die Chance soll es jetzt gehen; darum, wie man mit seinen inneren Verletzungen umgehen kann, ja mehr noch: wie sie vielleicht sogar ausheilen können. Unser Stichwort heißt: „Innere Heilung". Die innere Heilung von Verletzungen ist wie ein Weg mit mehreren Stationen. Bevor ich Ihnen diesen Weg zeige, jetzt zunächst drei Vorbemerkungen:

Sie kennen das Sprichwort: „Zeit heilt Wunden". Daran ist sicher richtig, dass eine Verletzung, die schon Jahre zurückliegt, meist weniger weh tut, als eine, die ich erst gestern bekommen habe. Die Erfahrung zeigt aber, dass Verletzungen nicht einfach verschwinden, wenn man nur genügend Zeit verstreichen lässt. Gut gemeinte Sprüche wie „Lass mal Gras drüber wachsen!", erweisen sich letztlich nicht als hilfreich. Mit unbearbeiteten inneren Verletzungen ist es wie mit Atommüll, den man – wie wir verharmlosend sagen – irgendwo „zwischenlagert". Das Zeug strahlt gefährlich – und das eine sehr lange Zeit! Nein, die Zeit heilt nicht alle Wunden.

Zweite Vorbemerkung: Die Heilung muss innen beginnen.

Denn innen, tief in uns sitzt ja der Stachel der Verwundung. Mancher versucht mit seinen Verletzungen fertig zu werden, indem er die äußeren Umstände verändert, die zu den Verletzungen geführt haben. Das mag hier und da hilfreich sein, die Heilung aber bewirkt es nicht. Manchmal versucht ein Mensch, seinen Verletzungen zu entfliehen, indem er den Wohnort wechselt oder sogar auswandert. Aber der erste, dem er am neuen Ort begegnet, ist er selbst, und zwar mit seinen Verletzungen. Die hat er nämlich mitgenommen. Weil die Verwundung in uns steckt, muss auch die Heilung in uns beginnen.

Die dritte Vorbemerkung möchte ich in eine kleine Geschichte verpacken. Man kann sie im Neuen Testament nachlesen (Johannes 5,1-9). Da wird erzählt, wie Jesus an einen großen Teich kommt, an dem viele Kranke liegen, die sehnsüchtig auf Heilung warten. Ein Mann liegt seit 38 Jahren krank auf seiner Matte, kann sich nicht mehr bewegen. Wer die Geschichten um Jesus im Neuen Testament kennt, wird vermuten, dass Jesus nun schnurstracks auf diesen Mann zusteuert und ihn sofort heilt. Aber genau das tut er nicht. Stattdessen stellt er ihm eine sehr wichtige Frage. Sie heißt: „Willst du gesund werden?" Alberne Frage – denken Sie vielleicht. Was wünscht sich einer, der 38 Jahre lang flachgelegen hat mehr, als endlich wieder auf die Beine zu kommen? Aber so dumm, wie sie zunächst klingen mag, ist die Frage gar nicht. Es gibt nämlich tatsächlich Menschen, die möchten ihre Verletzungen gar nicht loswerden, weil sie sich an ihre Opferrolle gewöhnt haben, sie sozusagen in ihr Leben als festen Bestandteil integriert haben. Manchmal schlagen sie dann selbst aus ihren Verletzungen noch Kapital: z.B. im Selbstmitleid. Da schleppt einer einen Rucksack voller Verwundungen mit sich herum. Regelmäßig sucht er sich ein Opfer. Und dann packt er mit Leidensmine seinen Rucksack aus, blättert dem anderen seine Verletzungen vor, lässt sich ordentlich bedauern, packt alles wieder ein, setzt den Rucksack wieder auf und zieht weiter. Und dieses Spiel beginnt immer wieder von Neuem.

„Wollen Sie eigentlich gesund werden?" Diese Frage von Jesus fordert dazu auf, aus der Opferrolle herauszutreten. Wollen Sie ihre Verletzungen loslassen?

Ich möchte Ihnen nun einige Schritte zur „Inneren Heilung" zeigen. Es sind sehr praktische Schritte, die einen Weg aufzeigen.

Das Gehen dieser Schritte braucht Zeit. Tage, Wochen, vielleicht Monate. Aber wenn Sie sich auf den Weg einlassen, den ich Ihnen jetzt andeute, werden Sie – wie viele Menschen vor Ihnen – die Entdeckung machen, dass Ihre Verletzungen beginnen auszuheilen. Und das kann für Ihre Geschichte mit Gott, für Ihren Glaubensweg wichtig werden. Vielleicht führt Sie der Weg zur inneren Heilung sogar zu einer ersten heilsamen Erfahrung mit Gott selbst. Das wäre mein Wunsch für Sie. Innere Heilung – wie kann man sie erleben?

Der erste Schritt lautet: Verletzungen vergegenwärtigen.

Zunächst geht es darum, erfahrene Verletzungen nicht zu verdrängen, sondern ins Bewusstsein kommen zu lassen. Dazu braucht man Mut. Denn instinktiv fliehen wir vor schmerzhaften Erinnerungen, so wie das Kind die Herdplatte meidet, an der es sich verbrannt hat. Um bei diesem Bild von der Herdplatte zu bleiben: Es geht nicht darum, um alle Herdplatten nun einen großen Bogen zu schlagen, sondern es geht darum, den Schalter für die Herdplatte zu finden.

Wenn das Thema von heute Abend Sie betrifft, schlage ich Ihnen vor: Nehmen Sie sich in den nächsten Tagen doch einmal die Zeit, Ihre schmerzhaften Erinnerungen aufzuschreiben. Gehen Sie Ihren Lebensweg in Gedanken noch einmal nach und notieren Sie alles, was Ihnen an Verletzungen einfällt. Sie werden erstaunt sein, was sich da alles in Ihnen angesammelt hat.

Der zweite Schritt ist: eigene Hilflosigkeit eingestehen!

Auch dieser Schritt fällt uns meist nicht leicht. Denn wir Menschen sind oft sehr stolz – wir möchten eigentlich allein mit allem fertig werden. Vielleicht steckt hinter dieser Haltung auch eine gewisse Scham. Jeder versteckt gern das weinende Kind in sich vor den anderen. Aus der Therapie von suchtkranken Menschen wissen wir: Einem Suchtkranken kann erst geholfen werden, wenn er einsieht und zugibt, dass er der Macht dessen, von dem er abhängig ist, nicht gewachsen ist. Auch unseren Verletzungen gegenüber sind wir oft macht- und hilfloser, als es uns

lieb ist und als wir es wahrhaben wollen.
Wenn sich jemand ein Bein bricht und hilflos am Boden liegt, kommt kein vernünftiger Mensch auf die Idee, dem Verletzten
beschwichtigend auf die Schulter zu klopfen und zu sagen: „Da musst du eben
durch!" Jeder weiß: Da ist jetzt Hilfe angesagt, die sich der Verletzte nicht selbst
geben kann. Aber wo es um innere Verletzungen geht, fällt dieser dumme Satz häufig: „Da musst du eben durch!" Manchmal
aber kommt man nicht alleine durch, kann man den Stacheldraht von Schmerz,
Verbitterung und Groll nicht aus eigener Kraft zerreißen.
Man hat selbst nichts in der Hand, mit dem man die eigenen Wunden verbinden
kann. Dann ist es gut, wenn man sich einem Menschen anvertraut, der zuhören
kann und – wenn möglich – etwas vom Weg der inneren Heilung versteht. Bitte
bleiben Sie nicht allein, wenn Sie spüren: Ich werde mit meinen Verletzungen aus
eigener Kraft nicht fertig!

*[An dieser Stelle empfiehlt es sich, auf Angebote hinzuweisen: Telefonseelsorge,
Lebensberatungsstellen, Möglichkeiten zur Seelsorge, evtl. auch Psychotherapie.]*

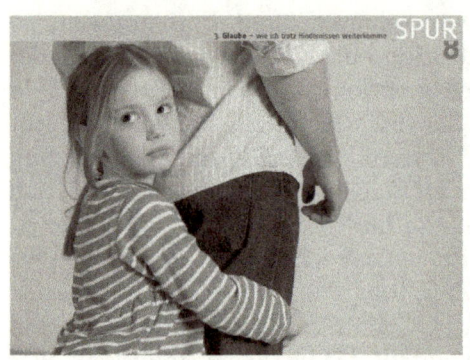

Der dritte Schritt heißt: sich nach heilender
Liebe ausstrecken.
Im Kern ist jede innere Verwundung eine
Verletzung unserer tiefen Sehnsucht nach
Liebe. Wir sehnen uns danach, bedingungslos geliebt, vorbehaltlos angenommen zu werden. Immer wieder wird diese
Sehnsucht enttäuscht. Und umgekehrt: Wo
wir Liebe erfahren, wirkliche Liebe, da
schließen sich innere Wunden. Liebe ist die
größte heilende Kraft in dieser Welt.
Etwas davon haben wir alle schon einmal
erlebt. Man kann das schön beobachten, wenn Kinder sich verletzt haben. Wenn sie
dann von den Eltern auf den Schoß und in den Arm genommen werden, wenn sie die
echte Zuwendung erleben, dann tut es schon längst nicht mehr so weh. Liebende
Zuwendung hat eine unglaubliche Heilkraft.
Nun stellen Sie sich einmal vor, es gäbe die Möglichkeit, nicht nur als Kind, sondern im ganzen Leben eine unerschöpfliche, heilende Liebe zu erfahren, an die Sie
sich mit Ihren Verwundungen wenden können. Eine Ihnen zugewandte heilende
Liebe, die Sie in den Arm nimmt, Sie schützt, und den Schmerz und die Verbitterung und den Groll in Ihrem Leben heilt. Zu schön, um wahr zu sein?

Die Bibel behauptet: Es gibt diese Kraftquelle heilender Liebe und nennt sie Gott. Viele denken, wenn sie das Wort „Gott" hören, an jemanden, der etwas von uns will, der Forderungen an uns stellt und uns vielleicht sogar überfordert. Gott – da muss man aufpassen, dass man nicht zu kurz kommt!

Die Bibel sieht Gott anders. Sie versteht Gott als Kraftquelle heilender Liebe. Gott fordert nicht – er beschenkt. Er will uns nichts wegnehmen, er will uns etwas Gutes zukommen lassen. Gott selbst ist und verschenkt die unbedingte Liebe, nach der wir uns sehnen. Gott will unsere Verletzungen heilen, will zerbrochene Herzen gesunden lassen, will Groll, Verbitterung und Schmerz aus unseren Erinnerungen herausziehen. Gott möchte, dass Sie und ich heil werden.

Jesus Christus hat uns Gott so gezeigt. Jesus macht die Menschen nicht permanent mit Anklagen, Drohungen und Forderungen Gottes fertig. Er verströmt Gottes heilende Liebe. Lesen Sie die Geschichten des Neuen Testaments einmal unter diesem Aspekt: Von Jesus gehen Heilungsprozesse aus. In seiner Gegenwart gesundet das Leben von Menschen – innerlich und äußerlich. Das ist auch der Grund, warum man ihn den „Heiland", den Heilmacher genannt hat. Jesus hat sein Wirken selbst einmal mit der Arbeit eines Arztes verglichen. Darum haben sich vor allem die Kranken von ihm angezogen gefühlt: die äußerlich und innerlich Verletzten. Sie hat Jesus besonders zu sich eingeladen.

Übrigens: Man kann mit Gott, kann mit der Kraft heilender Liebe auch dann schon gute Erfahrungen machen, wenn man noch sehr skeptisch ist, wenn man noch ganz am Anfang des Weges mit Gott steht, wenn einem noch kein Glaubensbekenntnis über die Lippen kommt.

Sehr schön deutlich wird das in einer Geschichte, die uns das Neue Testament erzählt (Markus 5,25-34). Da ist eine Frau. Sie ist krank. Ob sie ein Glaubensbekenntnis aufsagen könnte, ob sie besonders religiös ist, ob sie an Jesus glaubt – wir wissen es nicht. Aber sie hat Gerüchte gehört, dass von diesem Jesus Heilsames ausgeht. Sie wagt sich in seine Nähe, pirscht sich von hinten an ihn heran. Wir können bei ihr eine Mischung aus vager Hoffnung, Aberglaube und Angst entdecken. Und plötzlich greift sie nach seinem Gewand – sie weiß selbst nicht genau, warum. Ein erster, zaghafter Versuch, auszuprobieren, was an der Quelle heilender Liebe wirklich dran ist, von der die Leute in Israel erzählen.

Glaube, ein wirklich fester Glaube ist es bestimmt nicht, was die Frau nach Jesu Gewand greifen lässt. Und dann passiert es: Jesus bleibt stehen, dreht sich um, sieht die Frau an, schiebt sie nicht weg, fragt nicht nach ihren Motiven, unterzieht sie keiner Glaubensprüfung. Er sagt zu ihr: „Dein Glaube hat dir geholfen." Und sie ist gesund.

Wer sich – wie zaghaft und unsicher auch immer – nach Gott und seinen heilenden Möglichkeiten ausstreckt, erfährt etwas von dem Strom heilender Liebe, zu dem Jesus einlädt. Wir dürfen Heilung von Gott erwarten.

Das ist nun der vierte Schritt auf dem Weg zur inneren Heilung: Sich mit der eigenen Geschichte aussöhnen!

Mit einem Vergleich möchte ich den Prozess der inneren Heilung ein wenig veranschaulichen: Unser Leben gleicht einem Film. Da gibt es das Heute, den jetzigen Moment. Dann gibt es den Filmteil der noch vor uns liegt, unsere Zukunft. Da können wir noch gestaltend eingreifen.

Aber ein erheblicher Teil unseres Lebensfilms ist bereits abgelaufen. Er enthält auch viele Szenen mit schmerzhaften Erinnerungen. Oft würden wir diese Szenen am liebsten herausschneiden. Aber das geht nicht. Wir kommen an unsere Vergangenheit nicht mehr heran.

Viele Menschen rebellieren innerlich gegen leiderfüllte Lebensabschnitte, die hinter ihnen liegen: gegen verpasste Gelegenheit, gegen die Lebensphase einer gescheiterten Ehe, gegen Jahre der Krankheit, die ihnen Chancen nahmen ....

Wenn wir aber gegen zurückliegende Lebensstationen innerlich Krieg führen, Teile unserer Biografie also ablehnen, dann kostet diese Ablehnung eine enorme innere Kraft. Und vor allem: Der Stachel bleibt!

Wer nach hinten kämpft, hat keine Kraft, nach vorn zu leben. Die innere Heilung kommt nur voran, wenn wir auch die Schattenseiten und Täler unseres Lebens annehmen, „Ja" sagen auch zu schmerzlichen Zeiten, die hinter uns liegen, uns aussöhnen mit unserer Biografie mit ihren Brüchen, Ecken und Kanten. Irgendwann muss ich Frieden schließen mit meiner Lebensgeschichte. Zu diesem Friedensschluss gehört auch, dass ich die inneren Schwüre widerrufe, mit denen ich mich selbst an die Kette gelegt habe, und den verpassten Gelegenheiten nicht mehr nachzutrauern. Wir kommen an das Vergangene nicht mehr heran. Aber wenn Gott über der Zeit steht, dann kann er dort wohl ran, hat er dort Zugang. Gott kann mit der Kraft seiner heilenden Liebe in unsere Erinnerungen einziehen, kann die Bitterkeit und Wut, den immer wieder neu aufbrechenden Schmerz aus diesen Erinnerungen verwandeln. Innere Heilung bedeutet nicht, dass wir unsere Verletzungen einfach vergessen oder das sie ungeschehen würden. Wir erinnern uns auch nach der Heilung noch daran – aber ohne innerlich dabei hochgehen zu müssen. Ohne den einmal erfahrenen Schmerz immer wieder neu erleben zu müssen. Wir können dann, wenn wir Heilung erlebt haben, in Gelassenheit an das Vergangene zurückdenken.

Sich mit der Vergangenheit aussöhnen und nach heilender Liebe ausstrecken, wie geht das praktisch? Jesus hat einmal gesagt: „Lasst die Kinder zu mir kommen!" Lassen Sie doch das verletzte Kind in Ihnen zu ihm kommen.

Das kann z.B. in einem Gebet um innere Heilung geschehen. Viele Menschen haben dadurch Hilfe erfahren. Ein solches Gebet ist in Ihrem Teilnehmerheft abgedruckt.

Vielleicht finden Sie in den nächsten Tagen Zeit, es zu lesen. Vielleicht entsteht dabei in Ihnen sogar der Wunsch, es selbst zu sprechen, vor Gott einmal auszusprechen, was in Ihnen weint.

Und dabei kann es hilfreich sein, wenn Sie es nicht allein sondern mit einem Christen gemeinsam tun, der mit dem Beten schon etwas vertrauter ist. Ich lese Ihnen zur Anregung einfach mal einige Zeilen aus diesem Gebet vor. Da spricht ein Mensch zu Gott:

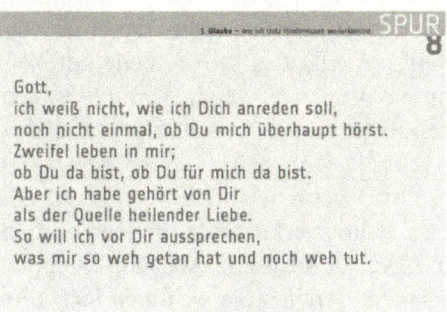

Gott,
ich weiß nicht, wie ich Dich anreden soll,
noch nicht einmal, ob Du mich überhaupt hörst.
Zweifel leben in mir;
ob Du da bist, ob Du für mich da bist.
Aber ich habe gehört von Dir
als der Quelle heilender Liebe.
So will ich vor Dir aussprechen,
was mir so weh getan hat und noch weh tut.

Und dann geht der Beter sein Leben durch, erzählt von Verletzungen aus seiner Kindheit, seiner Partnerschaft, seinem Berufsleben. Das Gebet schließt mit den Sätzen:

Gott,
da ist so viel, was in mir weint.
Manches kann ich noch nicht aussprechen
Und noch immer weiß ich nicht, ob Du für mich da bist.
Aber wenn,
dann bitte ich Dich jetzt:
Komm Du mit der Kraft Deiner heilenden Liebe
in mein Leben.
Zieh Du die Verbitterung und den Groll
aus meinen schmerzhaften Erinnerungen.
Fang an, meine Wunden zu heilen.
Amen.

Ein fünfter Schritt auf dem Weg zur inneren Heilung heißt: Verletzungen anderen nicht mehr nachtragen, Menschen nämlich, die Urheber meiner Verletzungen sind und sich an mir schuldig gemacht haben. Bei diesem Schritt geht es nicht um das Ableisten einer christlichen Tugend. Es geht um das eigene Gesundwerden! Es geht um die Entdeckung: Wenn ich dem nicht vergebe, der mich verletzt hat, tut mir das selbst nicht gut. Wir meinen ja oft irrigerweise: Wenn wir dem anderen nicht vergeben, schädigen und strafen wir ihn – nach dem Motto: „Selbst dran schuld! Warum war er so gemein zu mir?!" Dabei schädigen und strafen wir uns selbst, wenn wir nicht vergeben. Der andere hat vielleicht schon längst vergessen, dass er uns verletzt hat. Er lebt herrlich und in Freuden, während wir uns mit unserem Groll und unserer Wut abschleppen. Wenn Sie nämlich einem anderen „etwas nachtragen" (stellen Sie sich das doch bitte einmal bildlich vor!), dann sind Sie der Leidtragende – nicht der andere.

Fast könnte man sagen: Tun Sie sich doch mal was Gutes und vergeben Sie denen, die Sie verletzt haben!

Es geht dabei nicht um einen theatralischen Akt, sondern darum, dass Sie den Groll und die Wut, die Sie gegen den anderen hegen, aus Ihrem Herzen ausräumen. Gelingt Ihnen das, werden Sie merken: Wenn ich einem Menschen vergebe, der mich verletzt hat, tut mir das selber gut.

Ein letzter Schritt, um zur inneren Heilung zu kommen, heißt: wieder Gutes erwarten. Wir fuhren aus dem Sommerurlaub zurück, den ganzen Tag waren wir schon mit dem Auto unterwegs, da sagte ich zu meiner Frau: „Du, man sieht doch, dass der Sommer zu Ende geht. Es wird schon viel früher dunkel." Sie antwortete: „Eigentlich nicht, aber du kannst ja mal die Sonnenbrille absetzen, dann siehst du auch, wie hell es ist." Und tatsächlich. Die Sonnenbrille hatte ich ganz vergessen.

Wer viele Verletzungen erfahren hat, trägt danach meist eine Brille. Sie verdunkelt die Wirklichkeit und trübt den Blick.

Starke Verletzungen lassen oft unsere positiven Erwartungen ans Leben absterben, machen uns misstrauisch gegenüber unserer eigenen Zukunft, tauchen alles, was vor uns liegt, in ein dunkles Licht. Es lohnt sich, den Perspektivwechsel zu wagen und wieder Gutes zu erwarten.

Nun weiß ich zwar nicht, was in Ihrem Leben noch alles auf Sie zukommt. Aber eins weiß ich: In allem, was auf Sie zukommt, kommt einer auf Sie zu, der sich nicht gegen Sie verschworen hat. Einer, der es gut mit Ihnen meint. Ihre Verletzungen mögen Ihnen einreden: „Alles ist gegen mich!" Gott aber ist für Sie! Das hat er sich und Ihnen geschworen: „Ich bin für dich – in allem, was dir widerfährt – auch in dem, was dein Leben dunkel zu machen scheint!" Wenn aber Gott für Sie ist, was kann dann letztlich gegen Sie sein? Sie dürfen – wie sehr man Ihnen auch wehgetan hat – Gottes heilsame Güte erwarten.

Besonders an den nächsten beiden Abenden wollen wir uns diese heilsame Güte Gottes näher anschauen. Ich wünsche Ihnen trotz dieses vielleicht aufwühlenden Abends eine gute Nacht!

Station 4: Sünde – was es damit auf sich hat

Es gibt Bilder, die lösen zwiespältige Reaktionen aus: positive und negative. Mit so einem Bild eröffne ich den heutigen Abend.

Mauern schützen. Denken Sie an die Mauern Ihres Hauses, die Ihnen Geborgenheit geben. Mauern haben auch etwas Trennendes. Das ist besonders ärgerlich, wenn eine Mauer zwei Teile voneinander trennt, die eine Einheit bilden sollten.

Wir Deutschen haben mit Mauern unsere Geschichte. Denken wir an den Mauerbau in Berlin am 13. August 1961. Da hat man diese unsägliche Trennwand errichtet, die für viele Jahre die innere Spaltung unseres Volkes besiegelte. Die äußerlich sichtbare Mauer aus Beton wurde zum Symbol der unsichtbaren Mauern, die sich zwischen den Menschen aufbauten. Darum war das ein hochsymbolischer Akt, als am 9. Nov. '89 plötzlich die Berliner Mauer aufbrach. Ströme von Tränen und Sekt sind an diesem Abend geflossen. Sie werden sich erinnern. Ich habe lange nicht so viel Zeit vor dem Fernseher verbracht.

Inzwischen sind wir ernüchtert. Es sind die unsichtbaren Mauern, die sich viel schwerer abreißen lassen als die äußeren. Alle haben wir das schon erlebt: Plötzlich baut sich etwas auf zwischen mir und einem anderen Menschen. „Es steht etwas zwischen uns" – sagen wir dann. Oder wir sagen nicht nur beim Skat: „Der/die mauert." Nicht selten sind wir es auch selber, die „mauern".

Zwischen uns und der Wirklichkeit, die wir Gott nennen, baut sich auch so eine unsichtbare Trennwand auf. Letzten X-tag haben wir einige Steine dieser Mauer betrachtet. Sie tragen die Aufschrift: „Innere Verletzungen". Das können dicke Brocken sein. Sie werden durch einen betonharten Mörtel zusammengehalten: Eine Mischung aus schmerzhafter Erinnerung, aus Verbitterung, aus Groll. Für diese Steine können wir in der Regel nichts. Andere haben sie in die Mauer zwischen uns und Gott eingemauert. Es gibt auch Steine, die wir selber in diese Mauer einfügen. Wir selber „mauern" Gott gegenüber – manchmal ohne es zu wollen. Die Bibel benutzt für diese Steine ein Wort. Das kennen Sie alle. Dieses Wort ist belastet, von Missverständnissen entstellt und so verschlissen und so kaputt geredet, dass man es gar nicht mehr unbefangen verwenden kann.

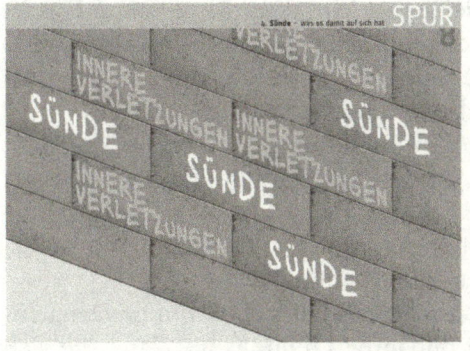

Ich tu's trotzdem! Das biblische Wort für die Steine, mit denen wir uns selbst gegen Gott abschotten, heißt: „Sünde". Nun würde ich gern mal wieder einen Blick hinter Ihre Stirn werfen, um mitzukriegen, was bei Ihnen jetzt abläuft, wenn Sie dieses Wort hören.
„Ach du liebe Zeit", sagt manche/r, „jetzt geht's wieder los – Sünde. Das scheint wohl bei ‚Kirchens' das Lieblingsthema zu sein".

Witz von dem Konfirmanden, der sonntagmorgens alleine zum Gottesdienst muss. Als er zurückkommt, fragt ihn der Vater: „Na, wie war's denn?" Sagt der Knabe:

„Na ja, wie immer!" „Was hat der Pastor denn gepredigt?" Der Sohn antwortet gelangweilt: „Über die Sünde." „Und was hat er gesagt?" Antwort: „Ist doch klar, er war dagegen!"

Kennt man ja bei „Kirchens": Ewig hacken die auf dem Thema „Sünde" herum. Wahrscheinlich fällt ihnen nichts Besseres mehr ein. Als wüsste nicht jede/r selbst, dass wir alle unsere Ecken und Kanten, unsere Macken und unsere Schwächen haben! Ich behaupte: Es gibt nichts Interessanteres als das Thema Sünde! Fast nichts ist prickelnder und spannender als das, was andere Leute falsch machen.

Viele meinen, es ginge bei dem Thema Sünde um das Stichwort „nobody is perfect – keiner ist vollkommen". Darum denken sie, dass man diesem Problem mit ein paar Anstandsregeln beikommt; nach dem Pfadfinder-Motto: „jeden Tag eine gute Tat". Aber so einfach liegen die Dinge leider nicht. Viele Eltern schicken ihre Kinder deswegen in den Konfirmandenunterricht, damit der Pfarrer ihnen die Anstandsregeln beibringt, die man im Elternhaus nicht „rüber bekommen" hat. Die Eltern gehen selber kaum zur Kirche, die Kinder sollen aber auf jeden Fall da durch!

Der Stein, der die Aufschrift „Sünde" trägt, ist überpinselt worden mit Farbe. Erst wenn man diese Übermalung wieder abkratzt, kommt die ursprüngliche Bedeutung zutage. Die Farbe können Sie in keiner Farbhandlung kaufen. Sie ist ein sehr hartnäckiges Zeug. Man kriegt sie mit keinem Lösungsmittel wieder runter! Ihr Name: MORALIN. Wir haben aus dem Wort „Sünde" einen Moralbegriff gemacht. Das ist schlimm. Damit ist die Pointe des Wortes verfehlt und seine Bedeutung total verdreht. Wie wirkt sich die Farbe MORALIN konkret aus? Nach landläufigem Verständnis ist Sünde das, was sich nicht gehört, obwohl es eigentlich Spaß macht.

Sünde verspricht Lustgewinn, prickelnden Reiz. Das Dumme ist nur: Die Kirche ist immer dagegen. Übertüncht man den Stein „Sünde" mit Moralin, dann wird Sünde zur verbotenen Lust. Sie wissen aus Kindertagen: Das, was Ihnen die Eltern verboten haben, war immer ganz besonders verlockend. Der Liedermacher Wolf Biermann singt: „Was verboten ist, das macht uns grade scharf."

Sünde = verbotene Lust. Diese Fehldeutung des Wortes hat sich tief in uns eingenistet. Denken Sie an die vollschlanke Dame mit ihrer Freundin im Café, die sich genüsslich das dritte Stück Sahnetorte schmecken lässt; sie sagt nach dem ersten Bissen plötzlich: „Heute sündige ich mal wieder gegen die schlanke Linie."

Hägar und Sven Glückspilz. Der Hagere fragt: „Ist Gefräßigkeit Sünde?" Der Dicke fragt zurück: „Macht es Spaß?" Sagt der Hagere: „Ich glaube ja!" Darauf der Dicke: „Dann ist es Sünde."

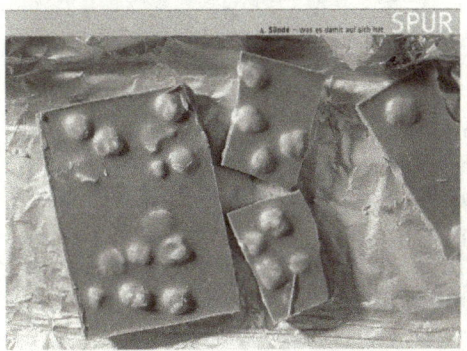 

„Sünde" gegen die schlanke Linie. Wer lustvoll mit dem rechten Fuß aufs Gaspedal tritt, wenn 50 km/h erlaubt sind, der wird als „Verkehrssünder" bezeichnet. Wer gegenüber dem Finanzamt nicht ehrlich ist, der ist ein „Steuersünder". Und weil Lust und Sexualität eng zusammengehören, hat sich der Begriff Sünde mit dem ganzen Themenbereich Sexualität verkoppelt. Jede/r weiß, was gemeint ist, wenn eine

Straße in den großen Städten die „sündige Meile" oder so ähnlich genannt wird. Wer in einen Film geht der den Titel „Süße Sünde" trägt, weiß, was ihn erwartet. Es gibt Schlager mit dem Titel: „Kann denn Liebe Sünde sein?", (Autowerbung: „Kann denn Probe fahren Sünde sein?") oder: „Auf der Alm da gibt's koa Sünd.". Man fragt sich, warum ausgerechnet da nicht ... Spaß beiseite.

Es ist tragisch, dass Sünde und Sexualität im Bewusstsein vieler Menschen so dicht zusammengerückt sind, als ob das Christentum von Natur aus lust- und leibfeindlich sei. Die Bibel redet von der schönen Gabe der Sexualität – anders als mancher, der sich zu Gottes Bodenpersonal zählt. Lesen Sie z.B. das Hohelied der Liebe im Alten Testament, es ersetzt manchen erotischen Roman.

Wenn Ihnen jemand kommt, der/die Ihnen den Spaß an der Sexualität nehmen möchte, gucken Sie noch einmal genau hin. Hinter dem moralinsauren Verständnis von Sünde als verbotener Lust steckt ein krankes Bild von Gott. Manche Bilder, die wir uns von Gott machen, sind krank und sie machen krank; sie verhindern den Glauben. Wer Sünde als verbotene Lust versteht, der versteht Gott als Spaßverderber des Lebens, der den ganzen Tag nichts anderes zu tun hat als aufzupassen, dass wir nur ja keine Lust am Leben haben.

Als ein Pastor während der Predigt einen Witz erzählt, kommt nach dem Gottesdienst ein Presbyter zu ihm und sagt mit todernster Miene: „Herr Pastor, bei Gott hört der Spaß auf." Mit entsprechendem Gesicht läuft dieser Mann herum. Wer hat uns bloß eingeredet, dass Gott und Lebenslust nichts miteinander zu tun haben? Bei Jesus lernt man so etwas nicht. Ist Gott aber zum Spaßverderber des Lebens geworden, dann erscheinen die Pastoren/innen als Moralapostel mit erhobenem Zeigefinger. Sie kanzeln alles ab, um uns den letzten Rest an Lust zu vertreiben. Die Kirche wird zu einer Art Erziehungsanstalt. Allerdings mit geringem Erfolg. Wer bleibt schon gerne in einer Erziehungsanstalt?

Damit wir uns nicht missverstehen: Wenn ich sage: „Sünde ist kein Moralbegriff", dann ist das keine Aufforderung an Sie, Ihre Moralvorstellungen über Bord zu schmeißen. Ich weiß auch, dass es Gebote Gottes gibt. Es liegt mir fern, sie zu relativieren. Gott will nicht, dass jemand in eine fremde Ehe einbricht. Gott will nicht, dass ein Vater seine Tochter missbraucht, dass wir morden und stehlen. Man darf nur eines nicht behaupten: Mit moralischen Entgleisungen und ethischem Fehlverhalten sei der Kern dessen getroffen, was das Wort „Sünde" meint. Wenn es beim Thema Sünde nur um das ginge, was der kleine Junge abends heimlich unter der Bettdecke macht, dann bräuchten wir das ganze Theater gar nicht. Sünde meint nicht ein paar Unanständigkeiten unseres Lebens, die kleinen Fehler, die jede/r von uns hat. So harmlos ist das Thema „Sünde" nicht. Das Thema ist viel dramatischer.

Im biblischen Denken ist Sünde ein Beziehungswort, ein Verhältniswort, kein Moralbegriff. Es beschreibt eine Beziehungsstörung zwischen Gott und Mensch. Wir haben das versucht im Bild darzustellen. Es macht auf eine wachsende Entfremdung zwischen Gott und uns aufmerksam. Sünde heißt: da ist ein Riss eingetreten. Da wird auseinandergerissen, was ursprünglich zusammengehört. Wir erinnern uns: Gott will kein menschenloser Gott sein und wir sollen keine gottlosen Menschen werden. Harmonie zwischen Schöpfer und Geschöpf – das war Gottes Traum, als er die Welt geschaffen hat. Unser Traum hätte es auch sein können. Das ist unsere Würde als Menschen: Wir sind auf eine intakte und vitale Beziehung zu Gott hin angelegt. Sünde meint genau dies – Beziehungsstörung. Ein Sünder ist also kein amoralischer Mensch, kein ethisch Entgleister. Sünder ist einer, der in einer schweren Kontaktstörung zu Gott lebt. Da funkt nichts mehr. Da ist man abgeschnitten von der Lebensenergie. Wenn Sie in einer Kontaktstörung zu einem Menschen leben, bricht zuerst das Gespräch ab. Man redet nicht mehr miteinander; man geht sich aus dem Weg; man verliert sich aus den Augen.

Wenn unsere Beziehung zu Gott gestört ist, hat das weitreichende Auswirkungen auf unser Leben.

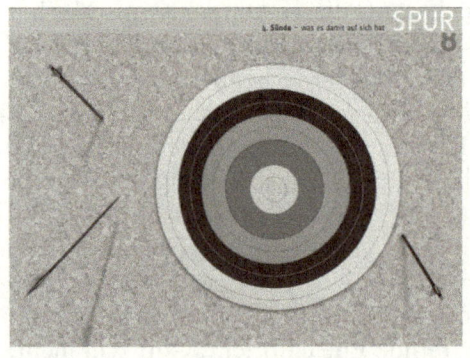

Kratzen wir weiter an dem Stein mit der Aufschrift „Sünde" die Moralinschicht ab, so stoßen wir im NT auf ein Wort, das diese Auswirkungen beschreibt: „Zielverfehlung". Das Wort stammt aus der Sprache der Bogenschützen: Ein Bogen mit Sehne; ein Pfeil wird darauf angelegt und abgeschossen. Wenn der Pfeil nicht ins Schwarze trifft, ist das Zielverfehlung. „Knapp vorbei ist auch daneben." Fragen wir nach der Zielvorstellung, die Gott von unserem Leben hat. Viele meinen, Gott macht sehr knauserige, in Köln sagt man „sehr kniestige" Vorgaben, die unser Leben einengen, so nach dem Motto: „Du sollst nicht, du darfst nicht!" Genau das Gegenteil ist wahr. Gott hat unserem Leben ein atemberaubendes Ziel gegeben. Er hat eine Vision von unserem Leben, die uns in die Weite führt.

Gottes Zielvorstellung: Weite und Freiheit. Wir sollen aufrechten Ganges durch die Welt gehen, nicht gebückt und nicht dienerisch und nicht verkrümmt; aufrecht, als freie Menschen sollen wir durch diese Welt gehen. Er will, dass unser Leben sich entfaltet, dass unser Leben aufblüht wie ein starker Baum, der nach drei Richtungen ungehindert wächst: im Vertrauen zu ihm, unserem Gott, in der liebevollen Zuwendung zu anderen Menschen und in der Bejahung der eigenen Person. Gott, die anderen, ich. Ich finde diese Zielvorstellung für mein Leben faszinierend. Gott wünscht sich, dass wir uns ihm öffnen, wie einem guten Freund, ihn einbeziehen in unser Leben wie einen Menschen, der uns viel bedeutet. Gott möchte, dass wir die anderen Menschen nicht als Bedrohung und als Konkurrenz empfinden, sondern dass wir uns ihnen liebevoll und in Achtung zuwenden können – aus freien Stücken. Gott wünscht sich, dass wir uns selbst mögen; dass wir ein volles Ja zu uns selber sagen. Das ist Gottes Vision von unserem Leben. Gott denkt groß von uns. In der Bibel heißt es: „Er schuf den Menschen zu seinem Bild, zu seinem Ebenbild, zu seinem Gegenüber." Er schuf uns dazu, dass wir seine Weite und seine Freiheit widerspiegeln: Gott liebend, den Nächsten liebend, uns selbst liebend.

Sünde ist die Verfehlung dieses Ziels: Unsere Sehnsucht nach Leben erfüllt sich nicht. Unser Lebensbaum mit seinen ausladenden Ästen in diese drei Richtungen Gottesliebe, Nächstenliebe, Selbstliebe verkrüppelt. Die Entfaltung des eigenen

Lebens verkümmert. Liebe und Vertrauen zu Gott schwinden. In den Umgang mit
den anderen ziehen Kälte und Härte ein. Zu uns selbst haben wir nur noch ein
mehrfach gebrochenes Verhältnis. Aus dem Menschen mit dem aufrechten Gang ist
der geworden, der sich zunehmend in sich selbst verkrümmt, der nicht aufblüht in
Lebensfülle.

Das ist das Drama der Sünde. Wir möchten gerne leben und können es nicht. Ein/e
Sünder/in ist im Leben eingeschränkt. Er/sie erlebt sich ständig als auf sich zurück-
geworfen. Wie in einem Gefängnis begegnet sie/er in allem nur sich selbst und gerät
dadurch in eine tiefe Zerrissenheit. Zielverfehlung: Unser Lebenspfeil trifft nicht ins
Schwarze. Wir werden uns selbst und anderen fremd. Ahnen wir jetzt, dass es beim
Thema „Sünde" um ein bisschen mehr geht als um ein paar Anstandsfragen oder
um eine Portion moralischer Aufrüstung?

Woher kommt diese Gebrochenheit unseres Lebens? Worin wurzelt diese verhäng-
nisvolle Beziehungsstörung zwischen uns und Gott? Was ist die Ursache der Sünde?
Wieder gibt es keine schlüssige Erklärung nach dem Motto: „Das ist so, weil ..."

Ich kann nur eine Antwort versuchen. Ich erzähle Ihnen eine Geschichte. Sie lässt
sich auf den ersten Seiten der Bibel nachlesen. Sie ist als Geschichte von Adam und
Eva fast eine Art deutsches Volksmärchen geworden.
Zwei Vorbemerkungen dazu:

a) Die Geschichte von Adam und Eva ist keine „historische Geschichte", wo man sagen könnte: am Soundsovielten September des Jahres soundsoviel hat sich das ereignet. Denn alle „historischen Geschichten" haben wir hinter uns. Diese Geschichte haben wir in uns. Was die alte Dichtung beschreibt, spielt sich tagtäglich in Ihrem und meinem Leben ab. Die Story ist hochaktuell.

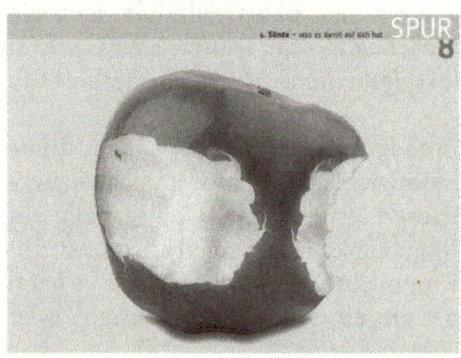

b) Die Geschichte von Adam und Eva ist keine Geschichte gegen die Frau. Sie ist immer wieder frauenfeindlich ausgelegt worden. Man hat gesagt: „Eva ist es ja schließlich gewesen, die nach dem Apfel gegriffen hat." Darum ist die Frau dem Mann untergeordnet. Übrigens, dass es ein Apfel war, steht nicht in der biblischen Erzählung, das hat das deutsche Volksmärchen dazu gedichtet. Aber wir können's ruhig bei dem Apfel belassen. Nur gegen Eva, gegen die Frauen, richtet sich diese Geschichte nicht. Darum mag ich dieses Bild so gern. Es zeigt nämlich, dass bei der ganzen Angelegenheit Adam und Eva eng kooperieren. Sie brauchen sich; sie arbeiten Hand in Hand beim Griff nach der Frucht.

Die Geschichte beginnt damit, dass Gott sich als spendabel erweist. Er ist kein kniestiger/geiziger Gott, der seinen Menschen die Lebensfülle missgönnt. Er setzt Adam und Eva nicht nackt in eine dunkle, kalte Kirche und sagt: „Nun betet mal schön." Er spendiert seinem Ebenbild ein Paradies, einen wunderschönen Garten. Sinnbild der Lebensfreude – Weite, Sonne, Meer und Strand, faszinierende Pflanzen, faszinierende Tiere, Vogelgezwitscher, köstlichste Früchte. Wohin das Auge blickt: Nur das, was wir so normalerweise nur in Katalogen oder an Plakatwänden sehen, Einladungen zu schönen Stränden zu tollen Urlauben. Das haben die hier. „Ist das alles für uns?" fragt Adam. „Ja", sagt Gott, „es ist alles für euch. Bedient euch! Schöpft das Leben aus." „Schön ist es hier!", sagt Eva. „So müsste es immer sein." „So kann's auch immer sein", sagt Gott. „Ich euer Gott, ihr meine Menschen." Eva zwinkert ihm zu wie einem guten Freund. „Du meinst es wirklich gut mit uns", sagt sie.

Gott winkt die beiden freundlich zu sich und sagt: „Eine herzliche Bitte habe ich an euch." Er zeigt auf einen Baum mitten im Garten. Die Bibel nennt ihn den „Baum der Erkenntnis des Guten und des Bösen". Gott sagt: „Geht bitte nicht an die Früchte dieses Baumes. Lasst die Entscheidung darüber, was euch gut tut und was euch schadet, meine Sache sein. Ihr übernehmt euch, ihr Menschen, wenn ihr das zu eurer Sache macht. Ich habe euch auf mich hin geschaffen. Das macht eure Würde aus und eure Grenze. Achtet diese Grenze. Dann geht es euch gut. Versteht mich richtig: Ich bin gut zu euch. Darum möchte ich, dass ihr aus meiner Güte lebt und euch mir anvertraut."

Wir wissen, wie die Geschichte ausgegangen ist und wie sie in unser aller Leben bis heute ausgeht. Adam und Eva greifen nach der Frucht. Sie reißen die Entscheidung über Gut und Böse an sich. Sie achten die gute Grenze nicht, die sie als Geschöpfe vom Schöpfer unterscheidet. Sie wollen Götter spielen. Überall wo wir Menschen Gott spielen, machen wir aus dem Paradies der Erde eine Hölle. Ob das bei Kriegen ist oder ob wir mit an sich guten wissenschaftlich-technischen Erfindungen Zerstörungen anrichten. Wir beuten diesen Globus aus, statt ihn liebevoll wie einen Garten zu pflegen. Vergleich: Sie haben ein Gartentor an einer viel befahrenen Straße. Sie hören etwas von Freiheit und reißen das Tor auf, obwohl kleine Kinder im Garten spielen. So gehen wir mit den Ressourcen unserer Welt und unseres Lebens um. Wir beten die Güter an statt Gottes Güte. Warum der Griff nach der Frucht? Warum der Übergriff in das, was Gottes Sache ist? In Auslegungen dieser Geschichte hört man immer wieder als Antwort: „Eva hatte Lust auf den Apfel. Als sie ihn sah, lief ihr das Wasser im Munde zusammen." Also doch Sünde = verbotene Lust? Ich glaube das nicht. Eva hatte gar keine Lust auf diesen blöden Boskop-Apfel. Der Paradiesgarten war voll von exotischen Früchten. Es kann nicht der Mangel sein, dass man Lust hat auf den Apfel. Es geht um was ganz anderes.

In Adam und Eva schlängelt sich plötzlich ein Gedanke hoch, darum das Bild der Schlange. Es ist ein teuflischer Gedanke. Beide wissen nicht, wo er herkommt und doch halten sie sich an diesem Gedanken fest. Dieser Gedanke heißt: „Ob Gott es wirklich gut mit uns meint? Vielleicht mag er das doch nicht so gerne, wenn wir hier grenzenlos frei sind. Warum spricht er sonst von der Grenze? Vielleicht blüht unser Leben erst auf, wenn wir die Grenze überschreiten. Vielleicht gönnt uns Gott das volle Leben nicht. Er will uns klein und abhängig halten." Die beiden unterstellen Gott böse Absichten mit ihnen. Sie vermuten hinter seiner Anweisung etwas, was ihr Leben eng macht und schadet.

Wie würden Sie das nennen, was sich da in Adam und Eva ansammelt? Ich nenne es Misstrauen.

Damit haben wir den letzten Rest von „Moralin" von dem Stein abgekratzt. Sünde meint im Kern Misstrauen Gott gegenüber. Misstrauen ist ein Attentat auf die Güte Gottes. Wer Gott misstraut, erwartet nichts Gutes von ihm. Wer Gott misstraut, unterstellt ihm, dass er uns die Lebensfülle vorenthält; dass er sein Gottsein auf unsere Kosten leben will.

Das ist unsere Sünde. Nicht, dass wir Fehler machen, sondern dass wir Gott misstrauen. Wir glauben nicht, dass er's wirklich gut mit uns meint und gut mit uns macht. Ein/e Sünder/in ist eine/r, der/die Gott seine Güte nicht glaubt. Das ist der Grund der Beziehungsstörung zwischen Gott und uns. Weil wir misstrauisch sind, darum „mauern" wir; darum gehen wir Gott aus dem Weg; darum meiden wir seine Nähe; darum hören wir nicht auf ihn und darum reden wir nicht mit ihm.

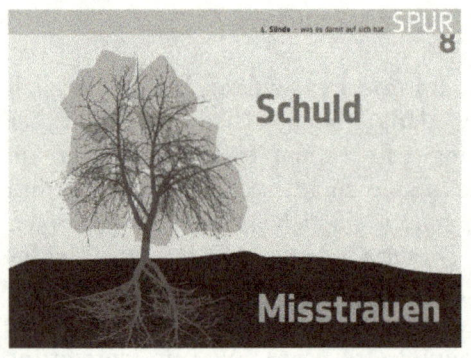

So lange die Giftwurzel des Misstrauens in unserem Lebensboden sitzt, wächst daraus eine Pflanze hervor. Unser Misstrauen entfremdet uns von Gott, von den anderen und nicht zuletzt auch von uns selbst. Die Folge dieser Entfremdung ist konkretes Versagen, konkrete Schuld. So, wie Husten eine Folge einer Erkältung ist, so ist Schuld die Folge des Misstrauens. Als Sünder wird der Mensch schuldig – an seinem eigenen Leben, den anderen, an Gott.

Das lässt sich anschaulich deutlich machen. Wenn wir z.B. Gott misstrauen, dass er als ein guter Vater für uns sorgt, müssen wir uns um uns selber Sorgen machen. Die

Lebenssorge aber zerfrisst unsere Lebensbeziehungen, macht uns selbstbezogen. Verkrümmt in uns selbst werden wir unfrei für andere zu sorgen. Wenn wir aus Misstrauen heraus Angst vor Gott haben, werden wir auch Angst vorm Leben und Angst vorm Sterben haben. Wer Angst hat, der verbreitet Enge um sich herum. Wenn wir nicht glauben, dass Gott uns bedingungslos annimmt, werden wir uns selbst und andere auch nicht bedingungslos annehmen. Wer sich nicht geliebt weiß, kann auch nicht lieben. Wem nicht vergeben wurde, kann nicht vergeben.
Wie kommen wir aus dem Teufelskreis heraus? Jeder Kleingärtner weiß: Wer Unkraut weg haben will aus dem Garten, darf es nicht nur oberhalb des Bodens abreißen. Die Wurzel muss raus. Wer die Giftpflanze mit dem Namen „Sünde" aus seinem Leben wirklich heraushaben will, darf nicht nur die Blätter mit der Aufschrift „Schuld" entfernen. Die Wurzel muss raus. Misstrauen ist keine schlechte Angewohnheit, die man durch Abgewöhnen wieder loswird. Misstrauen ist wie eine Krankheit. Von Krankheiten muss man geheilt werden. Darum heißt die Frage im Umgang mit der Sünde nicht: Wie werden wir ein bisschen frömmer, wie werden wir ein bisschen kirchlicher, wie werden wir ein bisschen anständiger? Die Frage heißt: Wie heilt unser Misstrauen gegenüber Gott aus? Wer heilt das aus? Wie genesen wir von dieser tödlichen Krankheit? Darum soll es heute und am nächsten Abend gehen.

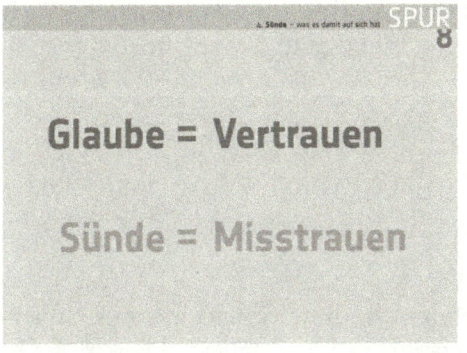

Glauben ist Vertrauen. Sünde ist Misstrauen. Deshalb kann ein Seminar zum Thema „Glauben" nicht auf das Thema „Sünde" verzichten. Weil Sünde im Kern Misstrauen gegen Gott meint, wird sie nur durch neues Vertrauen zu Gott überwunden. Das Gegenteil von Sünde heißt nicht sich zusammenreißen und anständig leben. Das Gegenteil von Sünde heißt Glauben. Oder anders gesagt: Im Glauben heilt unser Misstrauen Gott gegenüber aus.

Geschichte/Beispiel zum Thema „Vertrauen"
Ich bringe in diesem Zusammenhang eine kleine Kindheitserinnerung, die mich bis heute mit meinem Vater (vor zehn Jahren verstorben) verbindet. Vielleicht haben Sie mit Ihrem Vater Ähnliches erlebt oder mit Ihrer Mutter. Ich erhebe mit dieser Geschichte keinen Anspruch auf Einmaligkeit.
Eines Tages, ich war vielleicht vier, waren wir in dem Dorf, aus dem mein Vater stammt; da sind auch Bauernhöfe und Heubalken. Ich war auf so einem Heubalken, nicht besonders hoch; ich war klein und von oben sah das ziemlich gefährlich aus. Ich hatte Angst. Irgendwie war da auch keine Leiter. Die Einzelheiten weiß ich nicht mehr. Ich sehe da nur noch meinen Vater da unten stehen und die Arme ausbreiten und sagen: „Spring, ich fang dich!" Da stand ich nun auf meinem Heubalken des

Misstrauens. Was ich damals nicht brauchte, waren Informationen über die Fang-kraft meines Vaters. Ich brauchte auch kein Heft von der Stiftung Warentest „Lassen Väter ihre Kinder fallen?" Nicht neues Wissen über meinen Vater fehlte mir, sondern Vertrauen. Ich bin dann gesprungen. Mein Vater hat mich gefangen. Nur, warum bin ich gesprungen? Ich weiß es noch wie heute. Mein Vater hat mich angesehen. Er hat mir in die Augen geguckt. In seinem Blick lag etwas, was mein Misstrauen hat schmelzen lassen. Ich kann das nicht genau erklären. Es war sein Blick, der mich ver-trauensvoll springen ließ.

Ob wir unser Misstrauen gegenüber Gott verlieren würden, wenn wir ihm ins Gesicht sähen? Gott in die Augen schauen. Vielleicht macht Ihnen dieser Gedanke Angst, weil Sie sich Gottes Auge nur streng und drohend und kontrollierend vorstellen können. Was aber wäre, wenn Gott andere Augen hätte? Wenn Ihnen da plötzlich ein heilsa-mer Blick entgegenkäme? Ein Blick, der anfängt, Misstrauen auszuheilen.

Für die Gesprächsphase: In Ihrem Heft fin-den Sie eine biblische Geschichte. Jesus hat sie erzählt. Da geht es um einen Vater und diesmal um zwei Söhne. Eine Geschichte, die das einlöst, was ich gerade gesagt habe. Da kann man Gott ins Gesicht schauen. Ich wünsche Ihnen gute Gespräche.

Zweiter Teil:

Es lohnt sich, diese Geschichte an sich her-anzulassen. Es kann dauern, bis wir uns in der Geschichte mit dem Vater und den bei-den Söhnen wiederfinden. Sie kann zum Spiegel unserer eigenen Lebensgeschichte und Gottesbeziehung werden. Ich kann in allen drei Personen etwas für mein Leben entdecken. Die Erzählung hilft, Gott ins Gesicht zu sehen – ohne dabei die Augen vor uns selbst zu verschließen. Das Ganze ist ein Weg mit mehreren Stationen.

„Warum geht der Sohn überhaupt weg von Zuhause?" „Warum verlässt ein Mensch Gott, den Ursprung des Lebens?"

Man könnte meinen, der Grund für den Weggang des Sohnes liegt beim Vater. Dieser Vater sei ein besonders herrschsüchtiger Tyrann gewesen, der die Jungs kurzgehalten und ihnen die Freiräume beschnitten hat; solche Väter gibt es. Vielleicht ist auch jemand hier, der sich nur ungern an so einen Vater erinnert und das unbewusst auf Gott übertragen hat. Dieser Vater ist anders. Ich entdecke bei ihm nichts Einengendes und/oder Unterdrückendes. Er macht dem Sohn keine Szene: *„Wie kannst du nur?!"*; keine Erpressung: *„Du bringst mich noch ins Grab!"*; kein Mitleid heischen: *„Und was soll aus mir werden?"* – nichts von alledem. Der Vater teilt das Erbe auf und gibt ihn frei.

(Diese Geschichte ist nicht erzählt, um den natürlichen Ablöseprozess junger Leute vom Elternhaus zu unterbinden. Sie verbindet es nicht mit dem Wort „Sünde", wenn junge Leute von Zuhause wegziehen und selbstständig werden wollen.)

Der Grund für den Weggang des jüngeren Sohnes liegt in ihm selbst. Irgendwann hat der Gedanke von ihm Besitz ergriffen: *„Vielleicht ist das Leben bei Vater ja doch nicht zu haben. Vielleicht erfüllen sich meine geheimen Sehnsüchte erst da, wo Vater nicht mehr ist. Vater will mich ganz bei sich haben, um mir das Schönste vorzuenthalten."* Es muss etwas Ähnliches gewesen sein wie bei Adam und Eva: Misstrauen. Plötzlich war es da, aus heiterem Himmel. Bei Vater jedenfalls ist das Leben nicht zu haben. Erst ohne Gott können wir uns richtig entfalten. Bei Gott büßen wir die Freiheit ein. So sagt unser Misstrauen. Als der Sohn sich mit dieser Krankheit ansteckt, ist er bereits *„der verlorene Sohn"*. Alle weiteren Stationen seines Weges sind eine Konsequenz dieses Misstrauens. Misstrauen macht unser Vaterbild, unser Gottesbild krank.

Es gibt noch den zweiten Sohn. Sie haben ihn entdeckt. Rein äußerlich sind die Unterschiede zu seinem Bruder nicht zu übersehen. Der ältere Sohn bleibt brav zu Hause. Er arbeitet treu auf dem elterlichen Hof. Er lebt eine bürgerliche Existenz, ohne sich etwas zuschulden kommen zu lassen. Doch der Schein trügt. Die Beziehung zum Vater ist nicht in Ordnung. Seine Sprache verrät ihn: *„Du weißt doch, all die Jahre habe ich wie ein Sklave für dich geschuftet."* – Vertrauensverhältnis? Den Vater schmerzt dieses Misstrauen des älteren Sohnes genauso wie das des jüngeren. Das ist schon tragisch. Da lebt einer ganz eng bei seinem Vater und kennt ihn doch nicht. Da nennen sich Menschen Christen und spüren nicht, dass Freiheit ihr Zuhause ist. Das gibt es: bei Gott bleiben in treuer Gewohnheit und dieses fromme Zuhause zugleich wie ein Gefängnis erleben. Immer mit dem Gefühl: *„Ich bin nicht gut genug."* Christentum als unterkühlte Pflichtübung. Frömmigkeit als lustlose Gewohnheit. Kirchlichkeit als abgestandene

Routine. Man muss nicht erst bei den Schweinen gelandet sein, um sich mit der Krankheit des Misstrauens anzustecken. Man kann mit Gott Wand an Wand leben und findet trotzdem die Tür zu ihm nicht. Man kann Mitarbeiter/in einer Kirchengemeinde sein, möglicherweise langjähriges Mitglied im Presbyterium/Kirchengemeinderat oder Sängerin im Kirchenchor. Trotzdem lebt man in einer aktiven Beziehungsstörung zu Gott. Beide Söhne sind sich ähnlicher als man auf den ersten Blick vermutet.

Welcher von beiden ist mir sympathischer? Der Jüngere! Der lebt sein Misstrauen aus, während der Ältere sich hinter einer fromm-bürgerlichen Fassade versteckt. Wir gehen dem Jüngeren noch etwas nach.

Es gibt eine seltsame Erfahrung: Je mehr wir uns von Gott entfernen, desto fremder werden wir uns selbst. Wir verlieren den Maßstab für das, was uns guttut und das, was uns schadet. Wir werden maßlos in unseren Ansprüchen. Wir wollen alles und haben am Ende nichts. In der Geschichte heißt es: *„Er lebte in Saus und Braus."* Das Erbteil ist das, was der Vater dem Sohn für sein Leben mitgegeben hat. Es soll ihm helfen, sein Leben zu entfalten. Aber der Sohn benutzt es lebenszerstörend. Wir alle haben von Gott unser Erbteil mitbekommen: den Leib; wir haben Zeit; wir haben Kraft; wir haben Phantasie; wir haben Intelligenz; wir haben Menschen an unserer Seite; wir haben die Schöpfung, deren gute Haushalter wir sein sollen. Nur wir misstrauischen Menschen können schwer zulassen, dass sich Gottes Gaben in unserem Leben entfalten. Weil wir den Geber aus dem Blick verlieren, vergöttern wir die Gaben. Was als Lebensmittel gedacht war, wird für uns zur Lebensmitte. Wir gehen mit der Erde um wie mit einem Supermarkt. Wir sind drauf und dran, alles zu verjubeln und zu verprassen. Das Seltsame ist – Gott lässt uns gewähren. Er überlässt uns unserer Maßlosigkeit. Spüren Sie den Ernst, der über der Szene liegt? Erst wollte der Sohn in die Fremde, nun muss er die Fremde bis zum Schluss auskosten. Erst wollten wir ohne Gott leben, nun müssen wir ohne Gott leben. Der Sohn spürt: Ich komme aus eigener Kraft nicht heraus. Das Gefühl kennen wir auch. Für uns bedeutet das: In dem Moment, wo wir uns der Liebe Gottes entziehen, erleiden wir ihren Verlust.

Der Sohn landet bei den Schweinen. Das Schwein ist im Judentum ein unreines Tier. Wer bei den Schweinen landet, ist total isoliert und einsam. Das ist tragisch: Da bricht jemand auf, um sein Leben zu finden und verliert am Ende seine Würde. Ich kenne das aus eigener Erfahrung: Mein Misstrauen lässt mich einsam werden. Ich isoliere mich und werde beziehungslos. Die Störung in den Beziehungen – wir

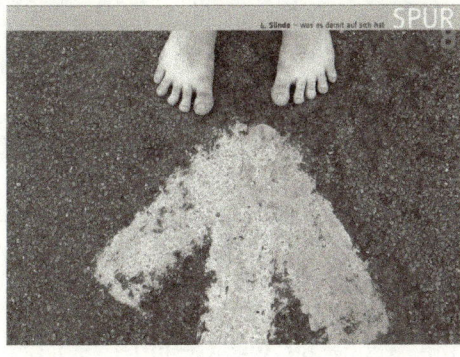

haben das als Sünde übersetzt – zerstört. Schuld, vor allen Dingen unverarbeitete Schuld, zerstört Beziehungen. Schuld will mit mir allein sein. Sie hasst es ans Licht zu kommen. Es gibt Dinge, die ich schweigend in mir einschließe. Schuld, die ich verschweige, macht mich einsam. Im Misstrauen suche ich mein Versagen Gott gegenüber zu verbergen. Dadurch wird Gott für mich selbst zum Verborgenen. Ich entdecke von ihm nichts mehr.

In der Geschichte kommt der Schweinehirt zum Tiefpunkt seines Weges. Dieser wird zum Wendepunkt. In der Erzählung heißt es: *Da ging er in sich*. Mutig finde ich diese Reise nach innen. Manche wagen sie nicht. Der junge Mann spürt, dass er misstrauisch war. Er begreift: *Ich habe etwas verloren. Ich bin kein Sohn mehr*. Er entdeckt, wie dieses Misstrauen sein Leben entstellt hat. *„Ich bin schuldig geworden"*, sagt er. Bisher hatte er das noch nie gesagt. Es ist ein Unterschied, ob wir wie bei uns in Köln im Karneval singen: *„Wir sind alle, alle kleine Sünderlein"*, oder ob ich erschrecke über mich selbst. Ich merke: In mir wohnt das Misstrauen Gott gegenüber. Es hat mein Leben krank gemacht. *Da ging er in sich*.

Er stößt noch auf etwas anderes. Wie ein vergilbtes Bild in einem alten Album steigt das Bild vom Vaterhaus in ihm auf. Die Umrisse sind verschwommen. Vaters Gesicht kann er kaum erinnern. Es ist lange her, dass man sich in die Augen gesehen hatte. Er entdeckt in sich die Sehnsucht: *Ich will nach Hause zurück*. Sollten Sie in diesen Tagen diese Sehnsucht verspüren, können Sie sicher sein: Gott bringt sich bei Ihnen in Erinnerung! Sei das Bild von ihm noch so vergilbt und noch so verschwommen: Ihre Sehnsucht ist ein Zeichen der Treue Gottes zu Ihnen. Mir ist, als sage der junge Mann seinen Schweinen *„Lebewohl"*. Er schüttelt sich, so gut es geht, den Dreck von den Klamotten und bricht auf. Doch nach wenigen Metern bleibt er stehen und kratzt sich am Hinterkopf und fragt sich: *„Wo geht's eigentlich nach Hause?"* Er schaut um sich: nach rechts und links. Welchen Weg muss er nehmen? Er weiß es nicht mehr. Zu viele Umwege hat er gemacht. Wüssten Sie den Weg?
Er wäre nie nach Hause gekommen, wenn sich nicht etwas Überraschendes ereignet hätte.

In der Erzählung heißt es: *Als der Vater ihn von Weitem sah, lief er ihm entgegen.* Das ist der Höhepunkt. Ich stelle mir vor: Der Vater hat manche Nacht nicht geschlafen. Er hat immer wieder am Fenster gestanden und den Horizont abgesucht, weil er Sehnsucht hatte. Mir ist, als würde der Vater in der Ferne einen kleinen schwarzen Punkt beobachten, mit dem Fernglas, der immer größer wird. Umrisse eines Menschen zeichnen sich ab. Plötzlich weiß er es: Mein Junge kommt zurück! Vater springt auf, völlig erregt, läuft zur Tür; er hat seine Hausschuhe noch an, reißt die Tür auf, rennt über den Hof, über den Acker als ginge es um sein Leben. Ein alter, vornehmer, jüdischer Patriarch, der es gewohnt ist würdevoll zu schreiten, der rennt mit Sehnsuchtsschritten seinem Sohn entgegen. Er läuft auf ihn zu, reißt die Arme auseinander und lässt das gesammelte Misstrauen seines Sohnes da hineinlaufen ... *und küsste ihn!* - Die weit aufgerissenen Arme. Das Bild hängt in vielen Kirchen über den Altären: Das Symbol des Kreuzes. Wir werden es uns am nächsten Abend intensiver ansehen. Wohlgemerkt – der Vater lässt den Sohn in die Umarmung laufen, nicht ins Messer, und sagt: *„Gut, dass du wieder da bist."* Andere Väter hätten vielleicht hinter der Tür gewartet, bis der Sohn artig geklopft hätte. Wieder andere hätten dem Hofhund gepfiffen und ihn weggejagt wie Gesindel. Wieder andere hätten gesagt: *„Wasch' dich erstmal! Du stinkst nach Schwein!"* Dieser Vater läuft dem Sohn entgegen, nimmt ihn in die Arme, küsst ihn und freut sich selber wie ein Kind an Weihnachten.

Ein eindrücklicher Kommentar zu dieser Szene. Ein Vater hat es mir erzählt. Er erkundigte sich am Mittag bei seiner Tochter nach einer schweren Mathearbeit, die sie zurückbekommen hatte. Daraufhin sagte die Tochter: „Erst einmal umarmen, Papa!" Erst einmal spüren, dass wir zueinander gehören – auch trotz der verhauenen Mathearbeit, trotz meiner Scham und meiner Unzufriedenheit mit mir und trotz deines Ärgers. Erst einmal umarmen! Dann können wir auch über alles reden.

Erstmal umarmen! „So ist Gott!" – sagt Jesus. So ist Gott. So kommt er uns entgegen. Wo immer wir herkommen, wie lange wir auch weg waren: Er kommt uns entgegen mit offenen Armen. Das ist die Überraschung für uns: Gottes unerwartetes Entgegenkommen.

Merken wir, wie krank unsere Bilder sind, die wir uns von Gott machen? Gott, das ist für viele eine Mischung aus Christkindchen und Oberstaatsanwalt. Das ist so, wie wenn ich in meinem Auto sitze und im Rückspiegel ein Polizeiauto sehe. Gott sitzt uns bedrohlich im Rücken. Er passt wie ein Oberpolizist auf, dass wir keine Fehler machen. Darum ist für viele der Himmel sowas Ähnliches wie eine Flensburger Sünderkartei.

Jesus erlaubt uns Menschen zu Gott „Abba" zu sagen! Abba ist das aramäische Lall – Wort der Kleinkinder. Abba, das ist so was wie *Papa* oder *Vati*. So dürft ihr euch Gott vorstellen, wie Abba, wie Papi, den man nur liebhaben kann. Wer damit Schwierigkeiten hat – ich glaube, Gott hält das auch aus, wenn man *Mami* sagt; auf jeden Fall etwas Liebevolles, Vertrauensvolles. Darum mag ich diese Geschichte so, weil Gott uns hier vorbehaltlos entgegenkommt. Hier kann ich Gott mitten ins Gesicht sehen.

 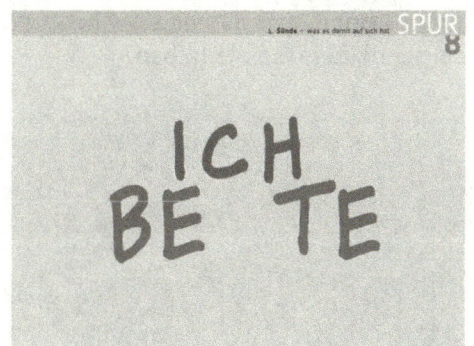

Als der Sohn in Vaters Armen liegt und spürt: *Es ist wieder alles gut!* – da sprudelt es aus ihm heraus. Nun kann er loswerden, was er sagen wollte. Das tut richtig gut. Vorher hat er sich das nicht vorstellen können, aus Angst vor dem Auspacken. *„Was wird Vater bloß sagen?"*, hat er sich auf dem Heimweg gefragt. *„Wie soll ich ihm das nur alles erklären nach all den Jahren?"* Jetzt in Vaters Armen braucht er das alles nicht mehr. Er spürt: Hier kann ich ehrlich werden ohne Angst. Ich kann nur ehrlich werden bei Leuten, die mich nicht fertigmachen. Ehrlich wird man nur da, wo man keine Angst mehr hat. Genau das erfährt der Sohn in den Armen des Vaters. Nix mehr mit Ausflüchten und Rechtfertigungsversuchen. Die Güte Gottes umgibt ihn. Es ist Gottes Güte, die uns zur Ehrlichkeit befreit. Wir haben den geheimen Wunsch, endlich einmal alles sagen zu können, uns endlich einmal aussprechen zu können. Wir trauen uns nur nicht. Wo kann man schon ehrlich werden, ohne Angst haben zu müssen, anschließend in die Pfanne gehauen zu werden? Bei Gott kann ich das. Die entgegenkommende Güte befreit mich dazu.

Ehrlich werden ohne Angst, das heißt in der kirchlichen Tradition: Beichten. *„Ach* *du liebe Zeit"*, sagen Sie, *„jetzt wird er katholisch."* Sie denken: Beichtstuhl, auf Knien rutschen, Buß- und Bettag, Novemberwetter, schwarzer Anzug, Sack und Asche … Schade, dass wir aus der Beichte eine düstere Sache gemacht haben. Beichte ist Gottes Einladung, seine Güte zu schmecken. Ein Weg in die Freude. In der Beichte betritt man einen angstfreien Raum.

Beichte – ich bete. Ich spreche mich aus vor Gott. Ich spreche ihm mein Misstrauen aus und alle seine Folgen, die das in meinem Leben hatte. Beim Aussprechen unseres Misstrauens fängt unsere Geschichte mit Gott wieder neu an. Gottes Vergebung wird so zu einer lebendigen Erfahrung. Das macht frei. Wenn man es alleine nicht schafft sich zu öffnen, kann man es auch in Gegenwart eines anderen Christenmenschen tun: sich aussprechen. Der Spuk der Bindung an Dinge, die uns belasten und unfroh machen ist vorbei. Wenn wir ihn namhaft machen – ähnlich wie im Märchen bei Rumpelstilzchen – und aussprechen, ist der Bann gebrochen. Ich lasse mir den Mantel der Güte Gottes umhängen und mir zusprechen: „Es ist alles wieder gut!" Dazu lade ich Sie ein. Gönnen Sie sich das mal. Wer den Eindruck hat, er/sie könne sich das heute Abend gönnen: Ich werde gleich im Raum gegenüber sein und Zeit für Sie haben.

Die Freude Gottes. Auf diese Freude läuft alles in dieser Geschichte zu. Als der Sohn zu Hause ist, gerät der Vater vor Freude aus dem Häuschen. Er macht ein Fass auf; ein Fest wird gefeiert. Was glauben Sie, was Gott sich freut, wenn wir glauben? Ein Mensch gibt sein Misstrauen Gott gegenüber auf. Die kranken Gottesbilder heilen. Im Himmel bricht Freude aus. Er wird aufgenommen zu Hause, ohne wenn und aber.

Da fehlt doch noch jemand! Ja, genau, der ältere Sohn. Der steht noch verbittert draußen vor der Tür, während drinnen die Fete steigt. Dem Vater fehlt er. Er lässt ihn nicht vor der verschlossenen Tür der Lebensfreude stehen. Ist er dem jüngeren Sohn zuvorgekommen, so geht er dem älteren Sohn nach. Er verlässt das fröhliche Treiben, tritt aus dem Haus der Freude heraus zu seinem anderen Sohn und bittet ihn herein. Keiner von beiden Söhnen hat *„es richtig gemacht"*. Der Vater kommt beiden entgegen. Gott geht uns nach, wo wir uns selber von der Lebensfreu-de aussperren. Er möchte, dass wir alle bei der Feier des Lebens dabei sind, auch die, die sich im Rückzug nach innen verlieren. Gott will und kann nicht feiern, ohne auch diese verlorenen Söhne und Töchter bei sich zu haben. Darum kann er nie-manden draußen vor der Tür stehen lassen. Er geht ihnen nach, um sie aus dem Gefängnis des Misstrauens zu befreien. Gott hält den Älteren aus, selbst Vorwürfe und Bitterkeit. Gott spürt in der Klage, auch in der Anklage, die Sehnsucht nach dem Leben, das er ja zu gern schenken möchte. Das Leben in der Freiheit der Söhne und Töchter Gottes. *„Du kannst dich auch gut fühlen und feiern."* Darum: Haben Sie den Mut, sich heute von Gott umarmen zu lassen. Gott gönnt jeder und jedem den Weg in die Freude. Diese Freude ermöglicht mir, mein Leben neu zu ordnen und zu gestalten.

Darum wünsche ich uns allen im doppelten Sinne des Wortes „einen guten Nach-Hause-Weg"!

Station 5: Jesus – wo sich Himmel und Erde berühren

Herzlich willkommen zu unserer nächsten Station auf der Reise in das Land des Glaubens! Heute möchte ich Sie in himmlische Höhen entführen, ohne dass Sie jedoch dabei den Boden unter den Füßen verlieren müssten. „Wo sich Himmel und Erde berühren", heißt unsere heutige Station. Es geht um die Person, die den Christen ihren Namen gegeben hat: Jesus Christus.

Am vergangenen Abend haben wir Jesus als Gleichniserzähler kennengelernt. Jesus hat viele dieser Gleichnisse erzählt. Sie holen die Zuhörer und Zuhörerinnen aus ihren Alltagserlebnissen ab. Da geht es um alltägliche Dinge. Eine Frau, die ein Geldstück verliert und nach langem Suchen endlich findet. Ein Hirte, der sich um seine Schafe sorgt. Eine Witwe, die vor Gericht ihren Lebensunterhalt einklagt. Und plötzlich, während ich mir die Szenen und Bilder vor Augen male, entdecke ich mich selber wieder. Ich bin mittendrin. Und – welche Überraschung – Gott auch! Vielleicht ist es Ihnen am vergangenen Abend so ergangen.

Ein sehr kurzes Gleichnis Jesu beginnt mit dem Satz: „Das Himmelreich gleicht einem Schatz, verborgen im Acker, den ein Mensch findet." Ich stutze. Himmel – ein altes religiöses Sehnsuchtswort – steht immer für die Erfahrung des Besonderen im Vergleich zum Alltäglichen. So taucht der Himmel immer dort auf, wo wir Herausragendes erleben. Ob man in den siebten Himmel hineintanzt, mit Reinhard Mey die Freiheit über den Wolken besingt oder mit dem verstorbenen Freddy Mercury von Queen „this could be heaven for everyone" groovt. Himmlische Momente, die das Leben leicht und licht machen. Kein Wunder also, dass man von alters her Gott „oben" im Himmel vermutet, während der Mensch seinen normalen Platz auf der Erde findet.

Der Weg zu Gott führt dann immer nach oben, mit allen Anstrengungen, die ein Aufstieg in den Himmel mit sich bringt. Und leider auch der Ungewissheit: Ob es reicht, was ich tue, für einen Platz im Himmel? So gesellt sich zur Sehnsucht, jenen himmlischen Zustand zu erreichen, immer auch die Angst, ihn zu verpassen.

„Das Himmelreich gleicht einem Schatz, verborgen im Acker." Das Gleichnis Jesu bringt die klare Ordnung von Oben und Unten durcheinander. Nicht ich muss mich mit meiner Himmelssehnsucht nach oben strecken. Das Himmelreich ist schon da. Es liegt da, wo ich es nicht vermutet hätte, verborgen in der Erde. Es begegnet mir im Alltäglichen. Es hat sich versteckt in der Wiedersehensfreude eines Vaters (vgl. Lukas 15) – und in dem, der davon erzählt. Um es zu finden, muss ich die Blickrichtung wechseln. Nicht nach oben schielen, sondern nach unten gucken. Das Unscheinbare in den Blick nehmen – 2000 Jahre alte Geschichten aus einem dicken Buch von einem ca. 30-jährigen Mann im fernen Palästina. Vielleicht sogar ein bisschen in den alten Geschichten wühlen und graben. Schauen wir also, welche Himmelsspuren sich in den Begegnungen mit Jesus verbergen.

Die erste Geschichte führt uns an einen Brunnen außerhalb eines Dorfes (vgl. Johannes 4). Eine Frau schöpft aus der Tiefe Wasser in einen Krug, um ihn auf dem Kopf nach Haus ins Dorf zu tragen. Für uns ein Blick in die ferne Vergangenheit. Für Millionen Menschen auf unserer Erde jedoch nach wie vor eine Alltagsszene. Wasser holen ist ein mühsames Geschäft – und Frauensache, damals wie heute.

Jesus bittet die Frau um einen Schluck Wasser und führt sie im Gespräch behutsam an den Brunnen ihrer eigenen Sehnsucht. In den Bereich, wo der tiefste Lebensdurst wohnt. Womit löschst du deinen Lebensdurst? Den Durst nach Anerkennung, die Sehnsucht nach jemandem, zu dem du gehörst?
„Kannst du mir deinen Ehemann vorstellen?", fragt er sie. „Ich habe keinen Ehemann", antwortet sie. „Das stimmt. Fünf Männer hast du gehabt – und mit dem sechsten lebst du zusammen." Beziehungen, um den Lebensdurst zu stillen? Davon krieg ich nie genug? So bleibt die Sehnsucht ungestillt, vertrocknet die Seele. Es gibt mehr für dich. Lebendiges Wasser. Die Frau sieht den aufmerksamen Blick. Nimmt ihn in sich auf, wie einen tiefen Schluck frisches Quellwasser. Als sie geht, lässt sie ihren Wasserkrug am Brunnenrand stehen – sie braucht das normale Wasser nicht mehr, sie hat lebendiges Wasser gefunden.
Womit löschst du deinen Lebensdurst? Wonach hätte sich Jesus wohl bei Ihnen erkundigt? Also bei mir, da hätte er eine Zeit lang nach meiner Arbeit gefragt. Hol mir einen Termin! Ich habe keinen Termin mehr. Ja, du hast recht, fünf Termine hast du heute schon gehabt, und die Zeit, die du jetzt wieder am Schreibtisch sitzt, hast du deiner Familie geklaut. Verlier dich nicht an der Oberfläche. Der Brunnen deiner Sehnsucht reicht tiefer als beruflicher Erfolg und Bestätigung durch Arbeit. Lebensdurst – den stillt man nicht mit Erfolg oder Konsum, weder mit der Quelle, aus der laut der Werbung die Welt trinkt noch mit „Beck's", das immerhin Kenner-

durst löschen soll. Da kann man sich noch so viel reinziehen – alles wird von diesem tiefen Brunnen der Sehnsucht nach wirklichem Leben verschluckt. Durst nach Leben – manchmal führt diese schier unstillbare Sehnsucht auch zur Sucht. Statt Lebenswasser Feuerwasser – die Konsequenzen sind bekannt.

Jesus lebt aus einer anderen Tiefe. Aus der Tiefe der Gottesnähe. Die möchte er teilen. Lebendiges Wasser. Himmelswasser. Das Sehnsucht bleibend stillen möchte. Die Frau hat von diesem Wasser getrunken. So geht ihr der Himmel auf. Nun läuft sie zurück in das Dorf und erzählt den Menschen, was sie gefunden hat.

Die nächste Geschichte stellt uns eine ortsbekannte Person in der Stadt Jericho vor. Zachäus ist sein Name. Er hat ein Problem. Er ist klein. Wer klein ist hat oft Angst zu kurz zu kommen. Eine Angst, die auch heute noch viele Menschen umtreibt. Ich weiß wovon ich rede, als klassische Nummer zwei in der Geschwisterfolge. Und manchmal entdecke ich dieses Muster noch heute. Unangenehme Selbsterfahrung. Da tröstet mich, dass ich offensichtlich mit dieser Erfahrung nicht allein bin. Wie oft habe ich scheinbar große, ja erfolgreiche Menschen getroffen, die von dieser Angst getrieben wurden.

„In jedem großen Bär", sagte der Schauspieler Manfred Krug, selber ein Bärentyp, „wohnt irgendwo ein kleines verschüchtertes Eichhörnchen." Kleine Menschen versuchen daher, mit allen Mitteln groß herauszukommen. Mit großer Klappe oder großer Geste. Mit starken Sprüchen und Fäusten. Oder dem entsprechenden dicken Portemonnaie. Hast du was, dann bist du was. Wenn du als Person nicht zählst, dann tut es zumindest dein Geld.

So wählt Zachäus den Weg des Geldes, um groß herauszukommen. Und dabei ist ihm jedes Mittel recht. Um an Geld zu kommen, arbeitet er mit der verhassten römischen Besatzungsmacht zusammen und zieht als oberster Zolleintreiber seine eigenen Landsleute über den Tisch. Das verschafft ihm zwar Respekt, aber macht ihn keineswegs beliebter. In den Augen der Menschen verliert er an Achtung und Zuneigung, wird er immer kleiner. Ein Teufelskreis, in dem er sich verliert. Er sucht Gemeinschaft, Anerkennung, Ansehen und schließt sich doch selbst durch sein Verhalten davon aus.

Aber als Jesus mit seinen Anhängern in seine Stadt kommt, möchte er mit dabei sein. Das will er nicht verpassen, eben einen Blick auf diese Berühmtheit zu werfen. Und da er selbst nicht groß herauskommt, muss er sich mit einem Kletterbaum helfen.

Und dann geschieht das Besondere: Jesus bleibt stehen und sieht ihn an. Er geht nicht an ihm vorüber. Er übersieht ihn nicht. Im Gegenteil, er sieht ihn, sieht ganz tief in ihn hinein – und entdeckt dort ein Zweifaches. Er sieht die tiefe Verlorenheit des Zachäus, diesen inneren Teufelskreis und die Sehnsucht und die Bedürfnisse, die darin zum Ausdruck kommen – und er sieht darin zugleich eine zerbrochene Schönheit. Vielleicht ist diese Szene in sich auch ein Gleichnis. Gott macht sich in Jesus so klein, dass er zum Menschen aufschaut.

Haben Sie einen solchen Blick schon einmal gespürt? Dann geht der Himmel auf und wir schmecken einen Moment Ewigkeit. Da gewinnen wir ein ganz besonderes Ansehen, ein himmlisches Ansehen. „Wenn du mich anblickst, bin ich schön", heißt es in einem Liebesgedicht.

Die Begegnung der Liebe, die mit den Augen begann, findet nun auch Worte. „Zachäus. Ich muss heute bei dir einkehren." Jesus lässt alle Honoratioren der Stadt links liegen, um ihn zu besuchen. Kein Wunder, dass Zachäus bei diesen Worten über sich hinauswächst. Da bleibt keine Angst mehr, zu kurz zu kommen. Er erstattet alles Geld zurück, mehr als er sich ergaunert hat. Denn ob ich teilen kann, ist keine Frage des Geldes. Sondern eine Frage, welche Grundhaltung mich bestimmt: Angst oder Freude. Wer vom Himmel besucht wird, kann teilen. Zachäus findet damit auch einen Weg aus seiner Einsamkeit heraus. Er gehört wieder dazu. So geht ihm der Himmel auf.

Zachäus klettert auf einen Baum, um Jesus sehen zu können. Doch der bleibt vor ihm stehen und blickt ihn von unten her an. Die Kletterpartie führt nicht weiter. Im Anblick Jesu geht ihm der Himmel auf.

Zachäus steht für das Ende all unserer Bemühungen, unsere Himmelssehnsucht selber erfüllen zu können. Denn der Himmel begegnet uns nicht oben, auf der letzten Sprosse unserer Anstrengungen und Bemühungen. Der Himmel ist kein Ort im besseren Jenseits, den wir uns verdienen können. Er ist auch kein Ort im Diesseits, das wir in himmlische Zustände verwandeln müssen.

Den Himmel muss man sich nicht mühsam erarbeiten. Weder Anständigkeit noch religiöse Pflichterfüllung bringen uns ihm ein Stück näher. Weder Leistung noch Erfolg können ihn sichern. Die Liebe mag uns den Himmel versprechen. Doch wer alles von ihr erwartet, wird sowohl sich selbst als auch sein Gegenüber überfordern und vielleicht sogar mehr Hölle als Himmel erleben.

Mit einem Leben nach moralisch einwandfreien Grundsätzen kann ich mir ein Denkmal bauen. Doch bevor es noch an den Wolken kratzt, zeigen sich die ersten Risse der Selbstgerechtigkeit. „In Demut macht mir keiner was vor", heißt das dann in der christlichen Variante. Auch öffentliche Bekanntheit mag uns wie der Himmel erscheinen. „Ich möchte nicht in den Himmel, ich möchte ins Fernsehen kommen", heißt das heute. Aber bis dahin muss man seine Opfer bringen und sich durch unzählige Casting-Shows inklusive Seelenstriptease vor Millionenpublikum kämpfen.

Wer den Himmel mit Macht erobern möchte, wird ihn verfehlen. Die angestrengte Suche nach Erfüllung und nach Anerkennung greift immer wieder ins Leere. Der Himmel lässt sich weder mit Macht erobern noch mit Leistung sicherstellen. Unerfüllte Sehnsucht bleibt zurück.

[Alternativ können die Teilnehmerinnen und Teilnehmer gefragt werden, was Ihnen als Beschriftung der Sprossen einfällt.]

Mitten hinein in alle Kletterpartien platzt nun das Evangelium, die gute Nachricht Gottes. Und stellt alles auf den Kopf, was bisher zwischen Himmel und Erde galt. Denn nicht nur die Erde hat Sehnsucht nach dem Himmel. Auch der Himmel hat Sehnsucht nach der Erde. „Gottes Sehnsucht ist der Mensch", sagt der Kirchenvater Augustinus.

Gott überholt unsere Sehnsucht nach dem Himmel durch seine eigene Sehnsucht nach uns Menschen. Diese Sehnsucht treibt ihn zu uns herab. Nicht wir müssen uns zu ihm hinaufarbeiten. Er arbeitet sich zu uns hinab. Seine Sehnsucht bekommt unter uns Hand und Fuß, findet ein menschliches Gesicht. Jesus ist der zu uns „hinabgestiegene Gott". Wo er uns anschaut, öffnet sich der Himmel über uns. In ihm ist das Himmelreich ganz „nahe herbeigekommen".

Machen wir uns mit der Person Jesu vertraut, können wir spüren, wie nah uns Gott in der Geschichte dieses einen Menschen kommt. Ganz menschlich – und deshalb so leicht zu übersehen im Acker unseres Alltags. Doch wer sich von ihm finden lässt, findet einen Schatz. Von dieser einzigartigen Schatzsuche erzählt die Bibel in den vier Evangelien.

Die erste Station der Schatzsuche ist eine Futterkrippe. Der allmächtige Gott, der Herrscher im Himmel, zu dem in Ehrfurcht aufgesehen wird, lenkt unseren Blick auf das Kind in der Krippe. Das Große erscheint im Kleinen, göttliche Herrlichkeit strahlt aus Kinderaugen. Auch hier gilt: Wer Gott nur mit Größe und Macht verbindet und dabei selbst nach oben schielt, wird den Gott mit dem kleinen Gesicht

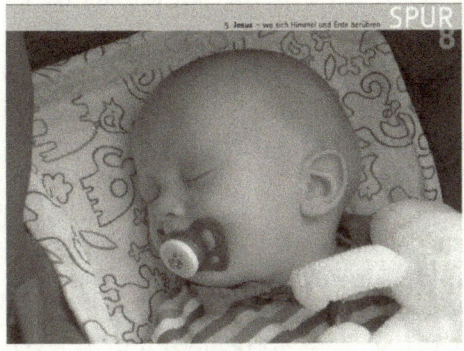

übersehen. Mit Viehzeug in einem Stall, mit armen Leuten unter einer Decke. Und was dort aus der Krippe duftete, war bestimmt kein himmlischer Geruch.

Keine Macht zwingt uns hier in die Knie. Dieser Gott macht nicht klein. Im Gegenteil. Ein schlafender Säugling ist Inbegriff von Wehr- und Schutzlosigkeit. So sehr setzt sich Gott aus. Gott wird einer von uns, damit wir die Angst vor ihm verlieren. In Jesus wirbt er um unser Vertrauen. Er legt uns seine Liebe leibhaftig in den Schoß und vertraut sie uns an, ohne Vorbedingungen. Er verschenkt seinen Himmel – umsonst, gratis. Und entfaltet gerade mit dem Geschenk in Gestalt eines Kindes einen besonderen Zauber, den ich nur bei Säuglingen kennengelernt habe. Ich erinnere mich noch gut an eine Wochenendfreizeit, zu der eine junge Mutter ihren Säugling mitgebracht hatte. Er schlief im Kinderwagen, während wir uns in eine hitzige Diskussion verstrickten. Auf dem Weg zur Toilette blieb jemand beim Kinderwagen stehen. „Kommt doch mal her", flüsterte er uns zu. Wir versammelten uns im Halbkreis und blickten in das Gesicht des schlafenden kleinen Wurms. Und seltsam, beim Anblick dieses Bildes breitete sich ein sanfter, fast himmlisch zu nennender Friede aus.

Die zweite Station der Schatzsuche: das Leben Jesu selbst. Sein Wirken in Israel/Palästina ist historisch sehr gut bezeugt. Er wächst als Sohn eines Zimmermannes in Galiläa, im Norden Israels auf. Erst mit dreißig Jahren tritt er öffentlich auf und zieht ca. drei Jahre mit seinen Anhängern predigend und heilend durch die Dörfer und Städte. Eine Massenbewegung entsteht. Noch heute verraten die vier Evangelien der Bibel, die von seinem Leben erzählen zwischen den Zeilen, wie er Menschen irritiert, beeindruckt und beglückt hat.

Die Art und Weise, wie Jesus Himmel und Erde verrückt, bringt die politische und religiöse Ordnung durcheinander. Er wird zum Sicherheitsrisiko. Das ruft den Widerstand der religiösen und politischen Regelhüter hervor. Als er in einer Protesthandlung religiöse Geschäftemacher aus dem Tempelbereich vertreibt, ist das Maß voll. Er wird verhaftet. Die römische Besatzungsmacht macht ihm den Prozess. Er wird als religiös-politischer Aufrührer verurteilt. Tod durch Kreuzigung, die qual-

vollste Tötungsart in der antiken Welt. An einem Freitag, morgens gegen 9 Uhr, hängt man ihn auf. Das Kreuz steht auf einem kleinen Hügel vor den Toren Jerusalems.

Wir haben uns an das Kreuz, das Zentralsymbol des Christentums, inzwischen gewöhnt, haben es in Gold gefasst, haben seine Brutalität entschärft. Aber der Kreuzestod war eine extrem grausame Todesart. In der Regel hat man die Kreuzigungsstrafe nur bei Schwerverbrechern und Sklaven angewandt. Vor der Hinrichtung wurde der Delinquent ausgepeitscht – mit einer Peitsche, in die Metallstücke oder Knochensplitter eingeflochten waren. Das war bereits die halbe Hinrichtung. Dann musste der Verurteilte den Querbalken des Kreuzes selber zum Hinrichtungsplatz tragen. Man schlug die Nägel übrigens nicht durch die Handteller, sondern durch die Handwurzeln – um zu verhindern, dass ein schwerer Körper ausreißt. Und vermutlich hat Jesus splitternackt am Kreuz gehangen. Der Tod durch Ersticken, Herzversagen oder Erschöpfung trat in der Regel erst nach Stunden oder Tagen ein. Und Jesus ist nicht heroisch gestorben. Er starb mit einem lauten Schrei. Mit 33 Jahren. Begreifen Sie diesen Tod? Wie ist dieses Sterben zu verstehen? Hier müsste man wirklich mal fragen: Wie kann Gott das zulassen? Gott, warum siehst du tatenlos zu, wie der, der dir die Ehre gibt, so unehrenhaft verendet?

Für die religiösen Führer des damaligen Israel war der Fall klar. Sie sagten: „Wer am Holz hängt, der ist verflucht! Du hast überzogen, Jesus. Deinen Gott der bedingungslosen Liebe gibt es nicht. Nun hast du von Gott selbst die Quittung bekommen. Deine Mission ist gescheitert. Gott hat dich durch den Tod am Kreuz ins Unrecht gesetzt!"

Die Logik ist bestechend. Und Jesu Freunde hatten dem zunächst überhaupt nichts entgegenzusetzen. Sie sind geflohen, haben sich eingeschlossen – aus Angst, es könnte ihnen genauso ergehen wie ihrem Jesus. Und vermutlich wäre dieser völlig irritierte Jüngerhaufen in alle Winde zerstreut worden, wenn nicht ...

Ja, wenn nicht dieses geschehen wäre: Ostern. Fragen Sie mich jetzt bitte nicht, was da passiert ist. Das Neue Testament ist sehr zurückhaltend mit Details. Es beschreibt den Vorgang der Auferweckung Jesu nicht. Es erzählt aber von einer Erfahrung, die Jesu Freundinnen und Freunde gemacht haben. Und diese Erfahrung muss so umwerfend gewesen sein, dass die paar Anhänger und Anhängerinnen Jesu inner-

halb weniger Jahrzehnte den gesamten Mittelmeerraum mit einer Botschaft erober-
ten. Sie heißt: Jesus lebt! Er ist nicht bei den Toten. Gott hat ihn auferweckt. Jesus
lebt – das ist übrigens bis heute die eigentliche Grunderfahrung eines Christen. Er
begegnet Menschen als der Lebendige mitten in ihrem Leben.
Übrigens: Die Begegnungen mit dem auferstandenen Jesus sind so gut bezeugt, dass
mehr historische Phantasie nötig ist, die Auferstehung zu leugnen, als an sie zu
glauben.
Für die ersten Christen damals gab die Ostererfahrung nun aber auch Fragen auf.
Ostern bedeutet ja: Gott bekennt sich zu Jesus. Er gibt Jesus Recht. Wieso dann
aber das Kreuz? „Wer am Holz hängt, der ist verflucht!" – nach Ostern macht dieser Satz keinen Sinn mehr. Die ersten Christen spürten: Das Kreuz ist kein Scheitern, kein Betriebsunfall. Nicht nur Jesu Leben, auch sein Sterben ist ein Teil des
langen und mühsamen Weges Gottes zu uns Menschen.

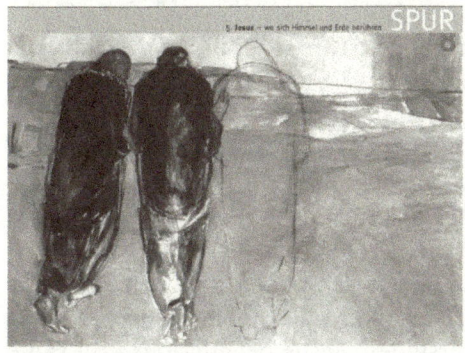

Brooks-Gerloff, Janet: „Unterwegs nach
Emmaus", 1992 © VG Bild-Kunst, Bonn 2010

Eine biblische Geschichte erzählt von dieser Entdeckung. Zwei Freunde Jesu
machen sich nach seinem Tod von Jerusa-
lem auf den Rückweg nach Haus in das
Dorf Emmaus. Sie sind traurig, enttäuscht,
voll offener Fragen nach dem Warum dieses Todes. Denn mit Jesus mussten sie auch
ihre Hoffnungen begraben.
Auf dem Weg stößt ein Fremder zu ihnen.
Es ist Jesus, doch sie erkennen ihn nicht. Er
erkundigt sich nach dem Grund ihrer Trauer. Mit Stellen aus dem Alten Testament
deutet er den Tod Jesu und öffnet behutsam ihren Horizont für neue Einsichten.

Plötzlich erscheint der Tod in einem neuen Licht, im Licht eines heilvollen Plan Gottes mit seinen Menschen. Doch sie wollen mehr als nur Antworten, sie möchten
weiter mit dieser Person zusammen sein. Sie laden ihn zum Abendbrot ein. Als er
am Tisch ein Dankgebet spricht und das Brot bricht, wie Jesus es immer tat, fällt es
ihnen wie Schuppen von den Augen. Er lebt! Er teilt sein Leben weiter mit ihnen!
Diesen Moment können sie nicht festhalten. Aber sie selbst sind wie verwandelt –
ein Weg aus der Trauer in die Freude, aus der bohrenden Frage nach dem Warum
zu einer neuen Antwort.
Man lebt vorwärts, aber man versteht nur rückwärts. Im Rückblick beginnen Jesu
Freundinnen und Freunde sein Leben neu zu verstehen. Dabei hilft ihnen ihre Bibel
– das war damals das Alte Testament. Sie lesen sie mit der Bitte: „Zeig uns, Gott,
wie wir Jesu Tod verstehen können." Und stoßen beim Lesen ihrer Bibel auf Deutungshilfen.

Eine dieser Deutungshilfen ist zugleich sehr alt und dennoch aktuell. Das Alte Testament erzählt vom großen Versöhnungstag, einem Ritual, das regelmäßig in Israel gefeiert wurde (vgl. 3.Mose 16,21). Einem jungen Bock wird symbolisch die Schuld Israels aufgeladen. Dann jagt man den „Sündenbock" in die Wüste. Nun ist neue Gemeinschaft mit Gott möglich, weil die trennende Sünde ausgegrenzt und weggetragen wurde.

Auf uns mag dieses Ritual befremdlich wirken, wie aus einer anderen Welt. Das alte Israel war uns an diesem Punkt aber voraus. Denn wir müssen immer wieder menschliche Sündenböcke suchen, die wir ausgrenzen. Mobbing heißt dieser Vorgang in unserer Gesellschaft, der zahlreiche Opfer fordert. Weil jemand etwas anders ist als die anderen, schieben wir alle destruktiven Energien auf ihn ab. In jeder Konfirmandengruppe während meiner Gemeindezeit gab es einen oder eine, die ein paar Pubertätspickel mehr hatte als die anderen. Und der oder die wurde gnadenlos gehänselt und niedergemacht – von lauter ansonsten braven Jugendlichen aus einer relativ heilen dörflichen Welt. Das stärkte das Gruppengefühl enorm. Denn Macht macht mächtig Spaß. Die Logik ist grausam: Wir leben auf Kosten eines Opfers, das wir über die Klinge springen lassen.

Und plötzlich ahnen die ersten Christen beim Lesen der Geschichte vom „großen Versöhnungstag": Vielleicht dürfen wir von Ostern her auch Jesu Sterben als Gottes großen Versöhnungstag mit seiner Welt verstehen. Jesus beendet das grausame Spiel der Gewalt, indem er sich selbst zum Sündenbock machen lässt, den Menschen mit ihrer destruktiven Energie, ihrer Schuld beladen. So durchbricht er die Opferlogik von innen her. Der Kreislauf von Täter und Opfer wird durchbrochen. Statt Gewalt und Tod ist Versöhnung angesagt. Und die ersten Christen fangen an, etwas zu bestaunen, was ihnen vorher verborgen war. Sie entdecken: So sehr lässt Gott sich auf diese Welt ein, so tief kommt Gott zu uns herunter, dass er das Misstrauen der Welt an sich heranlässt. Er erträgt es im gekreuzigten Jesus und trägt es so weg. So viel bedeuten wir Gott offenbar, dass er sich selbst in Jesus zum Sündenbock für das macht, was wir „verbockt" haben.

Das neue Testament kennt viele unterschiedliche Deutungen des Todes Jesu. In allen zieht sich ein zentrales Motiv wie ein roter Faden durch. Das Ende Jesu steht ganz im Zeichen der Liebe Gottes. Liebe sucht Nähe und macht deshalb verwundbar. Wer wirklich liebt, weicht dem Leiden nicht aus.

Doch was tun Sie, wenn Ihre Liebe zu einem Menschen nicht erwidert wird? Entweder zieht man die eigene Liebe zurück und begräbt sie. Nicht selten schlägt dann Liebe in Hass um. Oder Sie halten ihre Liebe durch und laufen damit immer wieder in das Nein des anderen wie in ein offenes Messer hinein. Die Grenzen zwischen

Liebe und Selbstzerstörung werden fließend. Ein schmaler Grat, auf dem man abstürzen kann.

Liebe, die auf Ablehnung stößt, verwandelt sich in Schmerz. Zurückgewiesene Liebe kann sich nur im Schmerz durchhalten. Das ist die einzige Form, wie sich Liebe angesichts von Ablehnung weiter behaupten kann: Sie liebt weiter, bis zum Risiko der eigenen Existenz. Sie opfert sich. Sie bewährt sich im Leiden. Dann aber kann man ihr auch vertrauen. Vielleicht nur dann.

So liebt Gott: uns. Was wir im Sinne eines gesunden Selbsterhaltungstriebes meiden sollten, riskiert Gott. Seine Liebe macht ihn verwundbar. Er hält sie auch im Schmerz der Ablehnung durch. Er mag uns leiden.

Im Gesicht Jesu kann ich den Schmerz dieser Liebe Gottes entdecken. Da sehe ich, was aus Gott wird, wenn er mir in Liebe entgegenläuft. Gottes Liebe gerät ins Leiden. Gottes Liebe scheut den Schmerz der Ablehnung nicht. Er „mag uns leiden". Wir Menschen sind seine Leidenschaft, seine Passion. Oder, mit anderen Worten: Dieser Gott hat eine Schwäche für uns. Deshalb wird er schwach.

Mir ist dies im Blick auf das Kreuz Jesu ganz wichtig geworden. Gott ist kein ferner Zuschauer im Himmel. Im Gekreuzigten leidet Gott selbst. Er erleidet unser Misstrauen, lässt es ganz dicht an sich heran, lässt sich dadurch wie von Stacheln verwunden.

Jesus ist nicht für Gott gestorben, sondern für uns. Der Tod Jesu ist ja Ausdruck seiner durchgehaltenen Liebe – trotz aller Ablehnung. Ich bin tief überzeugt: Gott ist kein Sadist, der erst Blut sehen muss, bevor er uns annimmt. Nein: Am Kreuz opfert sich Gott selbst ins Leiden der Liebe hinein. Er hält seine Liebe zu uns im Schmerz durch. Und kommt uns so gerade da ganz nahe, wo wir von ihm ganz weit weg sind: in unserem Misstrauen. Gott braucht das Kreuz Jesu nicht, um für uns gewonnen zu werden. Aber wir brauchen den Anblick des Gekreuzigten, um für Gott gewonnen zu werden, brauchen das Kreuz, um zu sehen, was wir so schwer glauben können: Gott hat uns unendlich lieb. Er scheut sogar Leiden und Tod nicht, um uns nahe zu sein.

Die intensivste Nähe zu uns erreicht Jesus im Schrei der Gottverlassenheit: „Mein Gott, warum hast du mich verlassen?" So tief wagt Gott sich in unsere Einsamkeit hinein, dass er den Schrei unserer Verlassenheit selber in den Mund nimmt. Da unten, wo wir uns selbst verkriechen und manchmal auch vergraben möchten, wo wir das Gesicht verloren haben – da kommt er uns nahe. Ich werde nicht vergessen, wie ich mit dem Scherbenhaufen einer gescheiterten Beziehung „gottverlassen" in einer Abendmahlsrunde stand und mir jemand das Brot mit den Worten weiterreichte: „Nimm hin den Leib Christi, gebrochen für allen Zerbruch in deinem Leben, für allen Zerbruch in dieser Welt." Dieses Wort wirkte auf mich wie ein warmer Sonnenstrahl und ging mir durch und durch. Ich wusste, dass Gott mich alles andere als verlassen hatte. In diesem Moment begann sich eine Wunde in meinem Inneren zu schließen.

Am Kreuz, im Zerbruch, im Schmerz streckt Christus seine Hand nach uns aus. Dies ist Gottes Antwort auf die Frage: „Wer ist bei mir im Leid?" Keine theoretische Antwort, die unser Denken befriedigt, sondern eine praktische, die uns ins Staunen versetzt: Gott selbst stellt sich an die Seite der Leidenden. Er wird im Gekreuzigten einer von uns. Er teilt das Leiden seiner Menschen: Kein unberührbarer Weltenherrscher, der an der Not achtlos vorbei geht. Sondern ein verwundeter Gott, dem unsere Not unter die Haut geht. Deshalb: keine Not, die ihm fremd wäre; keine Träne, die ihn kalt ließe; keine Todesangst, die er nicht auch durchgemacht hätte. Weil Gott mit uns leidet, kann er auch trösten. Damit wir im Leiden nicht verzweifeln, macht Gott unser Leiden immer wieder zu einem Ort, an dem er auf uns wartet, seine Hand nach uns ausstreckt. Ich glaube: Seit Karfreitag fällt niemand im Leiden mehr tiefer als in Gottes Hand. So sieht das aus, wenn Gott herabkommt und seinen Himmel schon hier auf Erden mit uns teilt.

Und wenn Sie jetzt sagen: „Das verstehe ich nicht", dann sage ich Ihnen: „Ich auch nicht." Ich vermute sogar: Das ist letztlich nicht zu verstehen. Die Botschaft vom gekreuzigten Jesus will unser Herz berühren und verwandeln. Sie will mehr als begriffen werden, sie möchte uns ergreifen.

Der Sänger Herbert Grönemeyer verlor innerhalb von zwei Wochen seine Frau und seinen Bruder an Krebserkrankungen. Er sagte in einem Interview: „Ich glaube, dass der Mensch durch seine Schwäche besticht. Da wird er einzigartig, nicht im Erfolg. Was wir als Menschlichkeit beschreiben, ist im Grunde die Öffnung der Schwächen. Wenn man also versucht, sich über seine Schwäche anzunähern, entsteht wirkliche Nähe." Der Weg der Schwäche – so entsteht wirkliche Nähe. Auf diesem Weg erreicht mich Gott immer wieder neu. So verliere ich mein Herz an ihn. Und wo ich meine Schwäche in seiner Schwäche, seiner Liebe bergen kann, entsteht Kraft für Neues. Denn seine Schwäche, die Schwäche seiner Liebe, schafft zugleich das Stärkste: Sie gewinnt Herzen. Sie schenkt Trost und neue Hoffnung. Sie verwandelt Menschen. Immer wieder, seit über zweitausend Jahren. Sie ist nicht totzukriegen.

Zweiter Teil:

Das ganze Evangelium lässt sich in einem einfachen Satz sagen: „Gott liebte die Menschen so sehr, dass er seinen einzigen Sohn gab." Bei uns Menschen wird Gott schwach. Mit Jesus durchkreuzt er all unsere Anstrengungen, den Platz im Himmel zu erklettern. Er kommt zu uns herab. Und verschenkt seinen Himmel in penetranter Großzügigkeit an die, die sich gefallen lassen, was er in Jesus für uns tut.

Damit durchbricht Gott die Mauer unseres Misstrauens und der unerfüllten Sehnsucht nach dem Himmel. Im Kreuz bahnt er sich den Weg zu uns mit seiner bedingungslosen Liebe.

So kommt uns Gott entgegen – wie der Vater im Gleichnis (Lukas 15), wie Jesus in seiner Zuwendung zu konkreten Menschen. Und bringt seinen Himmel mit: lebendiges Wasser – himmlisches Ansehen – Lebenshoffnung trotz Tod – neues Vertrauen für mich und viele, viele andere. Leben in Fülle!

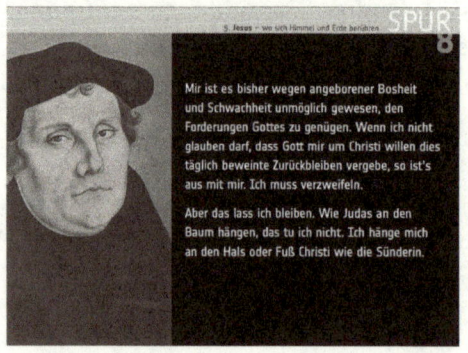
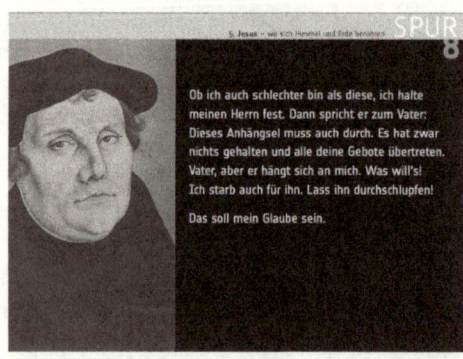

[Luthertext lesen]

[An dieser Stelle kann eine Zeichenhandlung folgen, die in elementarer und eindrücklicher Weise das Rechtfertigungsgeschehen abbildet. Der Referent fragt in die Gruppe hinein, wer ein Geschenk haben möchte und überreicht kommentarlos einen 20- oder 50 €-Schein.

Natürlich kann man fragen, ob ausgerechnet das „Mammon"-Symbol Geld Abbild der freien Gnade Gottes sein sollte. Wer damit Probleme hat, kann auch einen Gutschein für ein Essen verschenken. Trotzdem ist die Symbolik nicht ohne Reiz: Geld ist ja gewöhnlich Ausdruck dessen, was wir uns durch Leistung „verdienen". Hier wird es umfunktioniert zum Zeichen für das, was wir uns nur „unverdientermaßen" schenken lassen können.

An der spontanen Reaktion des/der Beschenkten lässt sich verdeutlichen, wie wir mit dem unerwarteten Geschenk der bedingungslosen Güte Gottes umgehen können. Dabei sind zwei grundsätzliche Alternativen denkbar:

Alternative A:

Das Geschenk wird von niemandem angenommen. Daran kann gezeigt werden, wie misstrauisch wir Geschenken gegenüber sind, weil viele Geschenke für uns Verpflichtungscharakter haben und indirekte Aufforderungen zu Gegenleistungen sind. Es ist erschreckend, wie sehr Geschenke ihren Charakter als Zeichen der Liebe, die nichts einfordert, verloren haben. An der Zurückweisung des Geschenks lässt sich auch unser Stolz deutlich machen: Wir lassen uns nichts schenken. Wir haben gelernt, dass es nichts umsonst gibt. Wir wollen für alles bezahlen. Diese „gnadenlose" Haltung haben wir tief internalisiert. Im Umgang mit der Zurückweisung des Geldes kann darauf hingewiesen werden, dass wir sehr wichtige Güter unseres Lebens immer nur als Geschenke empfangen: unsere biologische Existenz *überhaupt; Gesundheit; die Erfahrung, von Menschen und eben auch von Gott angenommen und geliebt zu sein. Wichtig ist bei Alternative A, dass ein Seminarteilnehmer bzw. eine -teilnehmerin, der/die Geld nicht angenommen hat, sich nicht als vorgeführt oder öffentlich kritisiert empfindet. Die Freiheit, „Nein" zu sagen, darf nicht als unzulässig verdächtigt werden.*

Alternative B:
Das Geschenk wird angenommen. In der Regel wird die Annahme mit einem Dank verbunden. Daran kann verdeutlicht werden: Der kleine Schritt auf die Brücke besteht aus nichts anderem als aus einem staunenden „Danke". Christsein wird eröffnet durch Gottes unerwartetes Geschenk seiner bedingungslosen Annahme, an der sich ein Mensch in dankbarem Glauben freut.]

Ahnen Sie etwas von dem Trost, in dem Christen leben, und dem Trotz, mit dem sie alles von sich weisen, was ihnen den Himmel wieder rauben will?
Der christliche Glaube lebt von einem großen Geschenk. Es ist gar nicht so leicht, Geschenke anzunehmen. Da regt sich gleich unser Misstrauen. Welche Gegenleistung wird erwartet? Auch unser Stolz meldet sich: Ich möchte nicht gern einem anderen etwas schuldig bleiben. Das verpflichtet mich. Irgendwann fordert er seine Schuld ein. Doch Gott kann es sich leisten, dass wir ihm etwas schuldig bleiben. Darum gibt es seinen Himmel umsonst, ohne Gegenleistung. Damit ist zugleich eine Einschränkung formuliert. Wer sich den Himmel nicht schenken lässt, der bekommt ihn nicht. Das ist der Ernst, der über dem Evangelium liegt. Was zählt, sind leere Hände, die empfangen können. Was gilt, ist die unbedarfte Freude an der Tatsache, dass wir mehr bekommen, als wir verdienen. Unendlich viel mehr! Gott sei Dank!

In Jesus nimmt uns Gott unseren mühevollen Weg zu sich ab, indem er seinen Weg zu uns sucht und findet. Jesus ist Gottes Weg zu uns – und damit „unser Weg zum Vater".
Der Himmel ist schon da. „Gaff nicht nach oben – hier unten hast du ihn", hat Martin Luther treffend gesagt. Hier unten, in dem einen Menschen Jesus von Nazareth ist der ganze Gott angekommen.
Ist es der einzige Weg? Ob es noch andere Wege zu Gott gibt, ist nicht unser Thema.
Wir als Christen können nur von uns weg und auf Jesus verweisen. Er ist der Weg, bei dem Gott bei mir ankommt. Er ist der kürzeste Weg zum Himmel, weil wir ihn nicht selber gehen müssen. Mit Jesus kommt uns das Himmelreich ganz nahe. Aber dies lässt sich nicht objektiv beweisen. Wohin ein Weg führt, erfahre ich nur beim Gehen. Dies ist der einzige Weg, die Wahrheit des Glaubens zu erfahren.

Erkennen Sie das Bild wieder? Am letzten Abend stand dort Misstrauen an der Wurzel, oben an den Früchten war das Wort „Schuld" zu lesen. Wie Sie sehen, hat sich einiges verändert. Wo Gottes Himmel einwurzelt und seine Liebe in uns Wurzeln schlägt, wird sie Veränderung bewirken. Wer dem „Ja" Gottes zu sich Vertrauen schenkt und seinen Himmel bei sich ankommen lässt, in dem wächst die Liebe zu Gott, zum anderen und zu sich selbst. Gottes Liebe hat eine große, verwandelnde Kraft. Heilt die Wurzel des Misstrauens, blüht der Mensch im neuen Vertrauen auf.

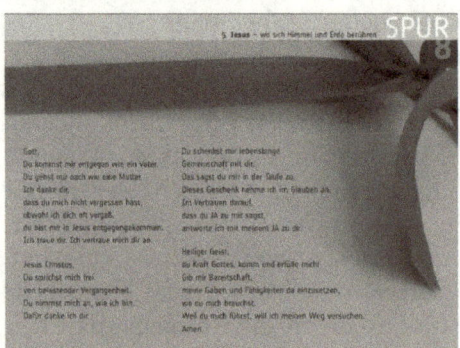

Eine Möglichkeit, den Himmel bei sich ankommen zu lassen:

Gott,
du kommst mir entgegen, wie ein Vater.
Du gehst mir nach, wie eine Mutter.
Ich danke dir, dass du mich nicht vergessen hast, obwohl ich dich oft vergaß.
Du bist mir in Jesus entgegengekommen.
Ich traue dir. Ich vertraue mich dir an.

Jesus Christus,
du sprichst mich frei von belastender Vergangenheit.
Du nimmst mich an, wie ich bin. Dafür danke ich dir.
In der Taufe schenkst du mir lebenslange Gemeinschaft mit dir. Dieses Geschenk nehme ich im Glauben an. Im Vertrauen darauf, dass du JA zu mir sagst, antworte ich mit meinem JA zu dir.

Heiliger Geist,
du Kraft Gottes, komm und erfülle mich!
Zeige mir die Orte im Alltag und in der Gemeinde, an denen deine Liebe durch mich Gestalt gewinnen möchte.
Gib mir die Bereitschaft, meine Gaben da einzusetzen, wo du mich brauchst.

Gott, du bist die Quelle des Lebens. Du gibst meinem Leben Sinn. Ich möchte zu dir gehören und bei dir bleiben. Amen.

Station 6: Christ werden – wie Gott mit mir anfängt

Herzlich willkommen zur sechsten und vorletzten Wegstation, sie heißt „Christ werden – wie Gott mit mir anfängt".

Sie wissen alle, was eine Inflation ist. In einer Inflation verliert das Geld an Wert. Die Scheine sind zwar noch im Umlauf, es stehen sogar immer größere Zahlen drauf. Aber man kann sich immer weniger davon kaufen.
Auch Worte können in eine Inflation geraten. Dem Wort „christlich" ist es so ergangen. Der Gebrauch wurde inflationär. Das Wort ist abgegriffen, Sie können sich nichts mehr dafür kaufen.

Christliche Werte, christliche Erziehung, christliche Politik, christliches Abendland, sogar christliche Parteien (leider). Aber wenn Sie nachfragen, erhalten Sie schwammige Antworten, nichtssagend – und merken schnell, dass hier „christlich" einfach nur als Platzhalter für irgendetwas anderes steht.
Z. B. für Mitmenschlichkeit oder so. Das kommt ja oft als Antwort: Das wichtigste am Christentum ist die Nächstenliebe.
Aber wieso braucht man dann noch das Wort „christlich"? Sie sehen: ein wertloser Geldschein, eine sinnlose Worthülse. Und zudem noch eine Frechheit: Ich kenne viele Menschen, die sich in punkto Mitmenschlichkeit, Solidarität und Nächstenliebe stark engagieren – sich aber entschieden dagegen wehren würden, als Christen bezeichnet zu werden.

Wenn man alles, was einigermaßen nett und freundlich daherkommt, gleich als „christlich" bezeichnet, vereinnahmt man Menschen gegen ihren Willen, macht man sich einer verbalen Zwangstaufe schuldig.
Wenn ein Begriff an Sinn und Gehalt verliert, ist es gut, sich seiner ursprünglichen Bedeutung zu erinnern. Denn als die Kirche noch jung war, war „Christ" ein Schimpfwort, eine Verleumdung, rechtlich gesehen sogar ein Straftatbestand. Wurde Christsein nachgewiesen oder zugegeben, drohte in den meisten Gegenden des römischen Reiches sogar die Todesstrafe.

Sie vermuten richtig, wenn Sie denken: Das kann ja nicht gewesen sein, weil die Christen sich für Mitmenschlichkeit engagierten (was sie natürlich auch taten). Störend wirkte und strafbar war ihr Bekenntnis. Und das hieß in Kurzform: „Nur Jesus ist der Herr!" Das war eine Provokation. Denn der zentrale Satz der römischen Herrschaftsideologie hieß: „Nur der Kaiser ist der Herr." Das stand am Eingang jeder Behörde, auf den Fahnen der Soldaten und auf den reichsrömischen Münzen.

„Nur Jesus ist der Herr", so was sagt man nicht ungestraft, wo alle vor den Standbildern des Kaisers in die Knie gehen.

Weil die Christen das nicht taten, mussten sie sich verstecken, in unterirdischen Katakomben ihre Gottesdienste feiern und wenn sie entdeckt wurden, war das ihr Tod.

Das römische Reich gibt es nicht mehr. Und Gott sei Dank kostet es zurzeit in vielen Ländern der Erde nicht das Leben, wenn einer Christ wird. Aber vielleicht finden wir dennoch eine präzisere Antwort auf die Frage „Wer ist Christ?", wenn wir in diese Richtung denken: „Nur Jesus ist der Herr."

Damit stehen wir vor der Frage des Abends: Wer ist eigentlich ein Christ?

Man begegnet dieser Frage mit einer instinktiven inneren Abwehr. Ich möchte Ihnen einen Grund nennen, warum wir die Frage eventuell nicht an uns heranlassen: Wir bezweifeln, ob man diese Frage überhaupt verbindlich beantworten kann. Man könnte z.B. sagen: „Wenn ich gefragt werde, ob ich ein Christ bin, dann kann ich nicht mit einem klaren Ja oder Nein antworten. Ich könnte höchstens sagen: „Ich bemühe mich darum, ich versuche es." – „Manchmal fühle ich mich so, als sei ich Christ, dann weiß ich es wieder nicht."

Nun gibt es in der Tat Fragen, die kann man nicht eindeutig mit Ja oder Nein beantworten. Fragen Sie mich z.B.: „Bist du glücklich?", dann muss ich sagen: „In Bezug auf meine Frau ja – in Bezug auf die ökologische Situation (den Frieden) der Welt nein!" Aber es gibt auch eine andere Sorte von Fragen, und die muss man mit einem klaren Ja oder Nein beantworten.

Nehmen Sie z.B. diese hier: Zwei junge Damen sitzen beim Friseur. Da fragt eine die andere: „Sind Sie in Berlin geboren?", und erhält die Antwort: „Ab und zu, gelegentlich." Das macht keinen Sinn. Frage ich Sie: „Sind Sie Deutscher?", dann können Sie schlecht antworten: „Ich gebe mir Mühe, mal gelingt es mir, mal weniger." Ich würde mir einfach Ihren Pass zeigen lassen. Da steht das meistens drin. Und wenn Sie mit Ihrem Ehepartner auf einer Party eingeladen sind und werden bei der Begrüßung gefragt: „Ach sagen Sie mal, sind Sie eigentlich verheiratet?" und antworten: „Oft fühle ich mich so, dann aber auch wieder nicht", könnte es auf dem Heimweg später eine kleine Diskussion geben.

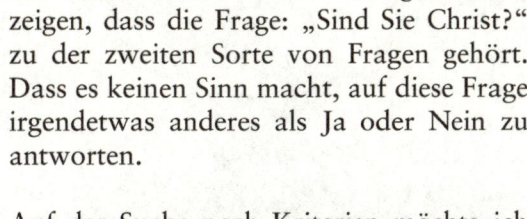

Ich möchte Ihnen heute Morgen/Abend zeigen, dass die Frage: „Sind Sie Christ?" zu der zweiten Sorte von Fragen gehört. Dass es keinen Sinn macht, auf diese Frage irgendetwas anderes als Ja oder Nein zu antworten.

Auf der Suche nach Kriterien möchte ich zunächst Antwortmöglichkeiten ausschließen, die nicht weiterführen. **Fünf solcher Missverständnisse seien genannt:**

Ein Christ ist, wer sich dafür hält
Richtig daran ist, dass Sie alleine entscheiden, ob Sie Christ sein wollen oder nicht, dass kein anderer Mensch oder gar die Kirche das über Sie bestimmen darf. Nur Sie entscheiden.
Aber wenn Sie sich die Definition genau anschauen, bemerken Sie, dass Sie überhaupt kein Kriterium enthält. Dieser Satz ermöglicht überhaupt keine Entscheidung. Letztlich bedeutet er nicht mehr als „Ich bin das, wofür ich mich halte."

Ein Hauch von Freiheit umweht diese Antwort, aber bei näherem Betrachten erweist sie sich als Nebelschwaden. Wenn Sie ein Kind fragt: „Was ist ein Lokomotivführer?", wird es mit der Antwort „…wer sich dafür hält" auch nichts anzufangen wissen.

Und zwar aus zwei Gründen:
1. Der Begriff wird nicht erklärt. Die scheinbare Erklärung ist eine Verweigerung einer Erklärung.
2. Weil es falsch ist: Für die Beschreibung einer Lokführers gibt es klare Kriterien. Wenn Sie die benennen, bleibt es trotzdem die freie Entscheidung des Kindes, ob es Lokführer werden will. Ja, noch mehr: Je genauer Sie die Kriterien benennen, desto besser wird das Kind seine Entscheidung treffen können.

Insofern ähneln sich die Fragen nach Christ und Lokführer:
1. Wenn ich Ihnen Kriterien benenne, wer ein Christ ist, bleibt es trotzdem Ihre freie Entscheidung.
2. Je genauer ich die Kriterien benenne, desto besser werden Sie eine Entscheidung treffen können.

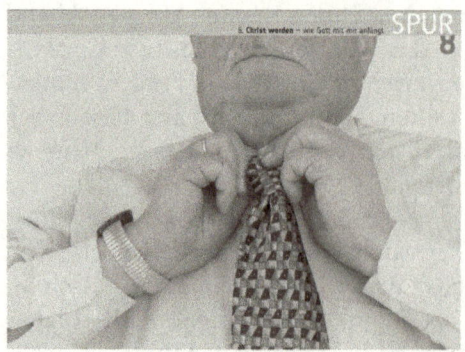

Ein Christ ist, wer sich bemüht, anständig zu leben

Wir hatten gestern/am letzten Abend schon gesehen, wie falsch diese Antwort ist. Sie stellt sogar ein wesentliches Anliegen Gottes auf den Kopf. Durch Jesus wollte Gott uns doch sagen: „Bemühe dich nicht so, höre auf, die Leiter deiner selbstauferlegten Zwänge hochzuklettern."

Christsein hieß doch: Erlöst werden, locker werden und mit ganz tiefen Wurzeln die ruhige Kraft von Gottes Vertrauen in sich aufnehmen.

Aber dieses Missverständnis hält sich in der Kirche und der Gesellschaft sehr hartnäckig. So hartnäckig, dass ich noch einmal kurz darauf eingehen möchte. Weil es Sie nämlich treffen kann und ich möchte Sie darauf vorbereiten.

Nehmen wir mal an, Sie werden Christ. Und es macht Ihnen Spaß, ab und zu sonntags in den Gottesdienst zu kommen. Sie können mit Sicherheit davon ausgehen, dass irgendwelche Menschen über Sie zu reden anfangen werden. Sie werden sagen: „Die rennt ja ewig zur Kirche." (Sie müssen nämlich wissen, dass wir Christen immer zur Kirche <u>rennen</u>.)

Und dann passiert es, dass Sie irgendetwas falsch machen, dass man einen Fleck auf Ihrer Weste findet. Die zwangsläufige Frage wird sein: „Und so jemand will Christ sein!?"

Dann denken Sie sich als Antwort: „Ja" – oder sagen es auch. Denn ein Christ ist kein besserer Mensch, er ist nur besser dran. Sie können sich selbst leichter nehmen. Weil Gottes Zuwendung Sie trägt – auch wenn Sie mal gestolpert sind.

Ein Christ ist, wer ein höheres Wesen anerkennt

Gestern/am letzten Abend hatten wir gesehen, dass es der größte Wunsch Gottes ist, kein höheres Wesen zu sein. Wir glauben in Jesus an einen im wahrsten Sinn heruntergekommenen, zu uns heruntergekommenen Gott, einen, der einen unendlich langen Weg zu uns gemacht hat. Wer den Vater, der mit ausgestreckten Armen auf uns zugeht, zum höheren Wesen erklärt, schiebt ihn ganz, ganz weit weg.

Der Philosoph Ernst Bloch hat mal gesagt: „Nur ein Atheist ist ein guter Christ."

Das heißt: Nur wenn Ihr Hirn frei ist von irgendwelchen höheren Wesen, wenn Ihr Herz nicht besetzt ist mit Vorstellungen von Gottheiten und Göttern, von esoterischen Geistern und philosophischen Konstruktionen – nur dann sind Sie offen für eine echte, persönliche Begegnung mit Jesus Christus. Jesus ist nicht höher, sondern ganz tief unten und er ist kein Wesen, sondern eine Person. Zu einer Person können Sie „Du" sagen, ein höheres Wesen huscht durch den Äther und rinnt Ihnen durch die Finger.

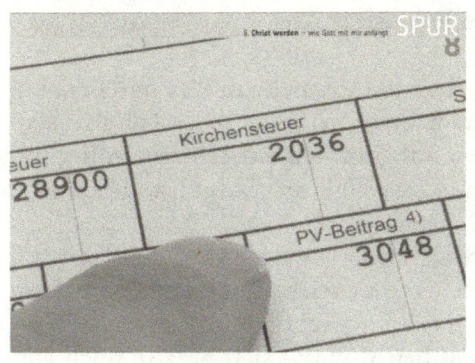

Ein Christ ist, wer einer Kirche angehört

Zunächst einmal: Es ist schön, wenn Sie einer Kirche angehören. Sie finanzieren damit unser Gemeindeleben und – ehrlich gesagt – auch mein Gehalt. Aber zum Christen macht Sie es dennoch nicht.

Denn:

1. darf man Christsein nicht mit einer Vereinszugehörigkeit verwechseln. Sie können nämlich z.B. zahlendes Mitglied in einem Schwimmverein sein. Schwimmer aber würde ich Sie erst nennen, wenn auf Ihrem Badeanzug mindestens das Seepferdchen wäre.

Der Kirchensteuerabzug auf Ihrer Steuerkarte macht Sie nicht zum Christen. Und: Sie können Christ sein, ohne dass Sie gegenwärtig Mitglied einer Kirche sind. Es ist zwar fair, als Christ irgendwann auch Mitglied einer Kirche zu werden. Aber es ist keine Bedingung.

2. Die meisten von Ihnen sind ja nicht aufgrund einer eigenen Entscheidung Mitglied einer Kirche geworden. In unserer Kultur entscheiden das überwiegend die Eltern. Und manche Menschen sind einfach aus Gewohnheit noch dabei.

Wir hatten aber gestern gesehen und es wird heute nochmals deutlich werden: Darüber, was ich bin, kann niemand anderes als ich eine Entscheidung treffen.

Wer in der Kartei einer Kirche steht, ist dadurch nicht schon Christ. Wer in einer Garage geboren wird, ist deswegen nicht gleich ein Auto.

Ein Christ ist, wer den Lehren der Kirche zustimmt

Damit würde man den Glauben zu einer Ideologie einfrieren. Ideologie heißt: Gedankensystem, Lehrsätze, Dogmen. Die kann man für wahr halten oder bestreiten, anerkennen oder ablehnen. Aber immer geht es nur um das Verhältnis zu einer Sache, um eine ICH – ES – Beziehung. Christsein ist aber eine ICH – DU – Beziehung.

Hier geht es um den lebendigen Kontakt zu einer Person. Da hat einer sein Leben für mich eingesetzt – wie kann ich da sagen: „Ich glaube es, ich halte es für möglich?"

Wenn Sie mich fragen: „Glaubst du an die Auferstehung?", würde ich sagen: „Nein. Ich glaube an Jesus Christus, der für mich auferstanden ist. Ich vertraue mich ihm an." Das ist ein Unterschied. Und wenn Sie mich fragen: „Muss ein Christ an die Hölle glauben?", dann heißt die Antwort „Nein. Christen glauben dem, der sie aus jeder Hölle herausholt."

Ein Christ glaubt nicht an dies und das. Ein Christ sagt zu Gott: „Ich glaube Dir." Deshalb halte ich auch jedes Glaubensbekenntnis für unzureichend, das nur Tatsachen aufzählt. Da entsteht ein völlig falscher Eindruck. Als ob Glauben im Abhaken einer religiösen Checkliste bestünde.

Ein Glaubensbekenntnis sagt über Gott nicht mehr oder weniger als dieser [*zeigen!*] Personalausweis hier über mich: Natürlich stehen hier wichtige Daten und Fakten über meine Person drauf. Und manchmal kann es sehr wichtig sein, diesen Ausweis dabei zu haben. Manchmal ist es auch im Glauben wichtig, sich präzise noch einmal an die Daten und Fakten zu erinnern, sich darauf zu verständigen.

Aber wenn Sie mich persönlich wirklich kennenlernen wollen, wird es Ihnen wenig bringen, alle Daten und Fakten auf diesem Ausweis zu kennen – und genauso: Wenn Sie Gott persönlich wirklich kennenlernen wollen, dann reichen die schlichten Informationen eines Glaubensbekenntnisses bei Weitem nicht aus.

Übrigens: Ist Ihnen etwas aufgefallen? Alle fünf Missverständnisse haben eines gemeinsam: Sie beschäftigen uns pausenlos mit uns selbst. Sie sind eine einzige Aufforderung, uns um uns selbst zu drehen.
Sie begründen das Christsein nämlich in einem menschlichen Handeln: „Du musst dich für etwas halten! Du musst ein höheres Wesen anerkennen! Du musst einer Kirche angehören! Du musst anständig leben! Du musst die christlichen Dogmen anerkennen!"
Und genau das ist das Falsche an diesen Antworten: Denn solange mein Christsein auf mir ruht, komme ich nicht zur Ruhe. Mein Glaube findet keinen Halt, wenn er sich auf sich selbst gründet.

Ein Christ kann sich nicht an sich selbst festhalten. Ebenso wenig, wie man sich an den eigenen Haaren aus dem Sumpf ziehen kann.

Christsein ist wie die Halteleine eines Schiffes. Die muss man an irgendeinem festen Punkt <u>außerhalb</u> des Schiffes anbinden. Niemand käme auf die Idee, man könnte ein Schiff festhalten, indem man alle Leinen auf Deck miteinander verknotet.

Das Schiff braucht einen Poller, einen stabilen Außenhalt. So wie ein Schiff am Seil hängt, so hängt ein Christ am Glauben. Und so wie das Seil den Poller braucht, braucht der Glaube einen Außenhalt. Unabhängig von uns selbst und unserem Tun.

Darum heißt die Frage: Woran hängt das Christsein? Woran kann sich der Glaube festmachen?

• An Gefühlen, an einem Gespür für Gott? Ich weiß nicht, wie es Ihnen geht: Aber meine Gefühle sind sehr instabil, mein Gespür für Gott oft sehr unzuverlässig. Vor allem aber ist es leider so: Ich brauche Gott gerade dann am meisten, wenn meine Gefühle traurig und verwirrt sind und mein Gespür für Gott vollkommen verschwunden ist.

• Wollen Sie es an Erfahrungen mit Gott festmachen? Schön, wenn Sie solche konkreten Erfahrungen haben. Aber wenn Sie solche Erfahrungen noch nicht haben? Oder wochenlang nicht mehr. Ich zumindest kenne solche Wochen. Pausiert dann mein Christsein?

• Oder wollen Sie Ihr Christsein auf Ihre Entscheidung für Gott gründen? Nichts dagegen, dass jemand sagen kann: An diesem Samstag im Spätsommer 1994 habe ich mich für Gott entschieden. Es ist sogar schön, wenn man sich in seiner Geschichte mit Gott an bestimmte Tage erinnert. So wie in jeder Beziehungsgeschichte zu Menschen. Nur: Kann das die Basis sein, auf der Ihr Glaube ruht? Meine kleinen und großen Entscheidungen für Gott sind oft sehr wankelmütig und situationsbedingt. Und vor allem: durch mein praktisches Leben tausendfach zurückgenommen und in Frage gestellt. Das alles liegt nicht wesentlich über dem Niveau von guten Vorsätzen.

Vor allem, bei allen drei Versuchen: Kann das Ich, das da fühlt und erlebt und entscheidet, auch wirklich für etwas garantieren? Mein Ich kann das nicht.

Bei mir gibt es immer wieder Situationen, da glaube ich mir meinen eigenen Glauben nicht mehr.

Von der Frage, woran der Glaube hängt, hängt viel ab. Christsein bleibt eine ungewisse Angelegenheit ohne Außenhalt. Manchmal kann man sich selber Halt geben.
Durch gemeinsame Aktivitäten. Ich habe nur gemerkt: So einen ganz festen Glau-
benshalt brauche ich gerade dann, wenn ich in mir durch diese Sachen keinen Halt
mehr spüre.

Was steht auf dem Poller, an dem Sie sich
festmachen können? Es ist ein Satz von
Jesus: **„Nicht ihr habt mich erwählt, sondern ich habe euch erwählt."**

Wenn wir unseren Glauben festmachen
wollen, müssen wir ein für alle Mal die
Denkrichtung umdrehen. Das klang schon
öfter an: Es ist nicht unsere Anstrengung
und Leistung. Es ist das Annehmen von
etwas, das Gott für mich getan hat.

Gott ist in Jesus zu uns gekommen und hat zu uns Waisenkindern der Weltgeschich-
te gesagt: „Ich habe euch erwählt. Ihr seid meine geliebten Söhne und Töchter.
Denkt nicht zu gering von euch!"
Sie sind zum Kind Gottes berufen. Vielleicht ahnen Sie jetzt: Es geht im Christsein
wirklich nicht nur um ein bisschen mehr Anstand. Es geht um einen ganz neuen
Stand, in den Gott uns versetzt hat.

Sein großes „Ja" zu uns hebt uns in diesen
neuen Stand. Es ist mein neuer Standpunkt,
dieses Ja. Ein Boden unter den Füßen, den
mir nichts und niemand mehr wegziehen
kann. Ein fester Boden, auf dem ich mich
bewegen kann, wenn ich das möchte.

Und wir haben nichts dazu getan. Gott hat
uns noch nicht einmal gefragt, eigentlich
unerhört. Er ist uns zuvorgekommen, wo
wir doch sonst immer so fix sind und die
Ersten sein wollen.

Gott ist uns zuvorgekommen. Aber er lässt uns Zeit nachzukommen. Uns zu
gewöhnen, uns einzuleben in diese Berufung. Christ werden heißt: werden, was wir
sind: Gottes Kinder.
Gottes Erwählung also ist es, woran Sie ihren Glauben festbinden können. Das
hält, wenn alle Versuche sich selbst zu halten wanken.
Nun sagen Sie vielleicht: „Ich möchte das schon gerne glauben. Aber gilt das dann
auch mir? Woran erkenne ich das? Ich fühle mich ganz und gar nicht erwählt!

Wenn es ein Zeichen gäbe, woran ich's erkenne! Wie einen Ring, der sagt: Wir sind verbunden, wie ein Mannschaftstrikot, das mir sagt: Ich gehöre dazu! Wenn es so ein Zeichen gäbe, könnte ich es glauben!"

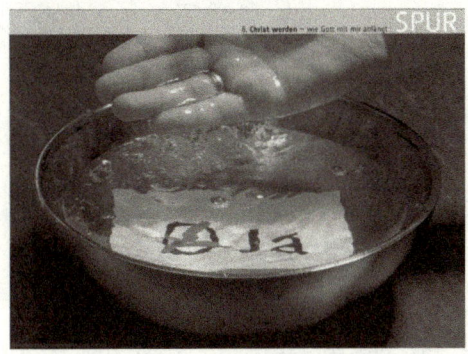

Ich möchte Ihnen ein Zeichen zeigen, das wir vielleicht bisher zu gering beachtet haben:

„Ich bin getauft" – das können ja einige von uns sagen. Und was auch immer Sie von Ihrer Taufe halten, an was auch immer Sie sich erinnern, unter welchen Umständen sie auch stattfand oder noch stattfinden wird: Sie ist das Zeichen für Gottes Erwählung. Sie ist das Zeichen Gottes. Sie ist die Tat, die Gott für Sie getan hat.

Gottes Erwählung ist mehr als das Familienfest, das vielleicht in den 60er, 70er oder 80er-Jahren für Sie gefeiert wurde.

Sie ist Erwählung Gottes, auch wenn es vielleicht bei Ihrer Taufe nicht so großartig zugegangen ist. Weil es ein Zeichen Gottes ist, das auch dann gültig ist, wenn wir die Show nicht perfekt hinbekommen haben. Wenn die Windel voll war, der Onkel fotografiert hat und der Pfarrer nicht an Gott geglaubt hat.

Sie haben Ihre Taufe vielleicht als unmündiges Kind empfangen. Das heißt: Gott ist Ihnen zuvorgekommen. Er hat Ihren Glauben nicht erst abgewartet. Er hat sich schon vorher auf Ihre Seite geschlagen. Daran dürfen Sie sich festhalten, auch wenn Sie Ihren eigenen Glauben nicht mehr glauben.

Von Martin Luther wird erzählt, dass er, immer wenn ihn eine seiner schweren Depressionen überkam, ein großes Blatt Papier nahm. Darauf schrieb er mit großen Buchstaben dreimal den Satz „Ich bin getauft." Dann hängte er das Blatt gut sichtbar auf. Und starrte nicht mehr ins Nichts. Sein dunkler Blick hatte auf einmal etwas, wo er hinschauen konnte.

Das gilt, unabhängig von Ihrer Eigenleistung. Die Erwählung Gottes, die Taufe als sein Zeichen dafür. Das gilt auch unabhängig von Ihrer Treue. Als ich das begriffen hatte, ist mir ein Riesenstein vom Herzen gefallen: Dass die Sache auf Gottes Treue ruht, war mir theoretisch zwar klar. Aber dass das im Alltag funktioniert, wagte ich nicht auszuprobieren.

Bei mir ist es nämlich so: Mein Glaube ist nur sehr sporadisch da. Es gibt sogar Stunden, manchmal einen ganzen Tag, da denke ich kein einziges Mal an Gott. Weil es mir zu gut geht, leider aber auch, wenn es mir zu schlecht geht.

In einem wunderschönen Urlaub bin ich dann mal nach fünf Tagen ziemlich erschrocken: Jetzt habe ich fast eine ganze Woche überhaupt nicht an Gott gedacht, geschweige denn gebetet oder so.

Mit diesem Glauben, der auf der Taufe ruht, werde ich getragen und gehalten auch in den Momenten, in denen ich selber gar nicht so bewusst glaube. Ich meine: Es ist immer schön, an Gott zu denken, mit ihm in Kontakt zu sein. Aber wenn das Leben mal so läuft, dass das eine Zeit lang nicht geht, dann ist die Gewissheit da, auch in der Zwischenzeit getragen zu sein.

Meine Taufe trägt mich wie den Schwimmer das Wasser. Wie gut, dass die Tragkraft dieses Taufwassers allen meinen frommen Schwimmkünsten vorausgeht! Wo nichts mehr trägt und selbst, wo ich mich unerträglich finde: Gottes Treue, die mich erwählt hat, die trägt.
Oder noch einmal Luther: Christen sind Leute, die in ihre Taufe hineinkriechen wie in ein bergendes Zelt. Christsein fängt mit einem Anfang an, den nicht ich gemacht habe, sondern Gott. Christ werden heißt: auf diesen Anfang zurückkommen.

Noch eine Nachbemerkung für Menschen, die nicht getauft sind: für die gilt Gottes Erwählung auch. Sie haben sich es nur noch nicht persönlich sagen lassen. Auch jemand, der noch nicht getauft ist, wird von Gott geliebt und durchs Leben getragen. Vielleicht kann man es so sagen: Das, was Gott für Sie getan hat und die Taufe verhalten sich so wie ein Lotto-Gewinn und die Überbringung der freudigen Nachricht: Die ganze Liebe Gottes gilt Ihnen schon, die Riesenfreude, das persönlich zu erfahren, die haben Sie noch vor sich.

Seit Ihrer Taufe aber steht nun eine Frage über Ihrem Leben. Gott sagt in der Taufe „Ja" zu Ihnen und lauscht seitdem, was Sie denn zu diesem Ja meinen. Wann Sie sagen: „Amen, so soll es sein."
Gott hat Sie erwählt. Nehmen Sie die Wahl an?
Sie würden die Wahl annehmen durch den einfachen Satz: „O.k. mein Gott, ich will Dir vertrauen." Dadurch fügen Sie Gottes Tat nichts hinzu. Aber was Gott tut: Das kommt nur dort zum Ziel, wo Sie sich darauf einlassen. Es kann nicht ohne Ihren Willen geschehen.

Oder noch einfacher, wieder mit Martin Luther (dem Experten für die antidepressive Wirkung des Taufglaubens. Denn das Depressive in uns darf nicht nur getröstet werden, es muss auch wieder aus der Passivität herauskommen):
„Der Glaube macht nicht die Taufe, er empfängt sie. Ohne Glaube aber ist die Taufe zu nichts nütze, obwohl sie ein göttlicher Schatz ist. Darum soll jeder die Taufe für ein alltägliches Kleid halten, das er jeden Morgen anzieht."

In einem anderen Bild ausgedrückt: Die Taufe ist wie eine Fahrkarte ins Land des Glaubens. Ins Reich Gottes. Sie haben einen Frei-Fahrschein auf Ihren Namen, einen reservierten Fensterplatz in Fahrtrichtung. Der Zug ist eingelaufen – bitte einsteigen!

Christsein heißt nicht: einen Taufschein, d.h. die Fahrkarte, zu besitzen. Sondern in den Zug des Glaubens auch einzusteigen. Sich die Beine (der Gleichgültigkeit) auf dem Bahnsteig (der Skepsis) in den Bauch zu stehen, bringt nichts. Eine Fahrkarte, ohne die Fahrt zu der sie Sie berechtigt, ist wie ein Scheck, den man nicht einlöst. Aber das wissen Sie ja schon.

Wie kann das aussehen: mein Ja zu Gottes Erwählung, wie löse ich die Erlösung ein?

Vielleicht hilft dieses Bild weiter:
Unser Leben gleicht einem großen, weiten Haus aus vielen Räumen. In einigen dieser Räume halten wir uns häufig auf, andere – wie Kellerräume oder Dachboden – betreten wir selten. Unser Lebenshaus ist erfüllt von Begegnungen, Planungen, Aktivitäten. In einigen Zimmern wohnen unsere Träume, in anderen Räumen stapeln sich unsere Ängste. Vergangenes ist irgendwo im Speicher verstaut. Und was Sie im Keller versteckt haben, wissen nur Sie selbst. Wir haben uns so eingerichtet.

Sie können nun Ihre Taufe so verstehen: Da hat sich Gott in Jesus einen Weg zu Ihnen gebaut. Und vielleicht hat er diese Morgen/Abende dazu benutzt, diesen Weg noch einmal von Stolpersteinen zu befreien.
Nun endet der Weg direkt vor Ihrer Haustür. Jesus Christus steht jetzt vor der Tür

Ihres Lebenshauses wie ein Wartender. Im Neuen Testament sagt Jesus einmal wört-
lich: „Siehe, ich stehe vor deiner Tür und klopfe an. Wenn du meine Stimme hörst
und mir öffnest, werde ich bei dir einkehren." (Offenbarung 3,20)

Gott klopft leise an. Er begeht keinen Hausfriedensbruch. Er zwingt Ihnen seinen
Besuch nicht auf. Wie hören sich die Klopfzeichen Gottes an? Das kann man nicht
beschreiben. Weil die Türen Ihrer Lebenshäuser aus verschiedenem Material sind.
An einer leichten Holztüre klingt das Klopfen anders als an einer einbruchssicheren
Stahltür.
Hier spielen unsere Persönlichkeit, unsere Biografie und auch unsere religiöse Vor-
geschichte hinein. Die einen erleben Gottes Anklopfen in großer Freude, andere
werden von Unruhe erfasst. Wieder einem geht ein Wort aus diesen Vorträgen nicht
aus dem Kopf, ein anderer entdeckt, dass seine Sehnsucht nach Gott wächst. Es gibt
auch Menschen, die plötzlich und in ganz nüchterner Ruhe wissen: Gott ist jetzt da.
Er bittet um Einlass in mein Lebenshaus. Und vielleicht ist es bei Ihnen noch ganz
anders.

Ich bitte Sie nur um eins: Erwarten Sie nicht noch eine Sonderoffenbarung Gottes:
Eine Vision, einen spektakulären Traum, eine Lichterscheinung oder andere Außer-
gewöhnlichkeiten. Sie haben das Evangelium gehört in diesen zwei Wochen: Gott
hat Sehnsucht nach Ihnen.
Und wenn Sie davon betroffen sind, dann ist das Gottes Anklopfen bei Ihnen. Mehr
gibt es nicht. Weder zu sagen, noch zu verstehen.
Jetzt liegt es an Ihnen, wie es weitergeht.

„Wer ist eigentlich Christ?", lautete die Leitfrage heute. Jetzt ist eine Antwort möglich. Vielleicht kann man es so sagen:
Ein Christ ist, wer Gottes Wahl annimmt,
                  wer ja sagt zu seiner Taufe,
                  wer Jesus die Tür seines Lebens öffnet.

Ein Christ ist, wer Jesus Christus in das Haus seines Lebens einlässt. Ihm erlaubt,
die Räume zu betreten und das Haus mit seiner Gegenwart zu füllen.
Dabei geht es um eine Grundentscheidung mit weitreichenden Folgen. Es geht um
die Frage, ob Sie der Liebe Gottes Raum geben wollen in Ihrem Denken, Planen,
Handeln, ob Sie der Auferstehung Jesu von den Toten ein Mitspracherecht einräumen wollen in Ihrem Alltag, ob das Vertrauen sich in Ihrem Privatleben, in Ehe und
Beruf entfalten darf.

Verlieren Sie dabei Ihre Freiheit? Werden Sie abhängig? Ja: Sie werden von Gott
abhängig. Sie binden Ihr Lebensschiff fest. Aber – und das ist die paradoxe Erfahrung von Christen – es ist eine Abhängigkeit, die freier macht als jede „Schein-
Selbstständigkeit". Sie befreit von Bindungen, die Ihren Lebensraum einschnüren.

Wenn Sie Gott in Ihr Lebenshaus einlassen, werden Sie die Erfahrung machen: Dieser Gast nimmt nicht Platz weg, sondern schafft Raum zum Leben. Nicht einmal aufräumen müssen Sie vorher. Muss man ja sonst oft. Beim Aufräumen helfen, Platz schaffen, neue Lebensmöglichkeiten eröffnen: Das ist eine von Gottes Lieblingsbeschäftigungen.

Überlegen Sie, ob Sie die Tür öffnen. Lassen Sie sich beraten, wie das geht. Das Gebet von gestern z.B. ist solch ein Tür-Öffner-Gebet.

Ein letztes Bild vor der Gesprächsgruppe. Sie sehen eine halb geöffnete Tür. Nicht ganz zu, aber auch noch nicht ganz offen. Vielleicht finden Sie sich in dieser Spannung von „schon" und „noch nicht" wieder. Vielleicht drücken die Gedanken zu dieser Tür Ihr gegenwärtiges Gefühl aus:

Ich möchte gerne öffnen, aber die Tür klemmt.

Ich habe bisher kein Klopfen gehört.

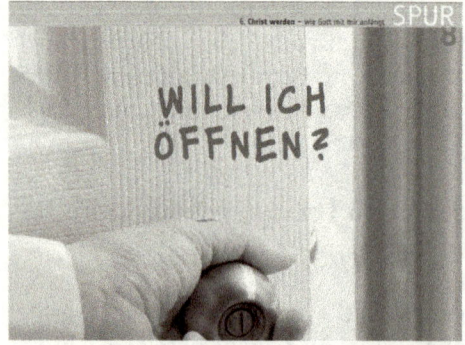

Ich weiß noch nicht, ob ich mich für Jesus Christus öffnen will.

Ich möchte, dass er bei mir einzieht.

Ich freue mich, dass er bei mir wohnt.

Muten Sie sich's mal zu, über Ihre Position nachzudenken. Wenn Sie darüber nicht reden möchten, dann denken Sie still über das Gehörte nach. Reden Sie bitte nur nicht über Sachen, die jetzt nicht dran sind. Ich wünsche Ihnen gutes Reden und Schweigen, bis gleich.

Zweiter Teil:

Vielleicht haben Sie Mühe, sich das alles konkret vorzustellen: wie Jesus in so ein Lebenshaus einzieht. Im zweiten Teil heute will ich es konkret machen. Dabei bleibe ich bei dem Symbol „Lebenshaus".

Wir schauen uns jetzt einzelne Räume näher an. Die Frage dabei ist: Was passiert, wenn Jesus in diesem Bereich meines Lebens Raum schafft für Gottes Liebe, für Vertrauen? Was ändert sich, wenn die Angst aus diesen Räumen verschwindet?

Ganz wichtig: Meine Gedanken dazu sind ein Versuch, das Bild farbig und konkret zu machen, sind Beispiele und Illustrationen. Verstehen Sie es auf keinen Fall so, als wollte ich sagen: Genau so und nicht anders muss es ein Christ machen! Dazu ist das Leben zu unberechenbar.

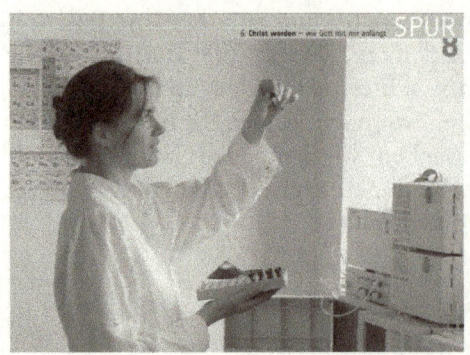

Ein Raum unseres Lebenshauses ist dem Arbeiten gewidmet. Ein ziemlich großes Zimmer. Wir nehmen dieses Thema sehr wichtig. Einige arbeiten sich kaputt, andere haben keine Arbeit. Kaum ein Thema beherrscht so die Diskussion, die große politische wie die private zu Hause. Man kann eine Sache auf die leichte Schulter nehmen. Das tun wir in diesem Bereich nicht.

Was tun ein englischer, ein französischer und ein deutscher Rentner morgens, nachdem sie aufgestanden sind?

Der englische Rentner trinkt einen Brandy und geht in den Club.
Der französische Rentner nimmt einen Cognac und geht zu seiner Freundin.
Der deutsche Rentner nimmt seine Herztablette und geht zur Arbeit.

Nur ganz kurz will ich zwei entscheidende Dinge andeuten, die sich ändern könnten, wenn Jesus in Ihrem Lebenshaus den Raum betritt, der dem Arbeiten gewidmet ist:

1. Durch Arbeit kommt zur Geltung, was wir sind. Keine Frau, kein Mann macht einfach nur ihren und seinen Job. Ob zu Hause, in einer Firma, einer Bank, in einem Krankenhaus oder wo auch immer: Wir sind ein Stück weit, was wir arbeiten.
   Denn wenn ich einen Menschen frage: „Was sind Sie?", wird er in den meisten Fällen seinen Beruf nennen. Testen Sie das mal auf der nächsten Party, fragen Sie einen Fremden im Verlauf des Gesprächs beiläufig „Was sind Sie eigentlich?" – er wird in 90% der Fälle seinen Beruf nennen, er wird sagen: „Ich bin Bankkaufmann", oder: „Ich bin Hausfrau", und nicht: „Ich bin ein Mainzer", oder: „Ich bin der kleine Bruder."
   Wir definieren uns über den Beruf wie über kein anderes Kennzeichen. Deshalb trifft uns Arbeitslosigkeit so tief, weil wir dann nicht mehr wissen, was wir sind. Jesus weiß, wie wichtig uns das ist, wie viel es bedeutet für unser Leben. Er möchte, dass wir Arbeit haben, auch eine gute Arbeit. Aber wenn er in dem Arbeitszimmer Raum schafft, dann möchte er verhindern, dass das Thema einen totalen Anspruch auf unser Leben hat, sodass fast kein Raum mehr ist für irgendetwas anderes.
   Er sagt uns: „Du bist noch mehr, als das, was du schaffst. Du bist etwas wert, auch wenn Du nichts arbeitest."
   Gott schenkt eine Distanz zur Arbeit. Emotional. Aber auch zeitlich. Gott schenkt und fordert Ruhe. Den Sonntag, stille Zeit, Familienzeit. Gott gibt uns Ansehen, weil er uns ansieht. Das Selbstwertgefühl hängt nicht mehr ausschließlich an der Leistung.

2. Gott fragt vorsichtig nach, wofür wir eigentlich arbeiten. Für Geld, klar, das brauchen wir zum Leben. Und dann gibt es Sachzwänge, Vorschriften. Da ist kein Spielraum für Fragen, so scheint es.

Aber Gott möchte, dass wir uns nicht erst mit 65 fragen, wofür wir das alles gemacht haben. Ich kenne einen Menschen, der hat seine Gesundheit ruiniert und seine Familie zerstört durch einen 80-Stunden-Job in einer Firma, die Verpackungen für Zahnpastatuben herstellt. Jedes Mal zucke ich zusammen, wenn ich die Papphülle meiner Aronal oder Elmex ins Altpapier schmeiße. Wofür?

Ich weiß, wie schwer es ist, aus Sachzwängen herauszukommen. Natürlich wusste auch mein Bekannter, dass seine Verpackungen am Ende weggeschmissen werden.

Aber gerade, weil wir das alles so genau wissen, ist es ganz gut, dass Gott bei ein paar Dingen mal vorsichtig fragt: wofür eigentlich? Und wenn es nur dazu gut ist, dass wir mal einen inneren Abstand zu unserem Stress bekommen. Dass wir abends mal wieder besser einschlafen und sagen: Es sind nur Zahnpastatubenverpackungen; danke, dass du mich daran erinnert hast.

Verstehen Sie es richtig: Das sind nur Beispiele. Ich weiß nicht, was Jesus in Ihnen für Freiheiten schafft, was er in Bewegung bringt, wenn Sie ihn in diesen Raum hereinlassen. (Das hängt ja z.B. auch von der Frage ab, ob Ihr Arbeitgeber Zahnpastatubenverpackungen produziert.) Es werden wieder vollkommen andere Dinge sein, wenn sie zu Hause arbeiten, mit Kindern oder mit alten Menschen zu tun haben.

Nur die Grundtendenz sollte angedeutet werden: Jesus verhindert, dass Arbeit total auffrisst. Und Jesus fragt: Wofür arbeitest Du?

„Sich ernähren" heißt ein weiteres Zimmer in unserer Wohnung. Es geht um alles, was wir in uns aufnehmen. An leiblicher und geistiger Nahrung.

Ich habe oft zu wenig Zeit für diesen Bereich meines Lebens. Und dann nehme ich in mich auf, was gerade da ist. Ich lese die Buchstaben, die in meiner Wohnung rumliegen, Zeitung, Prospekte; esse ohne zu denken und zu danken und wie automatisch geht meine Hand spätabends noch mal zur Fernbedienung, noch mal kurz die Tagesthemen.

Es ist ganz klar zu viel, was ich im Laufe eines Tages in mich aufnehme, an Nahrung, Information, Geschichten und Erlebnissen. Ich sehne mich danach, dass Jesus in diesem Zimmer eine Struktur schafft. Wie könnte die aussehen?

1. Ich möchte Gott in den vielen Informationen, die täglich auf mich einprasseln, ein Mitspracherecht einräumen. Jesus soll mir helfen zu klären, was ich wirklich wissen muss, um sinnvoll handeln zu können. Ich erfahre mehr, als ich verarbeiten kann. Und selbst wenn ich alles verarbeiten könnte, wäre mir immer noch nicht klar, was ich jetzt tun soll.

   Im Gespräch mit Jesus kann ich herausfinden, was die zwei, drei Dinge in meinem Leben sind, für die ich wirklich verantwortlich bin. Und was ich dazu wissen muss. Die anderen 95 % an Worten, Bildern, Informationen und Geschichten nehme ich nur am Rande zur Kenntnis.

2. Jesus kann mir helfen, mich wieder über alles zu freuen, was ich zum Leben bekomme. Und auch zu danken. Den Aberglauben aufzugeben, ich hätte auf alles ein Anrecht: Nahrung, Kleidung, Gesundheit, Geld. Das alles ist nicht der Normalfall, den ich verdient habe. 80 % der Menschen auf dieser Erde hätten es auch verdient und haben es nicht.

   Mich wieder wie ein Kind freuen über ein ganz normales Essen, über ein paar neue Schuhe; darüber, dass ich noch Rad fahren kann und über die 40 Euro in meinem Geldbeutel. Aus Freude danken, vor Freude teilen und so leben, als sei das ganz normale Leben schon ein Wunder.

Mindestens ein Raum unseres Lebenshauses ist der Regeneration gewidmet. Nicht nur, weil wir fast die Hälfte unseres Lebens verschlafen. Sondern weil wir insgesamt darauf ausgelegt sind, im Wechsel von Anspannung und Entspannung zu leben. Langfristig wird Ihre Kraft von zwei Dingen abhängen:
1. wie viel Zeit Sie sich für Erholung nehmen – und genauso wichtig:
2. wie Sie diese Erholung gestalten.

Schlafen ist das Beste. Für mich jedenfalls. Aber manchmal kann ich nicht schlafen, weil zu viel unklar ist.

Wenn Jesus in den Raum käme, wo ich mich ausruhe, dann würde ich ihn darum bitten, diese unklaren Dinge zu klären. Damit ich zur Ruhe komme.

Ich würde in diesem Raum gerne das Beten lernen. Selbst alles Gott zu erzählen. Aber auch endlich mal zuhören, hören zu lernen, was Gott eigentlich dazu meint. Ihn endlich mal reden zu hören, zu mir persönlich.

Es gibt Menschen in unserer Gemeinde, die mit solchem Beten schon Erfahrung gemacht haben. Fragen Sie einmal nach!

Meist sind es gleich mehrere Räume unseres Lebenshauses, wo wir mit anderen zusammenleben. Am intensivsten mit unserer Familie. Aber das soziale Netz ist größer.

In diesen Räumen brauche ich Jesus am dringendsten. Ich möchte wenigstens zu einem ganz kleinen Teil lernen, mit anderen Menschen so umzugehen, wie Gott mit mir umgeht.

Es gibt zwei Bereiche, da muss Jesus mir im Umgang mit anderen Menschen wirklich manchmal einen Stups geben.

1. Zuhören. Es kostet mich manchmal viel Kraft, wirklich zuzuhören. Vielleicht weil ich Menschen sehr aufmerksam und intensiv zuhöre, sodass ich manchmal nur einmal, zweimal am Tag dazu die Kraft habe.
Vieles andere rauscht an mir vorbei. Ich weiß immer schon, wie die Sätze zu Ende gehen, die die Menschen sagen. Ich werde ungeduldig, wenn jemand vom Hölzchen aufs Stöckchen kommt.
Wissen Sie, was mir in letzter Zeit manchmal passiert ist? Ich frage in einer fremden Stadt jemanden nach dem Weg. Aber ich höre nach zwei, drei Sätzen der Antwort nicht mehr zu. Ich denke: Das könnte ich viel besser erklären. Dabei habe ich überhaupt keine Ahnung, wo ich hin muss.

2. Vergeben und Nachgeben. Ich tue mich schwer, auch in Bereichen, die mich gar nichts angehen, Menschen gewähren zu lassen. Ich gehe von der absurden Annahme aus, ich wüsste überall besser Bescheid. Ich lerne zur Zeit von Jesus im Zusammenleben mit anderen Menschen, dass es viele Bereiche gibt, wo ich besser den Mund halte. Wo ich mit meinen und den Fehlern von anderen rücksichtsvoller umgehe. Das genialste Konzept von Jesus in diesem Zusammenhang finde ich Vergebung. Ich erlebe es z.Zt. als Sensation, wenn einer mal sagt: „Das nehme ich auf meine Kappe." Ich traue mich selbst, diesen Satz ab und zu zu sagen.
Überlegen Sie mal, wo Jesus Ihnen im Umgang mit anderen Menschen einen kleinen Stups geben könnte.

3. Und noch ein Drittes möchte ich hinzufügen:
Wenn Jesus bei Ihnen einzieht und Sie sitzen nach einem ersten Rundgang noch auf ein kurzes Gebet beisammen: dann wird er ein paar Fragen haben. Nämlich, wer da eigentlich bei mir in welchem Zimmer sitzt und ob das gut ist so:

Was hat deine (alte) Mutter eigentlich bei euch im ehelichen Schlafzimmer zu suchen? Wieso funkt sie nach sieben Jahren Ehe immer noch ständig in eure Beziehung hinein, kann nicht akzeptieren, dass deine intensivste Bindung jetzt jemand anderem gilt? Komm, führ sie freundlich herunter. Da ist ein Gästezimmer, dort steht ein gemütlicher Sessel. Das ist ihr richtiger Platz. Deinen alten Eltern soll es nicht schlecht gehen. Aber sie dürfen nicht die Regie führen in deinem Leben.

Auf dem Rückweg kommst du mit Jesus am Wohnzimmer vorbei. Da sitzt dein 23-jähriger Sohn und krümelt Chips auf den Teppich. Wenn deine Kinder klein sind, sagt Jesus, gib ihnen Wurzeln, wenn sie groß sind, schenk ihnen Flügel. Und der da, auf dem Sofa: Der muss an die frische Luft!

„Was ist das eigentlich für ein Krach im Keller?", hat dich Jesus dann noch gefragt. Es ist dir etwas peinlich, aber o.k.: „Es ist mein Mann", sagst du, „da ist er eigentlich immer, in seiner Kellerwerkstatt." Ich hab's schon erlebt in dieser Gemeinde: Wie Jesus verschollene Ehepartner aus dem Keller der Gefühle, aus dem Abstellraum der Liebe wieder hervorgeholt hat. Wenn man ihm die Tür geöffnet hat.

Und dann sitzt ihr abends im Wohnzimmer. Auf dem Tisch stehen zwei Gläser Mineralwasser, bis auf die leise CD-Musik im Hintergrund ist es still, sehr still. Jesus schaut sich diese ordentliche Ruhe bei dir eine Weile an, dann fragt er: „Wo sind eigentlich die Gäste?" „Wieso?", fragst du zurück, „wir haben diesen Monat keine Einladung mehr geplant." – „Nein", sagt Jesus, „ich meine eigentlich die Freunde, die einfach so kommen." Und auch das habe ich hier schon erlebt: wie sich Wohnzimmer wieder gefüllt haben, einfach so und mitten in der Woche.

Ein letzter kurzer Blick in den Raum, der bei vielen immer größer wird: der Hobbyraum. Zwei Dinge prägen zurzeit die Art, wie wir unsere Freizeit gestalten:

1. Die meisten von uns können im Beruf und Haushalt oft nicht so richtig aus sich heraus. Es steckt noch so viel Kreativität und Bewegungsenergie in uns, die am Schreibtisch gar nicht zur Entfaltung kommen.

2. Es ist manchmal gar nicht so leicht, seine Freizeit sinnvoll zu gestalten. Oft ist man – gerade wegen der Monotonie – zu erschöpft, etwas zu tun, was einem wirk-

lich guttäte. Und das ist die Chance der Freizeitindustrie. Die nimmt einem das Denken ab und sagt mir, was alle tun, die zur Zeit glücklich sind.

Was für Freizeitangebote hat Jesus? Sie erinnern sich an den zweiten Tag? Da ging es um Hingabe. Um die Frage, wofür es sich lohnt, sein Herz zu verlieren. Jesus sagt: Du hast nicht viel Freizeit. Gib sie nur für etwas hin, wofür es sich lohnt, was dich wirklich erfüllt. Opfere sie nicht sinnlos.

Wofür lohnt es sich? Für etwas, das über den Moment hinaus Bestand hat. Was in anderen Menschen und mir weiterlebt, was nicht einfach nur konsumiert und verbraucht und bezahlt wird. Hingabe lohnt sich für das Glück anderer Menschen, das mich glücklich macht.
Was die Freizeit betrifft: Jesus würde uns den Unterschied erklären zwischen Erfüllung und Zeitvertreib. Er will uns zeigen, was noch alles in uns steckt, welche Gaben in Beruf, Haushalt und Alltag noch gar nicht zur Entfaltung gekommen sind.
Aber manchmal, denke ich, würde er uns in unserer Freizeit in einen anderen Raum führen. Würde uns zeigen, wo wir uns einfach mal erholen könnten von den ganzen sinnvollen Sachen, die wir mal freiwillig, mal unfreiwillig tun.

Das wäre so ein Rundgang durch ein Lebenshaus mit Jesus. Ein paar subjektiv-persönliche Eindrücke, woran Jesus z.Zt. bei mir, z.B. bei der Arbeit ist. Wo er Raum schafft und Sachen in Ordnung bringt.

Christ werden heißt für mich: Ich gebe mir und Jesus diese Chance. Ich lasse es nicht bei schönen Gedanken. Ich will das im Alltag spüren, Raum für Raum soll Gott bei mir einziehen. Denn ich habe erlebt: In jedem Raum, in den ich Gott bisher hineingelassen habe, ist etwas Gutes passiert. Und mein Wunsch an Gott ist: Wenn er alle Räume durch hat, dass er gleich noch mal von vorne anfängt.

Und wie lange soll das gehen: dass Gott bei mir wohnt? Ach, wissen Sie: Wenn's nach mir geht, solange bis ich dann einmal bei ihm einziehe.

Station 7: Christ bleiben – wie Gottes Geist uns trägt

Gratulation, dass Sie bis jetzt durchgehalten haben auf unserer Reise durch das Land des Glaubens! Mich würde schon interessieren, wie Sie sich fühlen so kurz vor dem Abschluss unseres Seminars. Vielleicht freuen Sie sich, weil es in Ihrem Terminkalender wieder etwas mehr „Luft" gibt. Und außerdem: Diese gemeinsame Reise war ja nun wirklich keine gemütliche Kaffeefahrt. Wer das Land des Glaubens bereist, wird in Fragen verwickelt, die bisher so vielleicht gar nicht auf dem Tisch lagen, die aufwühlen können und einen so schnell auch nicht wieder loslassen. Das ist anstrengend und auch riskant. Niemand von Ihnen verlässt dieses Seminar unverändert.

Vielleicht sagen Sie aber auch: „Eigentlich schade, dass unsere Reise schon zu Ende geht! Ich habe noch so viele Fragen! Wohin damit?" Zugegeben: Wir haben längst nicht alle Sehenswürdigkeiten erkundet, die es im Land des Glaubens zu entdecken gibt. Es würde sich lohnen, noch ein paar Abende anzuhängen. Aber die entscheidenden Fragen des Glaubens beantwortet nur der Glaube selbst.

Ich wende mich jetzt besonders an diejenigen unter Ihnen, für die unsere Reise ins Land des Glaubens mehr war als eine unverbindliche Stippvisite. Manche haben neue Impulse bekommen und einige möchten ganz bewusst ihr „Lebenshaus" für Jesus Christus öffnen. Vielleicht fragen Sie sich: Wie geht das eigentlich mit meinem Glauben weiter, wenn ich nach diesen Abenden wieder mit mir allein bin? Wie soll ich mein Christsein denn im Alltag durchstehen? Unter Kollegen, die mich belächeln und ständig sticheln? In einer Familie, wo keiner mitzieht? Wie wird es weitergehen? Nächste Woche, nächstes Jahr?

Es ist die Sorge, ob das kleine Pflänzchen unseres Glaubens eigentlich eine Überlebenschance hat in einer Umwelt ohne Gott, ob unsere Kräfte ausreichen, den Glauben im Alltag durchzuhalten, ob wir es schaffen, Christ zu bleiben. Aber vielleicht kann ich Ihnen heute Abend zeigen, dass diese Sorge viel weniger begründet ist, als Sie im Moment denken. Ich will es zumindest versuchen.

Stellen Sie sich einmal folgende Situation

vor: Da hat ein junges Ehepaar ein Kind bekommen. Vater und Mutter treten an die Wiege des Kleinen und sagen: „Lieber Nils, du weißt, Papa und Mama müssen arbeiten. Du bleibst jetzt dir selbst überlassen. Aber mach dir keine Sorgen, wir haben alles vorbereitet! Hier steht ‚Alete‘ oder ‚Milupa‘, falls du Hunger kriegst. Bitte bedien‘ dich! Da liegen die Pampers – die großen für die Nacht, die kleinen für den Tag. Wenn es dir langweilig wird: Hier hast du einen mp3-Player mit Musik. Und wenn du irgendwelche Probleme hast: Ruf uns einfach an! Hier ist die Handynummer!"
Solche Eltern gibt es nicht – Gott sei Dank!

Gott dürfen Sie so etwas noch viel weniger zutrauen. Oder meinen wir wirklich, dass Gott uns im Glauben zu seinen Kindern macht, um dann zu uns zu sagen: „Ich kann mich leider nicht weiter um dich kümmern, bitte sorg‘ nun allein für deinen Glauben! Du hast ja die Hefte von den Seminarabenden, du hast auch eine Bibel zu Hause. Und wenn du trotzdem Probleme mit dem Glauben kriegst, dann ruf einfach den Pfarrer an."
Nein, Gott dürfen wir uns vorstellen wie eine fürsorgliche Mutter, die alles tut, damit es ihrem Kind gut geht. Gott ist wie ein liebevoller Vater, dem das Gedeihen seiner Kinder am Herzen liegt. Gott schenkt uns nicht nur den Glauben, er kümmert sich auch um dessen Überleben. Das ist die staunenswerte Entdeckung aller Christen bis heute: Wir müssen uns um unser Christsein keine Sorgen machen. Denn Gott sorgt für uns.
Da treffen sich zwei Freunde. Der eine hat seinen kleinen Pinscher dabei. „Na", sagt der andere und schaut mitleidig lächelnd auf den kleinen Vierbeiner hinab, „willst du den großziehen?" „Nee", sagt sein Freund, „den will ich nicht großziehen! Den lass‘ ich wachsen!"
Wir wollen so viel großziehen in unserem Leben. Und darum packt uns die Sorge, ob wir denn auch unseren kleinen Glauben großziehen können. Aber das Entscheidende am Glauben wird nicht gemacht. Es wächst. Unser Glaube ist kein Produkt unserer Kraftanstrengung.

Schauen Sie sich diesen Weinstock an. Wer nichts von den Vorgängen in der Natur versteht, könnte auf die absurde Vermutung kommen, dass die Rebe die Traube aus sich herauspresst – nach dem Motto: „Ich muss jetzt Frucht bringen!" Die Rebe produziert die Traube nicht. Die Traube wächst an ihr – wie von selbst. Sie wächst, weil die Rebe mit dem Weinstock verbunden ist. Durch ihn fließen die Nährstoffe und bewirken das Wachstum der Traube. An vielen Stellen im Leben wird von uns

Anstrengung und Leistung verlangt. Das Entscheidende beim Glauben können wir aber nicht machen.

Jesus hat das Bild vom Weinstock benutzt, um zu erläutern, wie die Wachstumsprozesse des Glaubens ablaufen (vergleiche Johannes 15,1ff.) Jesus nimmt zunächst eine sehr präzise Rollenverteilung vor. Das ist wesentlich. Jesus sagt: „Ich bin der Weinstock. Ihr Christen seid wie Reben, die an mir hängen." Er der Weinstock, wir die Reben. Wer diese Rollenverteilung missachtet, darf sich nicht wundern, wenn das Christsein plötzlich unglaublich anstrengend wird.

Jesus sagt: „In mir sind die Nährstoffe für euren Glauben. Durch mich, den Weinstock, fließen Lebenskräfte in euch, die Reben. Nur durch mich empfangt ihr die Energie, die euer Christsein am Leben erhält und euren Glauben wachsen lässt." Im Klartext heißt das: Die Kraftquelle für unseren Glauben liegt nicht in uns. Jesus Christus ist der Bezugspunkt und die Energiequelle.

Wir können unser Christsein weder selbst in Gang setzen, noch können wir es aus eigenen Stücken erhalten. Ebenso wenig, wie dieser Projektor, der gerade das Weinstockbild auf die Leinwand wirft, aus sich heraus leuchten kann. Er ist von der Stromzufuhr abhängig. Zieht man den Stecker raus, dann läuft nichts mehr.

Jesus sagt: „Ohne mich läuft nichts. Ich bin der Weinstock, bin die Kraftquelle eures Glaubens."

Diese Zusage macht für uns allerdings nur dann Sinn, wenn Jesus lebt. Die Kirche ist kein nostalgischer Jesus-Gedächtnis-Verein, sondern eine lebendige Gemeinschaft von Menschen, die mit dem auferstandenen Jesus verbunden sind, wie Reben mit dem Weinstock.

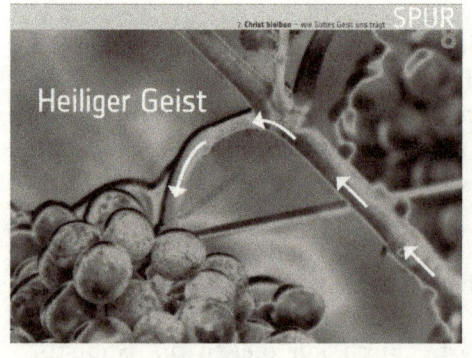

Eine Rebe kann wachsen, weil ihr durch den Weinstock Nährstoffe und Kraft zufließen. Die Kraft, die durch Jesus in unser Leben strömt, nennt die Bibel „Heiliger Geist". „Heilig" heißt, dass er zu Gott gehört und von ihm ausgeht. Wenn Christen vom Heiligen Geist reden, dann meinen sie die erfahrbare Seite Gottes. Durch den Heiligen Geist gewinnt Gott unmittelbaren Einfluss auf unser Leben. Im Heiligen Geist greift Gott nach uns. Christen sind Menschen, die von Gott ergriffen sind. Wir begreifen immer nur so viel von Gott, wie wir uns von ihm ergreifen lassen.

Gott gibt sich uns in dreifacher Weise zu erkennen: als Vater über uns, als Sohn neben uns, als Heiliger Geist in uns. Man kann das Geheimnis des dreieinigen Gottes auch so ausdrücken: Gott, unser Vater im Himmel, läuft uns in Jesus entgegen und will im Heiligen Geist in uns wohnen. Wo Jesus Christus in meinem Leben eine bestimmende Größe wird – oder anders ausgedrückt: in unser Lebenshaus einzieht – bringt er den Geist Gottes sozusagen als Gastgeschenk mit. Plötzlich spürt ein Mensch: Ich bin nicht mehr von allen guten Geistern verlassen. Ein guter Geist ist bei mir eingekehrt. Jetzt „weht bei mir ein anderer Wind". In der Sprache des Neuen Testaments ausgedrückt: „Nun aber lebe nicht ich – sondern Christus lebt in mir."

Wir müssen die kirchliche „Trinitätslehre" nicht komplett verstehen. Es reicht, wenn wir begreifen: Gott will nicht ohne uns sein. Er will mit mir Kontakt aufnehmen. Er will mir nahe sein.

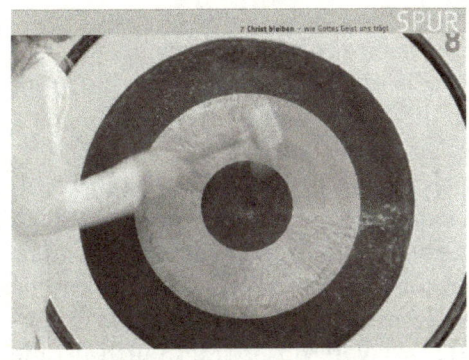

Der Kabarettist Hape Kerkeling plaudert in seinem Buch „Ich bin dann mal weg" recht unterhaltsam von seiner Wanderung auf dem Jakobspilgerweg. Und plötzlich – zwischen Cappuccino, streunenden Hunden und englischen und australischen Weggefährtinnen – begegnet ihm Gott. Auch wenn sein Gottesbild nicht mit unserer Vorstellung von Gott deckungsgleich ist, so ist es doch bemerkenswert, was er schreibt (S. 240ff.): „Schweigend und ohne jeden Gedanken zwölf Kilometer zu laufen kann ich nur jedem empfehlen … Ja, und dann ist es passiert! Ich habe meine ganz persönliche Begegnung mit Gott erlebt … Gestern hat etwas in mir einen riesigen Gong geschlagen. Und der Klang wird nachhallen … Ich weiß, der Klang wird langsam leiser werden, aber wenn ich die Ohren spitze, werde ich diesen Nachhall noch sehr lange wahrnehmen können."

Wir sind nicht sechs Wochen lang den ganzen Jakobsweg gewandert, aber immerhin seit einiger Zeit miteinander auf der Reise ins Land des Glaubens. Jeder und jede von uns hat diese Zeit anders erlebt. Manche sagen: „Die Atmosphäre hier ist so wohltuend." Jemand meint vielleicht: „Ich muss meine Vorstellung von Kirche revidieren." Einige haben sich lange nicht mehr mit Glaubensthemen befasst. Jetzt ist etwas angestoßen. Ich würde mir wünschen, dass auch bei Ihnen so ein riesiger

Gong angeschlagen wurde. Wie aber schaffen wir es, dass der Klang nicht verhallt? Wie kann dieser Ton die Grundstimmung und Grundmelodie meines Lebens beeinflussen?

Damit unser Glaube nicht zerbröselt braucht er eine Form. Die Erfahrung vieler Christengenerationen zeigt: Nur ein gestalteter Glaube behält einen langen Atem. Inhalte ohne Gestalt verwehen im Wind. Suchen Sie daher nach einer Frömmigkeit – oder wie wir heute gerne sagen: nach einer Spiritualität – die nicht vom Alltag zugedeckt wird. Vier Hinweise dazu. Wie die vier Grundrechenarten in der Mathematik, so gehören die **vier „Gs"** zu den Grundlagen des Glaubens.

Beten heißt: Reden mit Gott. Wer glaubt hat den riesengroßen Vorteil, dass er mit dem Schöpfer des Universums reden kann. Martin Luther sagte: „Das Beten ist ein Reden des Herzens mit Gott in Bitte und Fürbitte, Dank und Anbetung." Aber richtig verstanden gehört zum Beten nicht nur das Reden, sondern auch das Stillwerden. Wer betet, atmet tief durch in der Gegenwart Gottes. Im Gebet kann man vor Gott das durcharbeiten, was anders nicht zu verarbeiten ist. Durch das Beten bekommen wir oft eine neue Sicht. Das gilt für Probleme, aber auch für Aufgaben und persönliche Ziele. Das Gebet ist keine Einbahnstraße. Ich erlebe es immer wieder, wenn ich in die Gegenwart Gottes komme, dass ich die Dinge in einem anderen Licht sehe. So leitet uns Gott.

Vielleicht sagen Sie: „Ich weiß gar nicht, ob ich richtig beten kann." Dann befinden Sie sich in guter Gesellschaft. Das haben die ersten Freunde von Jesus auch gesagt. Jesus hat sie nicht in einer speziellen Gebetstechnik unterwiesen. Er hat sie ein relativ schlichtes Gebet gelehrt, sein Gebet: das „Vaterunser" – als praktische Anleitung sozusagen. Im Vaterunser nimmt uns Jesus in sein Beten hinein. Wir können uns bei ihm anhängen. Das ist entlastend. Das Vaterunser trägt, auch gerade dann, wenn Umstände oder Schicksalsschläge uns die Sprache verschlagen haben. Darum mein Rat: Wenn Ihnen die Worte zum Beten fehlen – halten Sie sich an diese Worte! Sie sind wie ein Geländer, an dem man sich bei seinen ersten eigenen Gebetsschritten festhalten kann.

Aber Jesus gab seinen Jüngerinnen und Jüngern nicht nur den Rat, seine Worte nachzusprechen. Er gab ihnen die Erlaubnis, mit Gott zu reden wie Kinder mit ihrem Vater. Haben Sie mal kleine Kinder mit ihren Eltern reden hören? Sie plappern einfach drauflos, so wie ihnen der Schnabel gewachsen ist. Auch Christen brauchen keine salbungsvollen Formulierungen, damit Gott sie versteht Das ist das Privileg und die große Freiheit der Christen, dass sie als Kinder Gottes mit ihrem Vater im Himmel über alles reden können – auch über Kleinigkeiten ihres Lebens und auch mit Worten, die gar nicht fromm klingen.

Beim Beten hört alles Schauspielern auf. Im Gebet muss ich mir und Gott nichts vormachen. Beten heißt, dass ich ehrlich werden darf vor Gott. Ich darf auch dann zu Gott kommen, wenn mir die Worte fehlen. Manches Stoßgebet, mancher Seufzer, den ein Mensch zum Himmel schickt, besteht nur aus einem kleinen „Ach!" (vgl. Psalm 3,2), nur aus einem „O je!" (übrigens eine Kurzform von „O Jesus!") Selbstverständlich können Sie in jeder Lebenssituation zu Gott beten. Aber es bewährt sich, wenn Sie feste Zeiten und feste Orte für Ihr Gebet finden. Vielleicht entwickelt sich ein kleines Ritual: Sie zünden eine Kerze an, Sie nehmen eine bestimmte Körperhaltung ein, Sie teilen Ihr Gebet ein in Anbetung, Dank, Bitte und Fürbitte. Wichtig ist die Regelmäßigkeit, das Dranbleiben – unabhängig von unseren Launen.

Ich hoffe, dass Sie Mut und Lust bekommen, sich in die Arme Gottes zu werfen. Nichts anderes ist für mich das Gebet. Wir nehmen Verbindung auf mit dem Schöpfer des Universums, wir schöpfen Kraft aus der Quelle des Lebens.

Nicht jeder ist ein geselliger Typ. Manche lieben die Einsamkeit und die Stille. Manche sagen: „Ich finde meinen Gott im Wald." Die Bäume, die Natur – die Schöpfung kann uns tatsächlich eine große Lehrmeisterin sein. Viele behaupten von sich: „Ich bin Christ." Und sie begnügen sich damit, an Heiligabend zur „Jahreshauptversammlung" zu kommen. Aber können wir tatsächlich auf Dauer Christ bleiben, ohne die Gemeinschaft mit anderen Christen zu pflegen? Bei so viel Individualismus kann es nicht wundern, dass man uns in Mitteleuropa ein „müdes Christentum" bescheinigt. Tradition ohne „Spirit".

Unsere Frage heißt ja: Wie kann man Christ bleiben? Oder anders gestellt: Wie kann man bei Jesus bleiben? Jesus hat uns seine Adresse auf dieser Welt hinterlassen, eine präzise Anschrift, die man aufsuchen kann. Er hat gesagt: „Wo zwei oder drei in meinem Namen zusammen sind, da bin ich auch. Da bin ich zu finden. Da könnt ihr mit mir rechnen, wenn ihr bei mir bleiben wollt!" Jesu Anschrift auf dieser Erde ist die Gemeinschaft derer, die auf ihn hören, mit ihm reden, seine Gegenwart feiern und für ihn vor anderen einstehen. Die Adresse Jesu heißt: Gemeinde. Bei Jesus bleiben, Christ bleiben bedeutet daher zuallererst: in der Gemeinde der Christen bleiben. Denn hier, in der Gemeinde, fließen die Kräfte des Weinstocks in die Reben.

Dass Sie mich nicht missverstehen: Es geht nicht darum, Sie kirchlich zu aktivieren, weil Ihre Kirchengemeinde Mitarbeiter braucht. Es geht auch nicht um eine Form kirchlicher Vereinsmeierei. Es geht um Ihren Glauben und seine möglichst gesunde Entwicklung.

Wenn ein Kind geboren wird – ich nehme das Bild vom Anfang dieses Abends noch einmal auf – dann wird es ja in aller Regel in eine Familie hineingeboren. In der Familie erfährt das Kind Schutz, Geborgenheit und Zuwendung. Hier lernt es sprechen und laufen, übt sich ein in Sozialbeziehungen, entdeckt in der Begegnung mit den Familienangehörigen sich selbst in seinen Gaben und Grenzen. Eine halbwegs intakte Familie schafft die notwendigen Voraussetzungen dafür, dass sich das neugeborene Leben gesund entwickeln kann. Wenn ein Mensch zum Glauben kommt, dann wird er auch in eine Familie hineingeboren: in die Familie Gottes.

Er bekommt nicht nur einen Vater im Himmel, sondern auch Schwestern und Brüder. Die Gemeinde ist die Krabbelstube des Glaubens: Hier kann man im Glauben die ersten Schritte tun. Mit älteren Geschwistern, die schon ein paar Meter Glauben hinter sich haben, lernt man, als Christ zu leben, lässt sich durch sie herausfordern und wird Stück für Stück reifer. Christsein heißt: mit Christus und mit anderen Christen verbunden sein.

Wir brauchen die Gemeinschaft, wir brauchen die Gruppe, wir brauchen das Gegenüber, das uns stützt und mitreißt und ergänzt und manchmal auch korrigiert.

Ein Pfarrer macht einen Hausbesuch. Im Gespräch kommen sie auf eine biblische Geschichte zu sprechen. Die Frau nimmt ihre Bibel aus dem Regal. Beim Aufschlagen fallen 200 Euro raus. Erklärend sagt die Frau: „Das ist der sicherste Ort im Haus. Da geht bestimmt keiner dran ...“ Wofür brauchen Sie Ihre Bibel?

Auch wenn manche Bibeln etwas unsachgemäß benutzt werden besteht kein Zweifel daran, dass die Bibel das Buch der Bücher ist. Die Bibel ist einfach ein gutes Buch. Es gibt manche gute Bücher in unserem Bücherschrank. Kürzlich kam ich mit einem Ehepaar über Thomas Mann ins Gespräch. „Ja“, sagte die Frau, „den Zauberberg den habe ich nicht nur einmal gelesen – ganz zu schweigen von den Buddenbrooks.“ Manche Romane lesen wir tatsächlich zweimal, dreimal, fünfmal. Die Bibel aber kann ich zwanzig-, dreißigmal, Jahr für Jahr durchlesen, ohne dass sie an Kraft verliert.

Warum ist die Bibel über den gesamten Globus verbreitet? Warum hat sie solche Kraft? Warum ist sie so wertvoll? Jesus sagt: „Der Mensch lebt nicht vom Brot allein, sondern von einem jeden Wort, das aus dem Mund Gottes geht“ (Matthäus 4,4).

Wir leben nicht vom Brot allein. Nicht vom Bier allein. Materielles macht uns letztlich nicht satt. Ich habe sogar das Gefühl, dass es umgekehrt proportional ist. Je mehr einer hat, desto hungriger wird er. Jesus sagt: Gottes Wort macht satt. Hier bekommst du Schwarzbrot für die Seele.

Bei uns zu Hause liegt neben dem Esstisch ein kleines Büchlein mit dem Titel
„Losungen". Da findet man für jeden Tag des Jahres zwei kurze Bibelworte und ein
Gebet – Lesezeit etwa zwei Minuten. So kann das anfangen, Gott ein Mitsprache-
recht einzuräumen – sozusagen zwischen der ersten und der zweiten Tasse Kaffee
beim Frühstück. Manchmal erfahre ich, wie ein solches Wort Gottes, das ich mor-
gens gelesen habe, hineinredet in meinen Alltag, wie es meine Sicht verändert für
Menschen, Lebensumstände, Tagesentscheidungen. Nicht selten merke ich auch:
Der Appetit kommt beim Essen. Dann schlage ich die Bibel auf und lese das Wort
aus den „Losungen" im Zusammenhang.
Unser Glaube lebt davon, dass Gott uns mit sich ins Gespräch zieht. Sein Wort ist
Wegweisung und Kraftquelle, heilsamer und kritischer Kommentar zu dem, was
wir tagtäglich tun und lassen. Es verändert unseren Alltag.

Tatsächlich zeigt der Glaube Wirkung. Wer
die Bibel als Gottes Wort zum Maßstab
nimmt, wer versucht, Jesus nachzufolgen,
wer den frischen Wind des Heiligen Geistes
in sein Leben lässt, bei dem ändert sich die
Blickrichtung. „Wer bei Gott eintaucht,
taucht bei den Armen auf."
Wer Gemeinschaft mit Gott haben will,
sollte sich nicht zu schade sein, sich tief zu
bücken. Der Glaube will nicht im Herzen
stecken bleiben. Im Mai 1944 sagte Dietrich Bonhoeffer: „Unser Christsein wird
heute nur in zweierlei bestehen: im Beten und im Tun des Gerechten unter den
Menschen."
Das wird für jeden und jede von uns wieder anders aussehen. Jede Zeit hat ihre
konkreten Herausforderungen. Da gibt es Frauen und Männer in der Hospizarbeit,
die Sterbende begleiten und nachts am Bett wachen. Da formiert sich eine Gruppe,
die Spenden für ein Straßenkinderprojekt sammelt. Da finden sich Christen nicht
damit ab, dass in ihrer Stadt im Winter Obdachlose auf der Parkbank erfrieren. Sie
sorgen für Not-Übernachtungsplätze und initiieren eine „Vesperkirche".
Jesus hat einmal gesagt: Ich bin dort zu finden, wo sich meine geringsten Schwestern und Brüder aufhalten. „Was ihr einem oder einer unter ihnen getan habt, das
habt ihr mir getan."
„Es werden nicht alle, die zu mir sagen: ‚Herr, Herr!' in das Himmelreich kommen,
sondern die den Willen tun meines Vaters im Himmel." Jesus möchte nicht weniger und nicht mehr, als dass wir uns nach Gottes Wort ausrichten und dass wir es
ganz praktisch umsetzen. Unser Glaube sollte so lebendig sein, dass er wieder
anfängt, unserem Leben im Alltag eine Richtung zu geben.
Aus der ökumenischen Kommunität von Taizé in Südfrankreich stammt der Satz:
„Lebe das vom Evangelium, was du verstanden hast, auch wenn es nur ganz wenig

ist." Mir gefällt dieser Satz, weil er mich angesichts des Vielen, was zu tun notwendig wäre, nicht überfordert.

Nicht an der reinen Lehre, nicht an den tollen Gemeindeprogrammen, nicht an unseren gepflegten Vorgärten wird man uns Christen erkennen, sondern daran, dass wir Liebe untereinander haben. Immer wieder sind genau dadurch Menschen zur Gemeinde und zum Glauben gekommen, weil sie gemerkt haben: die gehen anders miteinander um. Mutter Teresa hat einmal gesagt: „Es kommt nicht darauf an, was Sie tun, sondern mit wie viel Liebe Sie es tun."

Lassen Sie mich nochmals auf das Bild vom Weinstock und der Rebe zurückkommen. Als Jesus seinen ersten Freunden das Bild aus dem Weinberg vor Augen malte, hat er auf etwas Einfaches, aber sehr Entscheidendes aufmerksam gemacht. Er sagte: „Wer in mir bleibt und ich in ihm, der bringt viel Frucht, denn ohne mich könnt ihr nichts tun" (Johannes 15,4-5).

Jesus definiert, wie ich finde, das Christbleiben ebenso einleuchtend wie praktisch. Christsein und Christ bleiben heißt schlicht: bei ihm, bei Jesus bleiben, in seiner Nähe bleiben, mit ihm verbunden bleiben, in ihm verwurzelt bleiben. „Sorgt dafür, dass ihr mit mir Kontakt haltet", könnte Jesus sagen, „dann sorge ich dafür, dass ihr genug Glaubensenergie habt." Anschluss an Jesus: Das ist die Grundvoraussetzung für ein kraftvolles Christsein.

Zweiter Teil:

Ich freue mich auf unseren Abschlussgottesdienst – die letzte Station unserer Reise, die noch vor uns liegt. „Wir feiern das Fest des Lebens!", so haben wir ihn überschrieben.

Ein schöner, festlicher Gottesdienst soll es werden, in dem wir so vor Gott treten, wie wir sind: mit unseren Erkenntnissen aus der Reise im Land des Glaubens und mit unseren Zweifeln, mit unserem Dank und mit allem, was uns bewegt.

Die Zeit jetzt möchte ich dazu nutzen, Sie ein wenig auf diesen Gottesdienst einzustimmen. Es folgt jetzt also kein Referat im gewohnten Stil, sondern eher ein Ausblick auf die nächste Woche.

Mit dem Glauben ist es ein bisschen so wie mit dem Schwimmen. Wir können einen Schwimmkurs belegen, wir können Trockenübungen machen und können stundenlang über die Beschaffenheit und die Temperatur des Wassers fachsimpeln. Erst wenn wir uns dem nassen Element anvertrauen, werden wir merken, dass das Wasser trägt und dass Schwimmen auch Spaß macht.

Alle Informationen über das Christsein helfen Ihnen letztlich wenig, wenn Sie dabei nicht einen ganz praktischen und ganz persönlichen Zugang finden zum Glauben. Wenn Sie nicht schlicht anfangen, konkrete Schritte im Glauben zu tun.

Wir wollen Ihnen zwei Möglichkeiten vorstellen, die Ihnen helfen, sich „freizuschwimmen".

Die erste Hilfe: Wir laden Sie ein, sich bis zu unserem Gottesdienst etwas Zeit zu nehmen und einen Brief an Gott zu schreiben. Sie haben richtig gehört: einen Brief an Gott. Wie Sie Gott in diesem Brief anreden, überlasse ich Ihnen. Ich bitte Sie aber: Wählen Sie eine direkte, konkrete Anrede. Denn Ihr Brief ist kein schriftliches Selbstgespräch, sondern eine Hinwendung zu einem persönlichen Du, das Sie persönlich ansprechen dürfen. Sie schreiben nicht an einen unbekannten „Herrgott überm Sternenzelt". Sie schreiben an den Vater im Himmel, der uns in Jesus sein Gesicht freundlich zuwendet, der ganz Ohr, ganz für uns da ist. Schreiben Sie in der

Anrede zum Beispiel: „Lieber Vater im Himmel, der Du Dich uns in Jesus zuwendest." Oder: „Herr Jesus Christus, der Du uns den Vater im Himmel gezeigt hast."
Was kann in diesem Brief stehen? Das lässt sich, weil es Ihr persönlicher Brief ist, natürlich nicht allgemein sagen. Aber es soll eine Art „Entlastungs-Brief" sein, in dem Sie sich einfach mal Dinge von der Seele schreiben. Ich schlage Ihnen vor, vier Arten von Belastungen in Ihren Brief aufzunehmen.

Erstens:
Ängste, die Sie quälen: z.B. die Angst vor Menschen, vor Lebensentscheidungen, vor Misserfolg oder vor dem Scheitern von Beziehungen. Ihre Angst vor Krankheit und vor dem Sterben, Zukunftsängste, die Sie überfallen. Ängste, deren Ursache Sie gar nicht kennen. Die Angst, die Sie manchmal vor sich selber haben, wenn Sie die tiefen Abgründe in sich entdecken. Möglicherweise auch eine immer wieder neu aufbrechende Angst vor Gott könnte in diesen Brief gehören.

Zweitens:
Vertrauen Sie Gott in Ihrem Brief Ihre Zweifel an. Wir unterhalten uns gern mit unseren Zweifeln, bewegen sie in uns hin und her und nähren sie dadurch erst richtig. Hilfreicher ist es, die Zweifel Jesus zu überlassen. Jeder Zweifel zerreißt uns. Er ist ein innerer Zwiespalt, der unser Herz aufteilt in eine glaubende und eine nicht-glaubende Seite. Geben Sie das an Gott ab: Ihr Nicht-glauben-Können, Ihre unbeantworteten Fragen, Ihr Misstrauen Gott gegenüber, Ihren Ärger über unverständliche Lebenswege, die er Sie geführt hat. Sagen Sie ihm alles, was Sie an ihm nicht verstehen. Er hält das aus.

Drittens:
Schreiben Sie sich in diesem Brief Ihre inneren Verletzungen von der Seele. Sie erinnern sich: Wir haben einen ganzen Abend lang darüber gesprochen. Alles, was in Ihnen weint, dürfen Sie vor Gott aussprechen. Er ist der Arzt unserer verwundeten Seele, unser Heiland und Tröster. Nennen Sie Menschen mit Namen, die Ihnen wehgetan haben. Überlassen Sie in Ihrem Brief Jesus Ihre innere Bitterkeit. Erzählen Sie ihm davon, was Sie hart und verschlossen gemacht hat. Schreiben Sie Sätze auf, die Sie gekränkt haben, und die auf Ihrer inneren Festplatte gespeichert sind.

Und viertens:
Zu unseren Belastungen gehört auch unsere Schuld. Wir bleiben Gott und den Menschen viel schuldig in unserem Leben, bleiben zurück hinter Gottes Weisung, übertreten sein gutes Gebot, missachten seinen lebensfördernden Willen. Wir wollen alle gern gut sein, aber in uns lebt auch das Böse. Da sind Worte aus unserem Mund gekommen, die andere verletzt haben. Da haben wir aus Feigheit geschwiegen, wo wir hätten reden sollen. Da haben sich unsere Hände vergriffen an frem-

dem Eigentum. Da sind wir Wege gegangen, die ins Abseits führten. Da haben wir einen anderen Menschen für unsere Zwecke missbraucht. Da rumoren in Ihnen vielleicht seit Jahren Dinge, über die Sie nie gesprochen haben und die Sie doch nicht vergessen können. Gott will uns unser Versagen nicht zur Last legen. Er will uns die Last unserer Schuld gern abnehmen. Bringen Sie ihm diese Last.

Was wird mit Ihrem Brief geschehen? Am Ausgang bekommen Sie nachher – wenn Sie wollen – einen Briefumschlag. Stecken Sie zu Hause Ihren Brief da hinein, kleben Sie den Umschlag zu, beschriften Sie ihn nicht. Ihr Brief ist nicht als Gute-Nacht-Lektüre für Ihren Pfarrer gedacht. Er ist nur für Gottes Ohren bestimmt. Darum wird ihn kein Mensch lesen. Das verspreche ich Ihnen. Wenn Sie mögen, dürfen Sie Ihren Brief zum Abschlussgottesdienst mitbringen. In einem besonderen Teil des Gottesdienstes laden wir Sie dann ein, Ihren Brief nach vorn zum Altar zu tragen und unter dem Altarkreuz abzulegen. Das ist eine Zeichenhandlung, die jeder sofort versteht: Ich darf meine Last unter dem Kreuz Jesu ablegen. Da gehört sie hin. Und da darf sie dann auch bleiben. Sie müssen Ihren Brief nicht wieder mit nach Hause nehmen. Sie sind ihn los.

Für die Schuld, die Ihr Brief enthält, und von der Sie loskommen wollen, wird Ihnen im Gottesdienst Gottes Vergebung zugesprochen werden. Sie sollen ganz praktisch erfahren: Mein Versagen trennt mich nicht mehr von Gott. Ich bitte Sie: Gönnen Sie sich diese befreiende Erfahrung der Liebe und Zuwendung Gottes. Und dann wird jemand aus dem Mitarbeiterkreis dieses Seminars vor das Kreuz und die Briefe treten und stellvertretend für uns beten. Er oder sie wird darum bitten, dass Gott anfängt, unsere Ängste durch seine Nähe zu überwinden, uns unsere Zweifel zu nehmen und unsere inneren Wunden zu verbinden.
Gemeinsam verbrennen wir die Briefe – auch das ein Zeichen, dass die belastenden Dinge vom Erdboden verschwunden sein sollen.

Und noch eins: Der Brief ist ein Angebot. Sie dürfen damit ganz frei umgehen. Sie müssen diesen Brief nicht schreiben, können gern auch ohne ihn zum Gottesdienst kommen. Aber vielleicht ist er Ihnen eine praktische Hilfe, Ihr Leben in eine Beziehung zum lebendigen Gott zu setzen. Darum mache ich Ihnen Mut zu diesem Schritt. Es ist ein Schritt auf Gott zu. Und in diesem Schritt kann für Sie vieles von dem, was wir in diesem Glaubensseminar besprochen haben, zu einer handgreiflichen Erfahrung mit Gott werden, die Ihr Leben verändert.

Und noch eine zweite konkrete Glaubenshilfe bieten wir Ihnen an. Das Gebet, das Sie bereits am vorletzten Abend kennengelernt haben (Station 5). Wir laden Sie ein, dieses Gebet im Abschlussgottesdienst als Ihr eigenes, persönliches Gebet zu sprechen. Vielleicht erinnern Sie sich noch: Ich hatte Ihnen bei der zweiten Station unserer geistlichen Reise gesagt, dass Glauben im Kern Hingabe an Gott bedeutet. Damals klang das vielleicht alles sehr nach frommer Theorie. Jetzt kann es ganz praktisch werden.

Dieses Gebet ist ein Hingabegebet. Es ist eine ganz konkrete Möglichkeit, sein Herz an den dreieinigen Gott zu verlieren. Es ist wie ein Schritt auf die Brücke, wie ein Sprung in Gottes Arme, wie ein Öffnen des eigenen Lebenshauses für Jesus Christus. Mit diesem Gebet können Sie Gott direkt in die Arme laufen wie der verlorene Sohn seinem Vater. In diesem Gebet kann man sein Misstrauen Gott gegenüber aufgeben, sich Gott anvertrauen im Leben und im Sterben.

Gott,
Du kommst mir entgegen, wie ein Vater.
Du gehst mir nach, wie eine Mutter.
Ich danke Dir, dass Du mich nicht vergessen hast,
obwohl ich dich oft vergaß,
Du bist mir in Jesus entgegengekommen.
Ich traue Dir. Ich vertraue mich Dir an.

Jesus Christus.
Du sprichst mich frei von belastender Vergangenheit.
Du nimmst mich an, wie ich bin.
Dafür danke ich Dir.
Du schenkst mir lebenslange Gemeinschaft mit Dir. Das sagst du mir in der Taufe zu. Dieses Geschenk nehme ich im Glauben an. Im Vertrauen darauf, dass Du Ja zu mir sagst, antworte ich mit meinem Ja zu Dir.

Heiliger Geist,
Du Kraft Gottes, komm und erfülle mich!
Gib mir Bereitschaft, meine Gaben und Fähigkeiten da einzusetzen, wo Du mich brauchst.
Weil Du mich führst, will ich meinen Weg versuchen.

Wir haben über unsere Taufe gesprochen, dieses schöne Zeichen der Erwählung Gottes, in dem Gott „Ja" zu uns sagt. Dieses Gebet ist ein Tauferinnerungsgebet. Ja mehr noch: Mit diesem Gebet können Sie auf Gottes „Ja" Ihr „Amen" sprechen. Eine Art Konfirmation für Erwachsene. Ein Festmachen Ihres Glaubens an dem starken Poller, der Jesus Christus heißt.
Nun überlegen Sie vermutlich, ob dieses Gebet im Schlussgottesdienst etwas für Sie sein könnte oder nicht. Ich möchte abschließend noch ein paar Minuten mit Ihnen darüber nachdenken, für wen sich dieser Schritt lohnen kann.

Vielleicht sagen Sie: „Ich bin doch schon Christ. Ich habe dieses Seminar nicht als etwas Neues erlebt, sondern als Stärkung und Vertiefung meines Glaubens. Ist dieses Gebet dann auch etwas für mich?" Antwort: Wenn Ihr Mann oder Ihre Frau Sie fragt: „Liebst Du mich noch?", werden Sie vermutlich nicht erwidern: „Das habe ich dir doch an unserem Hochzeitstag schon gesagt!" Sie werden – so hoffe ich – Ihrer Liebe, so sie noch da ist, neuen Ausdruck verleihen. Was hindert Sie eigentlich, wenn Sie schon Christ sind, Gott wieder neu zu sagen, dass Sie gerne zu ihm gehören? Dieses Gebet ist für Anfänger und Neuanfänger im Glauben gleichermaßen geeignet. Denn die Hingabe an Gott ist nie ein einmaliger, punktueller Akt. Sie will immer wieder vertieft und erneuert werden.

Vielleicht sagen Sie: „Eigentlich möchte ich dieses Gebet gerne sprechen. Aber was wird meine Familie, was werden meine Bekannten dazu sagen? Ich fürchte, mich dadurch von meinem Partner oder meinem Freundeskreis zu entfernen." Eins ist sicher unbestreitbar: Wer Gott nahe kommt, dessen Leben verändert sich. Das bleibt nicht verborgen. Das kann in gewisser Weise einsam machen. Und manchmal reagieren andere, die das spüren, mit Druck. Vielleicht lässt sich dieser Druck leichter ertragen, wenn man weiß: Er ist nicht selten Ausdruck von verkapptem Neid und uneingestandener Sehnsucht nach einer Lebensverankerung, die man selbst noch nicht gefunden hat. Mein Rat: Falls Ihr Partner mit Unverständnis reagiert, versuchen Sie ihm zu signalisieren: „Auch wenn mein Leben Gott gehört, wir gehören zusammen. Du musst auf Gott nicht eifersüchtig sein. Vielleicht belebt mein Glaube sogar unsere Beziehung ganz neu!" Und noch eins: Der Mensch hat ein Recht auf Gott. Das Recht auf Gott ist ein fundamentales Menschenrecht. Niemand kann und darf Ihnen das streitig machen – auch nicht der liebste Mensch an Ihrer Seite!

Eventuell sagen Sie aber auch: „Mir geht das alles zu schnell. Ich brauche noch Zeit. Als skeptisch Fragende bin ich in den ersten Abend gegangen. Nun soll ich das Seminar als bekennende Christin verlassen. Das überfordert mich. Ich fand die Abende interessant, sonst wäre ich nicht bis zum Schluss geblieben. Aber ich könnte jetzt beim besten Willen nicht beten: ‚Vater im Himmel, ich habe Deinen Ruf an mich gehört!' Referate habe ich gehört, aber nicht Gottes Klopfen, auf das ich gern antworten möchte. Ich bin ins Nachdenken gekommen. Aber ich würde mir selbst und Gott etwas in die Tasche lügen, wenn ich sagen würde: Da war mehr!" Wenn es Ihnen im Augenblick so geht, dann mache ich Ihnen Mut, das Gebet nicht zu sprechen. Bleiben Sie in allem, was Sie im Abschlussgottesdienst an sich heranlassen, ehrlich vor sich selbst, vor den anderen – und vor allem vor Gott.

Wenn aber Gott an diesen Abenden gesprochen hat, wenn Gottes Geist Sie unruhig und sehnsüchtig gemacht hat, wenn Sie neue Lust zum Glauben bekommen haben, wenn Jesus Ihnen nach diesem Seminar plötzlich etwas bedeutet, dann sage ich Ihnen im Namen und Auftrag Jesu Christi: Gehen Sie diesen Schritt, sprechen Sie das Gebet im Gottesdienst. Ein halber Christ ist ein ganzer Unsinn. Dieses Gebet ist sicher nur eine von vielen Möglichkeiten, Gott nahe zu kommen. Es gibt unzählige andere. Aber es ist jetzt für Sie die offene Tür, um im Land des Glaubens weiterzukommen.

Hier ein allerletztes Bild. Sie sehen einen Baum, an dem im Frühling die Knospen aufspringen. Nicht alle öffnen sich zur selben Zeit. Jede Knospe hat ihren individuellen Rhythmus: Die eine springt früher auf, die andere später. Vielleicht haben Sie an diesen Abenden so etwas wie einen Frühling Ihres Glaubens erlebt, konnten sich öffnen für Gott. Vielleicht sind Sie noch nicht so weit. Gehen Sie Ihr eigenes Tempo. Achten Sie auf die Sprache Ihres Herzens. Hören Sie auch in Zukunft auf die Stimme Gottes in Ihrem Leben.

Mit einem irischen Reisesegen möchte ich diesen Abend abschließen:

Der Herr sei vor dir,
um dir den rechten Weg zu zeigen.
Der Herr sei neben dir,
um dich in die Arme zu schließen
und dich zu schützen.
Der Herr sei hinter dir,
um dich zu bewahren
vor der Heimtücke böser Menschen.
Der Herr sei unter dir,
um dich aufzufangen, wenn du fällst,
und dich aus der Schlinge zu ziehen.
Der Herr sei in dir,
um dich zu trösten,
wenn du traurig bist.
Der Herr sei um dich herum,
um dich zu verteidigen,

wenn andere über dich herfallen.
Der Herr sei über dir,
um dich zu segnen.
So segne dich der gütige Gott.
Amen.

10.   SPUR8 – die Materialien

Als „Handbuch mit CD-ROM für Referenten und Veranstalter" bietet dieses Buch alle Texte und Materialien, die wichtig und hilfreich sind, um SPUR8 kennenlernen und auch durchführen zu können. Über die Hinweise in den einzelnen Kapiteln hinaus werden die im Buch bzw. auf der CD-ROM enthaltenen Texte und Dateien hier noch einmal im Zusammenhang aufgeführt und beschrieben.

Der Referententext
Die Referate, in der Regel an den Abenden in zwei aufeinander aufbauenden Teilen vorgetragen, sind neben den PowerPoints das Herzstück des Gemeindeseminars. Deshalb findet sich der sogenannte Referententext, die sieben Stationen haben auch sieben verschiedene Verfasser, gleich in zwei Varianten im Handbuch: einmal in Kapitel 9 „SPUR8 – die Referate", dann als editierbare Dateien auf der CD-ROM. In Kapitel 9 sind die sieben Stationen einschließlich der Bilder der Power-Point-Präsentationen (s/w) im Bild-Text-Zusammenhang so abgedruckt, dass sie ohne die CD-ROM gut lesbar sind. Auf diese Weise erschließt sich allen Interessierten auf einfache Weise der Gedankengang der Abende.
Die entsprechenden Dateien auf dem beigefügten Datenträger, hier wurden die Originalbilder (farbig) jeweils auch an der entsprechenden Stelle des Textduktus eingefügt, bieten die Möglichkeit der Bearbeitung und Veränderung, sodass Referenten oder Referentinnen ihren Originalton finden bzw. die Texte entsprechend personalisieren können.

Die Teilnehmerhefte
Zum Konzept von SPUR8, wie auch schon des Vorgängerseminars „Christ werden – Christ bleiben", gehören die Teilnehmerhefte. Für jede der sieben Stationen gibt es ein eigenes, nun farbiges Heft, das die Folien der PowerPoints und entsprechende Kurztexte der Referate enthält. Sie finden die Hefte auf der CD-ROM in „3 Teilnehmerhefte". Diese Teilnehmerhefte sind konzipiert als eine Art Reisetagebuch und werden an den Vortragsabenden an die Teilnehmerinnen und Teilnehmer verteilt (s. auch Kapitel 7). Die sieben Hefte im Format DIN A4 werden als Satz in einem Schuber vertrieben. Bezugsmöglichkeiten, Preise etc. finden Sie auf der Homepage www.spur8.de.

Die PowerPoint-Präsentationen
Die PowerPoint-Präsentationen visualisieren die in den Vorträgen entfalteten Gedanken. Zu jedem Vortragsabend, nicht aber zur Station 8, Gottesdienst, gehört eine eigene Präsentation.

Es bedurfte eines beträchtlichen kräftemäßigen und auch finanziellen Aufwandes, um in Abstimmung zwischen einer Grafikagentur und der Autorengruppe Bilder zu finden und Bildfolgen zusammenzustellen, die das Gehörte unterstreichen oder immer wieder auch eigene inhaltliche Akzente setzen.

Die sieben PowerPoint-Präsentationen befinden sich als Dateien auf der CD-ROM und werden mithilfe von Notebook und Beamer präsentiert. Vor dem Hintergrund entsprechender Erfahrungen kann und darf auch an dieser Stelle der Hinweis nicht fehlen, dass es unabdingbar für das Gelingen der Vorführungen ist, erstens das Zusammenspiel der Präsentationen mit dem Notebook und zweitens das des Notebooks mit dem Beamer im Vorherein sorgfältig zu testen!

Die PowerPoints sind als offenes System gedacht: Bilder können je nach Bedarf und Situation weglassen, ergänzt oder auch verändert werden. Entsprechende didaktische Hinweise finden sich auch in den Referententexten. Mit dem Erwerb des Handbuches ist das Recht verbunden, die Präsentationen im kirchlichen, also nicht-kommerziellen Bereich einzusetzen. Bei Fragen im Blick auf die Bildrechte wenden Sie sich bitte an die AMD.

CD-ROM

Mit der CD-ROM erwirbt der Käufer des Handbuches umfangreiche Materialien, Texte etc., z.B:

- Dateien der Referententexte
- PowerPoints
- Vorlage für einen Einladungsflyer
- Druckvorlagen
- Präsentation zur Vorstellung von SPUR8
- Grundlagentexte zu SPUR8 bzw. „Christ werden – Christ bleiben"
- Das Buch von Dr. Burghard Krause: Auszug aus dem Schneckenhaus. Praxis-impulse für eine verheißungsorientierte Gemeindeentwicklung, Neukirchen-Vluyn 1996. Dieses Buch ist vergriffen. Wegen seiner Bedeutung und seines Wertes für das Gemeindeseminar selbst wie auch für die missionarische Gemeindeentwicklung wird es in dieser Form zur Verfügung gestellt.[1]
- Etc.

Homepage www.spur8.de

Für das Projekt „SPUR8 – Entdeckungen im Land des Glaubens" hat die AMD (www.a-m-d.de) eine eigene Homepage geschaltet: www.spur8.de. Die AMD nutzt sie als Portal, um alle an SPUR8 Interessierten bzw. Nutzer über das Projekt zu informieren, sie mit anderen Nutzern zu vernetzen, Bezugsmöglichkeiten anzubieten usw.

---

[1]   Wir danken Herrn Dr. B. Krause für die Erlaubnis zur Veröffentlichung in dieser Form.

Im Verbund mit dem Projekt „ERWACHSEN GLAUBEN" wird die Möglichkeit eröffnet, eigene Veranstaltungsangebote einzustellen, sodass eine Übersicht entsteht, wo in Deutschland SPUR8 angeboten wird.

Die AMD als Trägerin von SPUR8 wird darüber hinaus diese Homepage einsetzen, um

- Erfahrungsberichte zu veröffentlichen
- neue Materialien zur Verfügung zu stellen wie alternative Folien, Werbeträger usw.
- Bestellmöglichkeiten für Teilnehmerhefte anzubieten
- Filme zu SPUR8 vorzustellen
- Zugang zu einem Druckportal für Flyer und andere Werbemittel zu bieten
- auf Veranstaltungen, z.B. Einführungsseminare hinzuweisen
- Kontaktadressen zur Verfügung zu stellen
- etc.

11.   Literaturauswahl

1. Glaubenskurse

AMD (Hg.): nachgefragt – nachgedacht. Gesprächsangebote für die Gemeinde, Hefte 1 – 3, Berlin 2003 – 2005, www.a-m-d.de/shop.

Michael Herbst (Hg.): EMMAUS. Auf dem Weg des Glaubens. Ein Kursangebot für beziehungsorientierten Gemeindeaufbau, Handbuch, Neukirchen-Vluyn, ³2010.

Gottfried Heinzmann (Hg.): EMMAUS: dein weg mit gott (Der Glaubenskurs für Jugendliche), Neukirchen-Vluyn 2010.

Burghard Krause: Reise ins Land des Glaubens. Christ werden – Christ bleiben, Neukirchen-Vluyn, ⁴2008.

Götz Häuser: Einfach vom Glauben reden. Glaubenskurse als zeitgemäße Form der Glaubenslehre für Erwachsene, BEG 12, Neukirchen-Vluyn, 2. erweiterte Auflage 2010.

Jens Martin Sautter: Spiritualität lernen. Glaubenskurse als Einführung in die Gestalt christlichen Glaubens, BEG 2, Neukirchen-Vluyn, ³2008.

Hermann Brünjes: Glaube. Kompaktkurs in Sachen Christsein für Jugendliche und junge Erwachsene ab 17 Jahren, Neukirchen-Vluyn ³2006.

Friedrich Rößner: Elementare Glaubenskurse für den Gemeindeaufbau,

Brennpunkt Gemeinde Studienbrief A 72, hg.v. der Arbeitsgemeinschaft Missionarische Dienste (AMD), Stuttgart 2004.

2. Missionarische Gemeindeentwicklung

Amt für missionarische Dienste der EKvW, Dortmund: Aus der Praxis – für die Praxis; Jahresheft: http://www.amd-westfalen.de/dokumente/publikationen/index.html.

Hartmut Bärend / Ulrich Laepple (Hg.): Dein ist die Kraft – Für eine wachsende Kirche. Grundlagen – Perspektiven – Ideen, Leipzig 2007.

Peter Böhlemann: Wie die Kirche wachsen kann und was sie davon abhält, Göttingen 2006.

Klaus Douglass: Die neue Reformation – 96 Thesen zur Zukunft der Kirche, Stuttgart 2001.

Hans-Jürgen Dusza: Schritte nach vorn. Wie Gemeinden Zukunftsperspektiven entwickeln, Bielefeld 2001.

John Finney: Wie Gemeinde über sich hinauswächst. Zukunftsfähig evangelisieren im 21. Jahrhundert, Neukirchen-Vluyn 2007.

Annegret Freund, Udo Hahn (Hg.): Kirche im Umbau – Aspekte von Gemeindeentwicklung, Hannover 2008.

Arbeitsgemeinschaft Missionarische Dienste / Gemeindekolleg der VELKD (Hg.): Gemeindeentwicklungstraining. Praxisbuch, Göttingen 2008.

Wilfried Härle / Jörg Augenstein / Sibylle Rolf / Anja Siebert: Wachsen gegen den Trend. Analysen von Gemeinden, mit denen es aufwärts geht, Leipzig 2008.

Michael Herbst (Hg.): Mission bringt Gemeinde in Form. Gemeindepflanzungen und neue Ausdrucksformen gemeindlichen Lebens in einem sich wandelnden Kontext, Neukirchen-Vluyn, ³2008.

Michael Herbst: Deine Gemeinde komme. Wachstum nach Gottes Verheißungen, Stuttgart 2007.

Michael Herbst: Wachsende Kirche. Wie Gemeinde den Weg zu postmodernen Menschen finden kann, Gießen-Basel 2008.

Burghard Krause: Auszug aus dem Schneckenhaus. Praxis-Impulse für eine verheißungsorientierte Gemeindeentwicklung, Neukirchen-Vluyn ²1998, vergriffen, s. CD-ROM.

Ulrich Laepple / Volker Roschke: Die so genannten Konfessionslosen und die Mission der Kirche. Festgabe für Hartmut Bärend, Neukirchen-Vluyn 2007.

Missionarische Dienste der EKvW, EKiR und EVLKA (Hg.): kompakt. BAUSTEINE FÜR EHRENAMTLICHE MITARBEIT, Bezug: http://www.amd-westfalen.de/aktuelles/one.news/index.html?entry=page.news.

Amt für Gemeindedienst der Ev.-Luth. Kirche in Bayern (Hg.): Missionarische Gemeindeentwicklung. PraxisBuch, Wie (Zweit)Gottesdienste, Glaubenskurse und Hauskreise Gemeinden aufbrechen lassen, Nürnberg 2009.

Hans-Hermann Pompe / Klaus Douglass (Hg.): Arbeitsbuch „Die neue Reformation". 12 Schritte für eine zukunftsfähige Gemeinde, GMD Wuppertal 2004 (Bestellungen: www. ekir.de/gmd).

Phil Potter: Zellgruppen. Bausteine für eine lebendige Gemeindearbeit, BEG Praxis, Neukirchen-Vluyn 2006.

Gottes Gastfreundschaft im Leben der Gemeinde, Stuttgart 1999.

Wolfgang Vorländer: Vom Geheimnis der Gastfreundschaft. Einander Heimat geben in Familie, Gesellschaft und Kirche, Gießen-Basel 2007.

Birgit Winterhoff / Kuno Klinkenborg / Stephan Zeipelt (Hg.): Atem und Herzschlag der Kirche. Missionarische Gemeindearbeit in der Praxis, BEG Praxis, Neukirchen-Vluyn 2008.

Johannes Zimmermann / Anna-Konstanze Schröder (Hg.): Wie finden Erwachsene zum Glauben? Einführung und Ergebnisse der Greifswalder Studie, BEG Praxis, Neukirchen-Vluyn 2010.

3. Theologische Vertiefung

Albrecht Grözinger: Toleranz und Leidenschaft. Über das Predigen in einer pluralistischen Gesellschaft, Gütersloh 2004.

Jan Hermelink / Thorsten Latzel: Kirche empirisch. Ein Werkbuch, Gütersloh 2008.

Wolfgang Huber: Kirche in der Zeitenwende. Gesellschaftlicher Wandel und Erneuerung der Kirche, Gütersloh ²1999.

EMW (Hg): Missio Dei heute. Zur Aktualität eines missionstheologischen Schlüsselbegriffes, Hamburg 2003.

Michael Herbst u.a. (Hg.): Missionarische Perspektiven für eine Kirche der Zukunft, BEG 1, Neukirchen-Vluyn 2005.

Martin Reppenhagen / Michael Herbst (Hg.): Kirche in der Postmoderne, BEG 6, Neukirchen-Vluyn 2009.

Martin Werth: Theologie der Evangelisation, Neukirchen-Vluyn ²2006.

Henning Wrogemann: Den Glanz widerspiegeln. Vom Sinn der christlichen Mission, ihren Kraftquellen und Ausdrucksgestalten, Frankfurt 2009.

4. Milieustudien

Petra-Angela Ahrens / Gerhard Wegner: „Hier ist nicht Jude noch Grieche, hier ist nicht Sklave noch Freier …“. Erkundungen der Affinität sozialer Milieus zu Kirche und Religion in der Ev.-Luth. Landeskirche Hannovers, Hannover 2008.

Michael Ebertz / Hans-Georg Hunstig von Echter (Hg.), Hinaus ins Weite. Gehversuche einer milieusensiblen Kirche, Echter 2008.

Eberhard Hauschildt / Eike Kohler / Claudia Schulz: Milieus praktisch. Analyse- und Planungshilfen für Kirche und Gemeinde, Göttingen 2008.

Milieuhandbuch „Religiöse und kirchliche Organisationen in den Sinus-Milieus 2005“, München o.J.

5. Gesprächsbegleitung

Hans Hartmut Schmidt: Reden ist Silber … Schweigen ein Problem. Arbeitsbuch für Gesprächsleiter/innen, Neukirchen-Vluyn 1997.

Hans Hartmut Schmidt: Gruppen leiten. Das Kursbuch, Moers 1998.

Heiderose Gärtner: Gute Gespräche führen. Ein Arbeitsbuch für gelingende Besuche im Krankenhaus, Altenheim und in der Gemeindearbeit, Gütersloh 2004.

6. Kirchliche Erklärungen

Kirchenamt der EKD (Hg.): Glauben heute. Christ werden – Christ bleiben, Gütersloh 1988.

Kirchenamt der EKD (Hg.): Reden von Gott in der Welt. Der missionarische Auftrag der Kirche an der Schwelle zum 3. Jahrtausend, Hannover 2000.

Kirchenamt der EKD (Hg.): Das Evangelium unter die Leute bringen. Zum missionarischen Dienst der Kirche in unserem Land, EKD Texte 68, Hannover 2000.

Kirchenamt der EKD (Hg.): Kirche der Freiheit. Perspektiven für die Evangelische Kirche im 21. Jahrhundert. Ein Impulspapier des Rates der EKD, Hannover 2006.

Gemeinschaft Evangelischer Kirchen in Europa (Hg.): Evangelisch evangelisieren. Perspektiven für Kirchen in Europa, Wien 2007.

7. Zeitschriften / Informationsschriften

Arbeitsgemeinschaft Missionarische Dienste (Hg.): „mi-di" – missionarische Diakonie im Gemeindeaufbau – eine Informationsschrift der AMD, Berlin.

Arbeitsgemeinschaft Missionarische Dienste (Hg.): Brennpunkt Gemeinde – Impulse für missionarische Verkündigung und Gemeindeaufbau, Neukirchen-Vluyn.

Gemeindekolleg der VELKD (Hg.): Kirche in Bewegung, Celle.

12. Die Autoren

Oliver Albrecht, geb. 1962, Pfarrer in der Projektstelle Evangelische Identität der Ev. Kirche Hessen-Nassau, Niedernhausen i.Ts.

Johannes Eißler, geb. 1961, Pfarrer beim Amt für missionarische Dienste der Evang.-Luth. Kirche in Württemberg, Stuttgart.

Philipp Elhaus, geb. 1962, Pastor, Leitender Referent der Missionarischen Dienste im Haus kirchlicher Dienste der Ev.-Luth. Landeskirche Hannovers, Hannover.

Kuno Klinkenborg, geb. 1962, Pfarrer, Referent für missionarischen Gemeindeaufbau beim Amt für missionarische Dienste der Ev. Kirche von Westfalen, Dortmund.

Hermann Kotthaus, geb. 1951, Pfarrer für missionarische Gemeindeentwicklung und Gemeindepfarrer im Kirchenkreis Köln-Rechtsrheinisch, Köln.

Friedrich Rößner, geb. 1960, Diakon, Referent für missionarische Projekte, Glaubenskurse und Evangelisation im Amt für Gemeindedienst der Evang.-Luth. Kirche in Bayern, Nürnberg.

Volker Roschke, geb. 1949, Pfarrer, Referent für missionarische Gemeindeentwicklung der Arbeitsgemeinschaft Missionarische Dienste im Verbund der Diakonie, Berlin.